“双高”建设校企合作双元开发新形态信息化教材
高等职业教育土木建筑类技能型人才培养活页式教材

工程招投标与合同管理

（活页式）

主　编　魏玉兰　陈　涛
副主编　井　晶　张　芳
　　　　周任静　黄志雄

西南交通大学出版社
·成　都·

图书在版编目（CIP）数据

工程招投标与合同管理 ： 活页式 / 魏玉兰，陈涛主编. -- 成都 ： 西南交通大学出版社，2025. 1.
（“双高”建设校企合作双元开发新形态信息化教材）（高等职业教育土木建筑类技能型人才培养活页式教材）.
ISBN 978-7-5774-0249-9

Ⅰ. TP723

中国国家版本馆 CIP 数据核字第 2025ZY8362 号

“双高”建设校企合作双元开发新形态信息化教材
高等职业教育土木建筑类技能型人才培养活页式教材
Gongcheng Zhaotoubiao yu Hetong Guanli (Huoye shi)
工程招投标与合同管理（活页式）

主编　魏玉兰　陈　涛

策划编辑	罗在伟
责任编辑	罗在伟
责任校对	左凌涛
封面设计	吴　兵
出版发行	西南交通大学出版社 （四川省成都市金牛区二环路北一段 111 号 西南交通大学创新大厦 21 楼）
营销部电话	028-87600564　028-87600533
邮政编码	610031
网　　址	https://www.xnjdcbs.com
印　　刷	四川玖艺呈现印刷有限公司
成品尺寸	185 mm × 260 mm
印　　张	15.5
字　　数	390 千
版　　次	2025 年 1 月第 1 版
印　　次	2025 年 1 月第 1 次
书　　号	ISBN 978-7-5774-0249-9
定　　价	46.00 元

图书如有印装质量问题　本社负责退换

前　言

党的二十大报告指出："教育、科技、人才是全面建设社会主义现代化国家的基础性、战略性支撑。必须坚持科技是第一生产力、人才是第一资源、创新是第一动力，深入实施科教兴国战略、人才强国战略、创新驱动发展战略，开辟发展新领域新赛道，不断塑造发展新动能新优势。""加快建设国家战略人才力量，努力培养造就更多大师、战略科学家、一流科技领军人才和创新团队、青年科技人才、卓越工程师、大国工匠、高技能人才。"人才作为强国战略的重要组成部分，在现代化国家建设中起着重要作用。

"工程招投标与合同管理"是高等职业院校土木建筑大类的重要专业课程，旨在引导学生系统学习建筑工程招投标与合同管理领域的基本知识，了解建筑工程招投标与合同管理的法律法规，掌握建筑工程招投标与合同管理的基本理论和实操方法，为建筑工程领域培养招投标与合同管理的高素质技能型人才。

本教材是以《国家职业教育改革实施方案》为编写指南，结合全国高等职业院校土木建筑大类人才培养的基本要求，以《中华人民共和国招标投标法》《中华人民共和国招标投标法实施条例》《中华人民共和国民法典》《建设工程施工合同（示范文本）》等现行法律法规条文为编写依据，结合全国造价工程师、全国监理工程师、全国建造师等职业资格考试相关内容，对接实际工程项目在工程招投标与合同管理流程中的岗位职业需求进行编写。

本教材共 9 个模块，28 个单元。上篇为招投标与合同管理基本法律知识，内容包含法律基本原理及基本民事法律制度；中篇为招投标实务，内容包含招投标基础知识、招标文件的编制及纠纷处理、投标决策及纠纷处理；下篇为合同管理实务，内容包含合同基础知识、合同的订立与履行、建设工程合同、建设工程纠纷解决及法律制度。教材内容遵循招标实务中的工作逻辑，相比类似教材内容做了减法，通过简洁、平实的语言把基础知识描述得深入浅出，并通过案例进行强化知识和提供模拟训练，帮助学生充分理解法条的内涵和实务中的惯常做法。

本教材由成都工业职业技术学院魏玉兰、陈涛担任主编，井晶、张芳、周任静和成都奥菱电梯工程有限公司黄志雄担任副主编，全书由魏玉兰统稿。在编写过程中，参考了相关教材及资料，诸多行业专家也提出了很多宝贵的意见，在此对著者、专家表示真挚的谢意。

本教材可作为高职高专土木建筑大类的专业核心课程配套教材，也可用作建筑业相关考试的参考用书及工程技术人员的参考书。

鉴于时间仓促，编者水平有限，书中难免存在疏漏和不妥之处，敬请广大读者批评指正。

编　者

数字资源索引

《工程招投标与合同管理》教案

《工程招投标与合同管理》课件

目　录

上篇　招投标与合同管理基本法律知识

中篇　招投标实务

下篇　合同管理实务

上篇

招投标与合同管理基本法律知识

模块 1

法律基本原理

情境描述

本模块以法律基础知识认知规律为主线，由浅入深地介绍招投标与合同管理的基础知识。主要内容包括：建设工程法律体系、法律关系、建设工程法律责任制度。学生根据要求完成“任务实作工单”的工作任务。

学习目标

1. 知识目标

（1）熟悉建设工程领域法律体系；

（2）了解民事、行政、刑事法律的关系；

（3）熟悉建设工程法律责任制度。

2. 能力目标

（1）能够根据所学知识梳理建设工程领域法律体系；

（2）能够判定各项民事关系；

（3）能够判定法的效力层级；

（4）能够判定建设工程民事、行政、刑事责任的种类及承担方式并大致判断违约责任。

3. 素质目标

（1）引导学生树立正确的世界观、人生观、价值观及团队合作意识；

（2）引导学生养成乐学、善思的良好习惯，具备勤奋好学、学以致用的能力；

（3）培养学生具备吃苦耐劳、勇于开拓、积极进取的精神；

（4）通过学习建设领域基本法律法规知识，紧密结合实际，增强对建设工程法律相关知识重要性的认知，做到知法守法，提升社会责任感。

单元 1.1 建设工程法律体系

问题导入

问题 1：我国的建设工程法律法规体系有什么样的特点？

____

____

____

问题 2：我国制定法律的事项有哪些？

____

____

____

思维导图

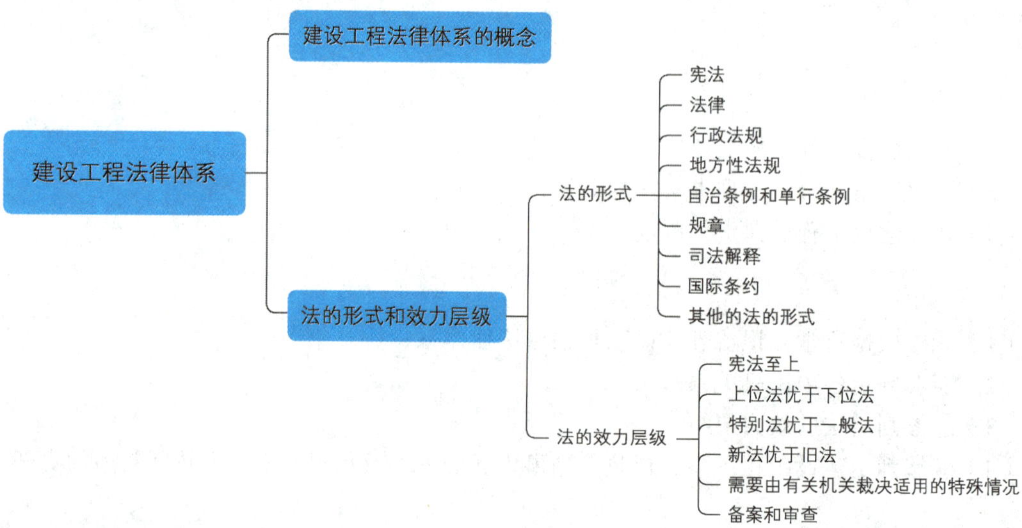

知识学习

1.1.1 建设工程法律体系的概念

法律体系也称为法的体系，通常指由一个国家现行的各个部门法构成的有机联系的统一整体。在我国法律体系中，根据所调整的社会关系性质不同，可划分为不同的部门法。部门法，又称法律部门，是根据一定标准、原则所制定的同类法律规范的总称。我国法律体系的基本框架是由宪法及宪法相关法、民商法、行政法、经济法、社会保障法、刑法、诉讼与非诉讼程序法等构成。

建设工程法律主要组成部分属经济法范畴，同时也包括了行政法、民商法等的内容，故其具有综合性的特点。但建设工程法律同时又具有一定的独立性，具有自身的完整体系。建设工程法律体系，是指把已经制定的和需要制定的建设工程方面的法律、行政法规、部门规章和地方性法规、地方政府规章等有机地结合起来，形成的一个相互联系、相互补充、相互协调的完整统一的体系。

1.1.2　法的形式和效力层级

微课：法的形式

微课：法的效力层级

1. 法的形式

法的形式也称为法的渊源，我国采用制定法形式，习惯法、宗教法、判例均不是我国法的形式。我国法的形式如下：

（1）宪　法

《中华人民共和国宪法》简称《宪法》，是我国的根本大法，由全国人民代表大会依照特别程序制定，具有最高的法律地位和法律效力。《宪法》规定我国根本的政治、经济与社会制度，各主要国家机关的组成和职权、职责等，涉及社会生活各个领域的最根本和最重要的方面。一切法律、行政法规和地方性法规均不得与宪法相抵触。

（2）法　律

法律有广义和狭义之分，这里所说的法律是指由全国人民代表大会和全国人民代表大会常务委员会制定颁布的规范性法律文件，即狭义的法律，其效力仅次于宪法。

法律分为基本法律和一般法律（又称非基本法律、专门法）两类。基本法律是由全国人民代表大会制定的调整国家和社会生活中带有普遍性的社会关系的规范性法律文件的统称，如《中华人民共和国刑法》（简称《刑法》）、《中华人民共和国民法典》（简称《民法典》）、《中华人民共和国诉讼法》（简称《诉讼法》）等法律。一般法律是由全国人民代表大会常务委员会制定的调整国家和社会生活中某种具体社会关系或其中某一方面内容的规范性文件的统称，如《中华人民共和国海商法》《中华人民共和国建筑法》等。

依照 2023 年 3 月经修改后颁布的《中华人民共和国立法法》（简称《立法法》）的规定，下列事项只能制定法律：国家主权的事项；各级人民代表大会、人民政府、监察委员会、人民法院和人民检察院的产生、组织和职权；民族区域自治制度、特别行政区制度、基层群众自治制度；犯罪和刑罚；对公民政治权利的剥夺、限制人身自由的强制措施和处罚；税种的设立、税率的确定和税收征收管理等税收基本制度；对非国有财产的征收、征用；民事基本制度；基本经济制度以及财政、海关、金融和外贸的基本制度；诉讼制度和仲裁基本制度；必须由全国人民代表大会及其常务委员会制定法律的其他事项。

实际上，建设法律既包括专门的建设领域的法律，如《中华人民共和国城乡规划法》《中华人民共和国建筑法》《中华人民共和国城市房地产管理法》等，也包括与建设活动相关的其他法律，如《中华人民共和国民法典》《中华人民共和国行政处罚法》等。

（3）行政法规

行政法规是最高国家行政机关国务院根据宪法和法律所制定的规范性文件，其法律地位仅次于宪法和法律。行政法规不得同宪法、法律相抵触，全国人大常委会有权撤销国务院制定的同宪法、法律相抵触的行政法规、决定和命令。

根据《行政法规制定程序条例》第5条的规定，行政法规的名称一般称为“条例”，也可以称为“规定”“办法”等；而国务院根据全国人大及其常委会的授权制定的行政法规称为“暂行条例”或“暂行规定”。

现行的建设行政法规主要有《建设工程质量管理条例》《建设工程安全生产管理条例》《建设工程勘察设计管理条例》和《城市房地产开发经营管理条例》等。

（4）地方性法规

地方性法规是具有立法权的地方人大及其常委会根据本行政区域的具体情况和实际需要，依法制定的在本行政区域内具有法律效力的规范性文件。省、自治区、直辖市以及设区的市和自治州的人民代表大会及其常务委员会有权制定地方性法规，其中，设区的市和自治州的地方性法规须报省、自治区人民代表大会常务委员会批准后施行。

设区的市和自治州的人民代表大会及其常务委员会根据本市的具体情况和实际需要，在不同宪法、法律、行政法规和本省、自治区的地方性法规相抵触的前提下，可以对城乡建设与管理、生态文明建设、历史文化保护、基层治理等方面的事项制定地方性法规，法律对设区的市制定地方性法规的事项另有规定的，从其规定。

目前，各地方都制定了大量的规范建设活动的地方性法规，如《北京市建筑市场管理条例》《天津市建筑市场管理条例》等。

（5）自治条例和单行条例

民族区域自治是我国的一项基本政治制度。根据宪法和民族区域自治法，民族自治地方的自治机关除行使《宪法》第三章第五节规定的地方国家机关的职权外，同时依照宪法和有关法律行使自治权。民族自治地方的人民代表大会有权依照当地民族的政治、经济和文化的特点，制定自治条例和单行条例。自治区的自治条例和单行条例，报全国人民代表大会常务委员会批准后生效。自治州、自治县的自治条例和单行条例，报省、自治区、直辖市的人民代表大会常务委员会批准后生效。自治条例是一种综合性法规，内容比较广泛，单行条例是有关某一方面事务的规范性文件。如新疆博尔塔拉蒙古自治州制定的《博尔塔拉蒙古自治州温泉新疆北鲵自然保护区管理条例》。

（6）规　章

规章包括部门规章和地方政府规章两大类。部门规章是指国务院各部、委员会、中国人民银行、审计署和具有行政管理职能的直属机根据法律和国务院的行政法规、决定、命令在本部门的权限内制定的规章。如住房和城乡建设部发布的《房屋建筑和市政基础设施工程质量监督管理规定》《房屋建筑和市政基础设施工程竣工验收备案管理办法》《市政公用设施抗灾设防管理规定》，国家发展和改革委员会发布的《招标公告发布暂行办法》《必须招标的工程项目规定》等。

地方政府规章是指省、自治区、直辖市和设区的市、自治州的人民政府根据法律、行政法规和本省、自治区、直辖市的地方性法规制定的规章。如《重庆市建设工程造价管理规定》《安徽省建设工程造价管理办法》《宁波市建设工程造价管理办法》等。

（7）司法解释

司法解释是指最高人民法院、最高人民检察院依法制定的涉及具体法律应用的规范性文件。司法解释主要分为抽象类解释文件和对下级司法机关就适用法律问题所做的具体解释。

司法解释，具有普遍的司法效力，有关司法机关在办案中应当遵照执行，严格依法进行。没有法律具体明确规定的，也要严格依照法律的精神和法律的原则作出解释，供审判工作中具体适用。

（8）国际条约

国际条约，是指我国作为国际法主体同外国缔结的双边、多边协议和其他具有条约、协定性质的文件。条约生效后，根据“条约必须遵守”的国际惯例，对缔约国的国家机关、团体和公民就具有法律上的约束力，因而国际条约也是当代中国法的形式之一。

（9）其他的法的形式

除了以上的形式之外，在我国还有一些特殊形式的法的形式，具体包括：

① 中央军事委员会制定的军事法规和军内有关方面制定的军事规章；

② 国家监察委员会根据宪法和法律制定的监察法规；

③ “一国两制”下特别行政区的各种法律；

④ 经济特区根据全国人民代表大会的专门授权而制定的规范性法律文件。

2. 法的效力层级

法的效力层级，是指法律体系中的各种法的形式，由于制定的主体、程序、时间、适用范围等的不同，具有不同的效力，从而形成法的效力层级体系。

（1）宪法至上

宪法是国家的根本大法，具有最高的法律效力，具有根本法和母法地位，是其他一切立法活动的最高法律依据。任何法律、法规及其它规范性文件都必须遵循宪法而产生，均不能违背宪法的基本准则。

（2）上位法优于下位法

在我国法律体系中，法律的效力仅次于宪法而高于其他法；行政法规的法律地位和法律效力仅次于宪法和法律，高于地方性法规和部门规章；地方性法规的效力，高于本级和下级地方政府规章；省、自治区人民政府制定的规章的效力，高于本行政区域内的设区的市、自治州人民政府制定的规章；自治条例和单行条例依法对法律、行政法规、地方性法规作变通规定的，在本自治地方适用自治条例和单行条例的规定。部门规章之间、部门规章与地方政府规章之间具有同等效力，在各自的权限范围内施行。

（3）特别法优于一般法

特别法优于一般法，是指公法权力主体在实施公权力行为中，当一般规定与特别规定不一致时，优先适用特别规定。《立法法》规定，同一机关制定的法律、行政法规、地方性法规、自治条例和单行条例、规章，特别规定与一般规定不一致的，适用特别规定。

（4）新法优于旧法

新法、旧法对同一事项有不同规定时，新法的效力优于旧法。《立法法》规定，同一机关制定的法律、行政法规、地方性法规、自治条例和单行条例、规章，新的规定与旧的规定不一致的，适用新的规定。

（5）需要由有关机关裁决适用的特殊情况

① 法律之间对同一事项的新的一般规定与旧的特别规定不一致，不能确定如何适用时，由全国人民代表大会常务委员会裁决。

② 行政法规之间对同一事项的新的一般规定与旧的特别规定不一致，不能确定如何适用时，由国务院裁决。

③ 地方性法规、规章之间不一致时，由有关机关依照下列规定的权限作出裁决：同一机关制定的新的一般规定与旧的特别规定不一致时，由制定机关裁决；地方性法规与部门规章之间对同一事项的规定不一致，不能确定如何适用时，由国务院提出意见，国务院认为应当适用地方性法规的，应当决定在该地方适用地方性法规的规定；认为应当适用部门规章的，应当提请全国人民代表大会常务委员会裁决；部门规章之间、部门规章与地方政府规章之间对同一事项的规定不一致时，由国务院裁决。

根据授权制定的法规与法律规定不一致，不能确定如何适用时，由全国人民代表大会常务委员会裁决。

（6）备案和审查

行政法规、地方性法规、自治条例和单行条例、规章应当在颁布后的30日内依照下列规定报有关机关备案：行政法规报全国人民代表大会常务委员会备案；省、自治区、直辖市的人民代表大会及其常务委员会制定的地方性法规，报全国人民代表大会常务委员会和国务院备案；设区的市、自治州的人民代表大会及其常务委员会制定的地方性法规，由省、自治区的人民代表大会常务委员会报全国人民代表大会常务委员会和国务院备案；自治州、自治县的人民代表大会制定的自治条例和单行条例，由省、自治区、直辖市的人民代表大会常务委员会报全国人民代表大会常务委员会和国务院备案；自治条例、单行条例报送备案时，应当说明对法律、行政法规、地方性法规作出变通的情况；部门规章和地方政府规章报国务院备案，地方政府规章应当同时报本级人民代表大会常务委员会备案；设区的市、自治州的人民政府制定的规章应当同时报省、自治区的人民代表大会常务委员会和人民政府备案；根据授权制定的法规应当报授权决定规定的机关备案。

国务院、中央军事委员会、国家监察委员会、最高人民法院、最高人民检察院和各省、自治区、直辖市的人民代表大会常务委员会认为行政法规、地方性法规、自治条例和单行条例同《宪法》或者法律相抵触，或者存在合宪性、合法性问题的，可以向全国人民代表大会常务委员会书面提出进行审查的要求，由全国人民代表大会有关的专门委员会和常务委员会工作机构进行审查、提出意见。其他国家机关和社会团体、企业事业组织以及公民认为行政法规、地方性法规、自治条例和单行条例同《宪法》或者法律相抵触的，可以向全国人民代表大会常务委员会书面提出进行审查的建议，由常务委员会工作机构进行审查；必要时，送有关的专门委员会进行审查、提出意见。

案例呈现

1. 案情介绍

某市为了促进本地经济发展，提高城市管理水平，制定了《某市城市管理条例》(以下简称《条例》)。该《条例》中规定，为了维护市容整洁，禁止在城市主要街道两侧设置户外广告牌，并对违规设置广告牌的商家处以高额罚款。然而，国家随后出台了一部新的《户外广告管理暂行办法》(以下简称《办法》)，其中规定了在符合一定条件下，允许在城市主要街道两侧设置户外广告牌，并明确了审批流程和监管要求。

某商家A在该市主要街道一侧设置了户外广告牌，并按照《办法》的规定向相关部门申请了审批，但审批尚未完成。此时，该市城市管理执法部门依据《条例》对商家A进行了处罚，要求其拆除广告牌并缴纳罚款。商家A不服，认为《办法》作为新出台的国家层面的规范性文件，其效力应高于地方性的《条例》，因此自己不应受到处罚。

2. 思考问题

(1)在本案中，《某市城市管理条例》与《户外广告管理暂行办法》之间的效力层级关系如何?

(2)商家A是否应受到《某市城市管理条例》的处罚?

(3)如果商家A对处罚决定不服，可以通过哪些途径进行救济?

3. 案情解析

(1)效力层级关系:

根据法的效力层级原则，新法优于旧法，特别法优于一般法。在此案中，《户外广告管理暂行办法》作为国家层面的规范性文件，且是后出台的，其效力应高于地方性的《某市城市管理条例》。

同时，《户外广告管理暂行办法》对户外广告的设置和管理作出了更为详细和具体的规定，属于特别法，而《某市城市管理条例》则属于一般法。因此，在两者不一致的情况下，应优先适用《户外广告管理暂行办法》。

(2)商家A是否应受到处罚:

商家A在设置户外广告牌前已按照《户外广告管理暂行办法》的规定向相关部门申请了审批，虽然审批尚未完成，但商家A的行为是符合新法规的初步要求的。

而《某市城市管理条例》中关于禁止在城市主要街道两侧设置户外广告牌的规定与新出台的《户外广告管理暂行办法》相抵触，因此不应再作为处罚的依据。

因此，商家A不应受到《某市城市管理条例》的处罚。

(3)救济途径:

如果商家A对处罚决定不服，可以首先向作出处罚决定的城市管理执法部门提出行政复议申请，要求撤销处罚决定。

如果行政复议未能满足商家A的诉求，商家A还可以向人民法院提起行政诉讼，请求法院对处罚决定的合法性进行审查并作出相应判决。

此外，商家A也可以向全国人民代表大会常务委员会书面提出对《某市城市管理条例》进行审查的建议，以维护自己的合法权益。

任务实战

根据要求完成下列任务实作工单。

任务实作工单

<table>
<tr><td colspan="3">1. 工作任务
（1）分组：每三人为一个小组（一人为编制人，一人为校核人，一人为审核人）。
（2）工作任务一：请按照效力由高到低的顺序梳理我国法律法规。
（3）工作任务二：请查询《中华人民共和国立法法》相关规定，说明财政部与住房和城乡建设部分别颁布的部门规章对同一事项的规定不一致时，应当如何处理？
（4）要求：认真阅读任务内容，并进行小组讨论，解答问题。</td></tr>
<tr><td colspan="3">2. 任务解答
（1）工作任务一

（2）工作任务二

</td></tr>
<tr><td>校核人意见：</td><td colspan="2" rowspan="2">编制人意见：</td></tr>
<tr><td>审核人意见：</td></tr>
<tr><td>编制人：</td><td>校核人：</td><td>审核人：</td></tr>
</table>

单元 1.2 法律关系

问题导入

问题：民事法律关系的三要素包括哪些内容？

____

____

____

思维导图

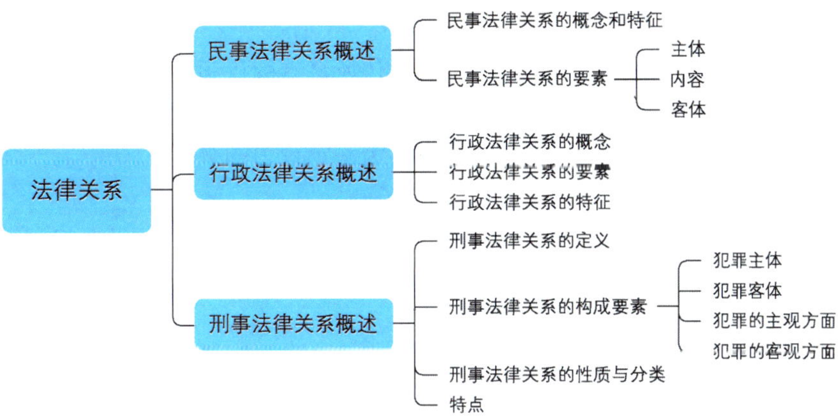

知识学习

1.2.1 民事法律关系概述

1. 民事法律关系的概念和特征

（1）民事法律关系的概念

民事法律关系是民法规范调整的权利义务关系，是由民法所调整的平等主体之间的人身关系和财产关系。

（2）民事法律关系的特征

① 民事法律关系是人与人之间的社会关系。民事法律关系是人与人之间在社会生活中产生的权利义务关系，而不是人与物之间或者物与物之间的关系。

② 民事法律关系是民法规范所调整的平等主体之间的社会关系。民事法律关系是根据民法规范建立起来的关系，而民法是调整具有平等法律地位的主体之间的财产关系和人身关系的法律，所以，民事法律关系是平等主体之间的人身关系或者财产关系。

③ 民事法律关系是以权利义务为基本内容的人身关系和财产关系。民事法律关系是以权利义务为内容的关系，即民法调整平等主体之间的关系的目的是赋予当事人民事权利，或者使当事人承担民事义务，权利义务构成了民事法律关系的内容。

④ 民事法律关系是由国家强制力保障实施的社会关系。民事法律关系是由国家强制力保障实现的，国家禁止不履行民事义务和对他人民事权利的侵犯。

2. 民事法律关系的要素

民事法律关系的要素是指构成民事法律关系的必要条件。民事法律关系由主体、内容和客体三要素构成。

（1）民事法律关系的主体

民事法律关系的主体，简称为民事主体，是指参与民事关系，并在其中享有民事权利和承担民事义务的人。

中国民事法律关系的主体包括自然人、法人和非法人组织。

（2）民事法律关系的内容

民事法律关系的内容是指民事法律关系的主体所享有的权利和承担的义务。

民事权利是民事主体为实现特定的利益而实施或者不实施某种行为的可能性。民事义务是义务人为满足权利人的利益而为一定行为或不为一定行为的必要性。

（3）民事法律关系的客体

民事法律关系的客体，又称为标的，是指民事法律关系主体之间的民事权利义务共同指向的对象。民事法律关系的客体是多元的，包括财产（物、智力成果）、行为和人身利益。不同的民事法律关系中有不同的客体。

1.2.2 行政法律关系概述

1. 行政法律关系的概念

行政法律关系是指在实现国家行政管理职能过程中，基于行政法律规范的确认和调整，而在行政关系当事人之间形成的权利义务关系。

2. 行政法律关系的要素

行政法律关系由主体、内容和客体三要素构成。

（1）行政法律关系的主体

行政主体是指能够以自己的名义依法拥有和行使行政职权，并能够对其行使行政职权的行为所造成的后果承担法律责任的机关和组织，也就是说，行政主体是在行政法律关系中行使行政管理职权、处于支配地位的机关和组织。

（2）行政法律关系的内容

行政法律关系的内容是指主体在该关系中所享有的权利和承担的义务。

（3）行政法律关系的客体

行政法律关系的客体，是指行政法律关系内容即权利和义务所指向的目标，也是权利和义务的媒介。

行政法律关系客体包括人身、行为和财物。

3. 行政法律关系的特征

由于行政关系产生于行政权作用和活动过程中，其主体与内容及关系变动都具有不同于其他社会关系的地方，在转化为行政法律关系后，并不因法律规范的出现而改变其本身的固有属性。因而，行政法律关系也具有下列不同于其他法律关系的特性。

① 行政主体是必不可少的一方当事人。

② 行政法律关系具有不平等性。

③ 行政法律关系具有不对等性。

④ 行政法律关系具有预先规定性与不可选择性。

⑤ 行政法律关系主体的权利与义务具有同一性。

1.2.3 刑事法律关系概述

刑事法律关系是一个复杂而重要的法律概念，它涉及国家与犯罪人之间因犯罪行为而产生的特殊权利义务关系。

1. 刑事法律关系的定义

刑事法律关系是指由刑事法律所调整的国家与公民（包括某些特定法人）之间的一种社会关系。具体来说，它是指由于犯罪而产生的，存在于国家与犯罪人之间的特殊权利义务关系。这种关系受到刑法的规制，是部门法律关系的一种，渊源于宪法法律关系。

2. 刑事法律关系的构成要素

刑事法律关系的构成要素主要包括以下四个方面：

（1）犯罪主体：指实施犯罪行为的人或单位。在自然人犯罪中，必须是达到法定刑事责任年龄、具有刑事责任能力的人。单位也可以作为部分犯罪的主体，如公司、企业等。

（2）犯罪客体：指我国《刑法》所保护而被犯罪行为所侵害的社会关系。每一种犯罪都会侵害某一具体的社会关系，如公民的人身权利、民主权利、财产权利等。

（3）犯罪的主观方面：指犯罪主体对其实施的犯罪行为及其结果所具有的心理状态，包括故意和过失两种形态。故意犯罪是指明知自己的行为会发生危害社会的结果，并且希望或者放任这种结果发生；过失犯罪则是指应当预见自己的行为可能发生危害社会的结果，因为疏忽大意而没有预见，或者已经预见而轻信能够避免。

（4）犯罪的客观方面：指犯罪行为的具体表现，包括危害行为、危害结果以及行为的时间、地点、方法（手段）、对象等。

3. 刑事法律关系的性质与分类

刑事法律关系由刑事法律关系的主体、内容、客体三部分组成，根据其性质可以分为刑事实体法律关系、刑事程序法律关系和罪犯改造法律关系。

（1）刑事实体法律关系：主要涉及犯罪与刑罚的实体问题，如犯罪的构成要件、刑罚的种类与适用等。

（2）刑事程序法律关系：关注刑事案件的处理程序，如立案、侦查、起诉、审判等程序中的权利义务关系。

（3）罪犯改造法律关系：涉及罪犯在服刑期间的改造与教育问题。

1.2.4 特 点

（1）受制约性：刑事法律关系中的权利义务关系受到刑法的严格规制，具有明确的法律界限。

（2）特殊性：它只存在于国家与犯罪人之间，因犯罪行为而产生，具有特定的主体和内容。

（3）权利义务明确：国家享有对犯罪人进行刑罚处罚的权利，承担依法适用刑罚的义务；犯罪人则有接受刑罚处罚的义务，并享有不受法外用刑的权利。

案例呈现

1. 案情介绍

张女士有了一定的积蓄，经房屋中介的介绍，相中了肖先生所有的一套房屋。2023 年 8 月 3 日双方签订了房屋买卖合同，约定房屋价款为 220 万元；在合同生效后的 3 个月内，张女士应分三次向肖先生付清房款；如果张女士不能支付房款，肖先生将保留房屋的所有权。之后，在合同生效后的第 1 个月，肖先生收到了张女士的第一笔房款，第二个月又收到了第二笔房款。但是，由于张女士的公司突然出现亏损，资金链发生断链，张女士不能如期向肖先生支付第三笔房款。

2. 思考问题

（1）张女士不能如期支付房款的行为是否将导致合同无效？

（2）张女士的行为是否属于违约行为？应当承担什么法律责任？

3. 案情解析

（1）张女士不能如期支付房款的行为不能导致合同的无效。《中华人民共和国民法典》第一百四十三条规定："具备下列条件的民事法律行为有效：（一）行为人具有相应的民事行为能力；（二）意思表示真实；（三）不违反法律、行政法规的强制性规定，不违背公序良俗。"张女士的行为属于《中华人民共和国民法典》规定的有效的民事法律行为，其行为不会导致合同的无效。

（2）张女士的行为属于违约行为。《中华人民共和国民法典》第五百零九条规定："当事人应当按照约定全面履行自己的义务。"第六百二十六条规定："买受人应当按照约定的数额和支付方式支付价款。"

张女士依法应当承担违约责任。《中华人民共和国民法典》第五百七十八条规定："当事人一方明确表示或者以自己的行为表明不履行合同义务的，对方可以在履行期限届满前请求其承担违约责任。"第五百七十九条规定："当事人一方未支付价款、报酬、租金、利息，或者不履行其他金钱债务的，对方可以请求其支付。"

任务实战

根据要求完成下列任务实作工单。

任务实作工单

<table>
<tr><td colspan="3">1. 工作任务
（1）分组：每三人为一个小组（一人为编制人，一人为校核人，一人为审核人）。
（2）工作任务：案例分析。
① 案情介绍
2024 年 5 月，某外资公司有 3 名员工已在该企业工作满 10 年，需要续签新的劳动合同。但该公司不打算再与其续签劳动合同。该公司人力资源部向 3 位员工下发了到期不再续签劳动合同的书面通知。但 3 位员工不服，认为在该公司工作了这么多年，公司不应该这样做，于是他们向有关人员进行咨询。
② 思考问题
该 3 位员工坚决要求续签劳动合同，并且要求续签无固定期限劳动合同，依据《劳动合同法》的规定，是否应当续签无固定期限劳动合同？
（3）要求：认真阅读任务内容，并进行小组讨论，解答问题。</td></tr>
<tr><td colspan="3">2. 任务解答</td></tr>
<tr><td>校核人意见：</td><td colspan="2" rowspan="2">编制人意见：</td></tr>
<tr><td>审核人意见：</td></tr>
<tr><td>编制人：</td><td>校核人：</td><td>审核人：</td></tr>
</table>

单元 1.3 建设工程法律责任制度

问题导入

问题 1：我国建设工程民事责任的种类有哪些？

____

____

____

问题 2：工程重大安全事故罪相应法律责任的承担方式是什么？

____

____

____

思维导图

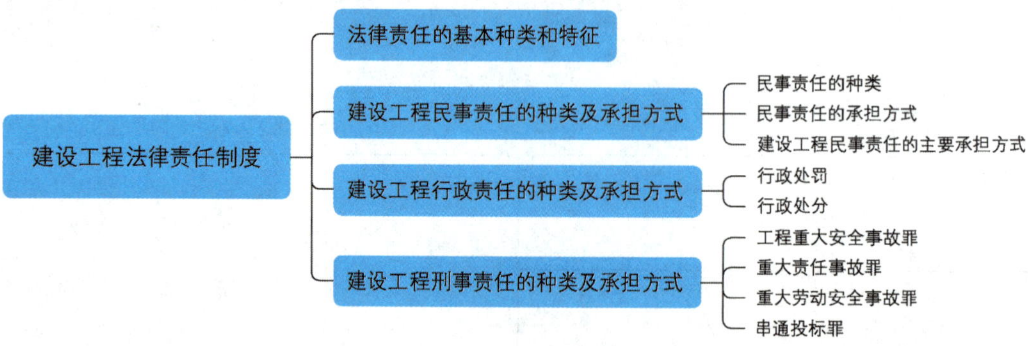

知识学习

法律责任是指行为人由于违法行为、违约行为或者由于法律规定而应承受的某种不利的法律后果。法律责任不同于其他社会责任，法律责任的范围、性质、大小、期限等均在法律上有明确规定。

1.3.1 法律责任的基本种类和特征

按照违法行为的性质和危害程度，可以将法律责任分为：违宪法律责任、刑事法律责任、民事法律责任、行政法律责任和国家赔偿责任。

法律责任的特征为：

（1）法律责任是因违反法律上的义务（包括违约等）而形成的法律后果，以法律义务的存在为前提；

（2）法律责任即承担不利的后果；

（3）法律责任的认定和追究，由国家专门机关依照法定程序进行；

（4）法律责任的实现由国家强制力作保障。

1.3.2 建设工程民事责任的种类及承担方式

民事责任是指民事主体在民事活动中，因实施了民事违法行为，根据民法所应承担的对其不利的民事法律后果或者基于法律特别规定而应承担的民事法律后果。民事责任的功能主要是一种民事救济手段，使受害人被侵犯的权益得以恢复。

民事责任主要是财产责任，如《中华人民共和国民法典》规定的损害赔偿、支付违约金等，但也不限于财产责任，还有恢复名誉、赔礼道歉等。

1. 民事责任的种类

民事责任可以分为违约责任和侵权责任两类。

违约责任是指合同当事人违反法律规定或合同约定的义务而应承担的责任。侵权责任是指行为人因过错侵害他人财产、人身而依法应当承担的责任，以及虽没有过错，但在造成损害以后，依法应当承担的责任。

2. 民事责任的承担方式

《中华人民共和国民法典》规定，承担民事责任的方式主要有：停止侵害，排除妨碍，消除危险，返还财产，恢复原状，修理、重作、更换，继续履行，赔偿损失，支付违约金，消除影响、恢复名誉，赔礼道歉。

以上承担民事责任的方式，可以单独适用，也可以合并适用。

3. 建设工程民事责任的主要承担方式

（1）返还财产

当建设工程施工合同无效、被撤销后，应当返还财产。执行返还财产的方式是“折价返还”，即承包人已经施工完成的工程，发包人按照“折价返还”的规则支付工程价款。主要有两种方式：一是参照无效合同中的约定价款；二是按当地市场价、定额量据实结算。

（2）修　理

施工合同的承包人对施工中出现质量问题的建设工程或者竣工验收不合格的建设工程，应当负责返修。

（3）赔偿损失

赔偿损失，是指合同当事人由于不履行合同义务或者履行合同义务不符合约定，给对方造成财产上的损失时，由违约方依法或依照合同约定应承担的损害赔偿责任。

（4）支付违约金

违约金是指按照当事人的约定或者法律规定，一方当事人违约的，应向另一方支付的金钱。

1.3.3　建设工程行政责任的种类及承担方式

行政责任是指违反有关行政管理的法律法规规定，但尚未构成犯罪的行为，依法应承担的行政法律后果，包括行政处罚和行政处分。

1. 行政处罚

2021 年 1 月经修改后颁布的《中华人民共和国行政处罚法》规定，行政处罚的种类有：

（1）警告、通报批评；

（2）罚款、没收违法所得、没收非法财物；

（3）暂扣许可证件、降低资质等级、吊销许可证件；

（4）限制开展生产经营活动、责令停产停业、责令关闭、限制从业；

（5）行政拘留；

（6）法律、行政法规规定的其他行政处罚。

在建设工程领域，法律、行政法规所设定的行政处罚主要有：警告、通报批评、罚款、没收违法所得、责令限期改正、责令停业整顿、取消一定期限内参加依法必须进行招标的项目的投标资格、责令停止施工、暂扣许可证件、降低资质等级、吊销资质证书（同时吊销营业执照）、责令停止执业、吊销执业资格证书或其他许可证等。

2. 行政处分

行政处分是指国家机关、企事业单位对所属的国家工作人员违法失职行为尚不构成犯罪，依据法律、法规所规定的权限而给予的一种惩戒。行政处分种类有：警告、记过、记大过、降级、撤职、开除。如《建设工程质量管理条例》规定，国家机关工作人员在建设工程质量监督管理工作中玩忽职守、滥用职权、徇私舞弊，构成犯罪的，依法追究刑事责任；尚不构成犯罪的，依法给予行政处分。

1.3.4　建设工程刑事责任的种类及承担方式

刑事责任，是指犯罪主体因违反刑法，实施了犯罪行为所应承担的法律责任。刑事责任是法律责任中最强烈的一种，其承担方式主要是刑罚，也包括一些非刑罚的处罚方法。

2020 年 12 月经修改后新颁布的《中华人民共和国刑法》（简称《刑法》）规定，刑罚分为主刑和附加刑。

主刑的种类有：管制，拘役，有期徒刑，无期徒刑，死刑。

附加刑的种类有：罚金，剥夺政治权利，没收财产，驱逐出境。

在建设工程领域，常见的刑事法律责任如下：

1. 工程重大安全事故罪

《刑法》第一百三十七条规定，建设单位、设计单位、施工单位、工程监理单位违反国家规定，降低工程质量标准，造成重大安全事故的，对直接责任人员处5年以下有期徒刑或者拘役，并处罚金；后果特别严重的，处5年以上10年以下有期徒刑，并处罚金。

根据《最高人民法院、最高人民检察院关于办理危害生产安全刑事案件适用法律若干问题的解释》(法释〔2015〕22号)，发生安全事故，具有下列情形之一的，应当认定为“造成重大安全事故”，对直接责任人员，处5年以下有期徒刑或者拘役，并处罚金：(1)造成死亡1人以上，或者重伤3人以上的；(2)造成直接经济损失100万元以上的；(3)其他造成严重后果或者重大安全事故的情形。

2. 重大责任事故罪

《刑法》第一百三十四条规定，在生产、作业中违反有关安全管理的规定，因而发生重大伤亡事故或者造成其他严重后果的，处3年以下有期徒刑或者拘役；情节特别恶劣的，处3年以上7年以下有期徒刑。强令他人违章冒险作业，或者明知存在重大事故隐患而不排除，因而发生重大伤亡事故或者造成其他严重后果的，处5年以下有期徒刑或者拘役；情节特别恶劣的，处5年以上有期徒刑。

3. 重大劳动安全事故罪

《刑法》第一百三十五条规定，安全生产设施或者安全生产条件不符合国家规定，因而发生重大伤亡事故或者造成其他严重后果的，对直接负责的主管人员和其他直接责任人员，处3年以下有期徒刑或者拘役；情节特别恶劣的，处3年以上7年以下有期徒刑。

4. 串通投标罪

《刑法》第二百二十三条规定，投标人相互串通投标报价，损害招标人或者其他投标人利益，情节严重的，处3年以下有期徒刑或者拘役，并处或者单处罚金。投标人与招标人串通投标，损害国家、集体、公民的合法利益的，依照以上规定处罚。

案例呈现

1. 案情介绍

某市一栋在建住宅楼发生楼体倒覆事故，造成1名工人身亡。经调查分析，事故调查组认定是一起重大责任事故。其直接原因是：紧贴该楼北侧，在短时间内堆土过高，最高处达10 m；紧邻该楼南侧的地下车库基坑正在开挖，开挖深度4.6 m。大楼两侧的压力差使土体产生水平位移，过大的水平力超过了桩基的抗侧能力，导致房屋倾倒。此外，还主要存在六个方面的间接原因：一是土方堆放不当。在未对天然地基进行承载力计算的情况下，开发商随意指定将开挖土方短时间内集中堆放于该楼北侧。二是开挖基坑违反相关规定。土方开挖单位，在未经监理方同意、未进行有效监测，不具备相应资质的情况下，没有按照相关技术要求开挖基坑。三是监理不到位。监理方对开发商、施工方的违法违规行为未进行有效处置，对施工现场的事故隐患未及时报告。四是管理不到位。开发商管理混乱，违章指挥，违法指定施工单位，压缩施工工期。五是安全措施不到位。施工方对基坑开挖及土方处置未采取专项防护措施。六是围护桩施工不规范。施工方未严格按照相关要求组织施工，施工速度快于规定的技术标准要求。

事故发生后，该楼所在地的副区长和镇长、副镇长等公职人员，因对辖区内建设工程安全生产工作负有领导责任，分别被给予行政警告、行政记过、行政记大过处分；开发商、总包单位对事故发生负有主要责任，土方开挖单位对事故发生负有直接责任，基坑围护及桩基工程施工单位对事故发生负有一定责任，分别给予了经济罚款，其中对开发商、总包单位均处以法定最高限额罚款50万元，并吊销总包单位的建筑施工企业资质证书及安全生产许可证，待事故善后处理工作完成后吊销开发商的房地产开发企业资质证书；监理单位对事故发生负有重要责任，吊销其工程监理资质证书；工程监测单位对事故发生负有一定责任，予以通报批评处理。监理单位、土方开挖单位的法定代表人等8名责任人员，对事故发生负有相关责任，被处以吊销执业证书、罚款、解除劳动合同等处罚。秦某、张某、夏某、陆某、张某、乔某等6人，犯重大责任事故罪，被追究刑事责任，分别被判处有期徒刑3~5年。

该楼21户购房户中，有11户业主退房，10户置换，分别获得相应的赔偿费。

2. 思考问题

（1）本案中的民事责任有哪些？

（2）本案中的行政责任有哪些？

（3）本案中的刑事责任有哪些？

3. 案情解析

（1）本案中存在着多个合同关系。这些合同关系都会产生民事责任。首先是开发商与购房者存在商品房买卖合同，由于发生楼体倒覆事故，开发商无法交付房屋，应当承担违约责任。在本案中，违约责任最主要的就是赔偿损失。开发商与其他责任主体也有合同关系，也会出现违约责任问题，但这些单位之间没有产生民事诉讼。

（2）本案中的行政责任包括了行政处分和行政处罚。副区长和镇长、副镇长等公职人员，对辖区内建设工程安全生产工作负有领导责任，分别被给予行政警告、行政记过、行政记大过处分，即属于行政处分。对开发商、总包单位等处以罚款、吊销资质证书等，对责任人处以吊销执业证书、罚款等，都属于行政处罚。

（3）本案中的被告人秦某、张某、夏某、陆某、张某、乔某在该楼工程项目中，分别作为建设方、施工方、监理方的工作人员以及土方施工的具体实施者，在工程施工的不同岗位和环节中，本应上下衔接、互相制约，但却违反安全管理规定，不履行或者不能正确履行或者消极履行各自的职责与义务，最终导致该楼房整体倾倒的重大工程安全事故，致1人死亡，并造成重大经济损失，6名被告人均已构成重大责任事故罪，且属情节特别恶劣，依法应予惩处，承担相应的刑事责任。

任务实战

根据要求完成下列任务实作工单。

任务实作工单

<table>
<tr><td colspan="6">1. 工作任务
（1）分组：每三人为一个小组（一人为编制人，一人为校核人，一人为审核人）。
（2）工作任务一：请用 XMind 软件梳理建设工程民事责任的种类及承担方式。
（3）工作任务二：案例分析。
① 案情介绍
地处 A 市的某设计院承担了坐落在 B 市的某项“设计一采购一施工”承包任务。该设计院将工程的施工任务分包给 B 市的某施工单位。设计院在施工现场派驻了包括甲在内的项目管理班子，施工单位则以乙为项目经理组成了项目经理部。施工任务完成后，施工单位以设计院尚欠工程款为由向仲裁委员会申请仲裁，主要依据是由甲签字确认的所增加的工程量。设计院认为甲并不是该项目的设计院方的项目经理，不承认甲签字的效力。经查实，甲既不是合同中约定的设计院的授权负责人，也没有设计院的授权委托书。但合同中约定的授权负责人基本没有去过该项目现场。事实上，该项目一直由甲实际负责，且有设计院曾经认可甲签字付款的情形。
② 思考问题
请结合《中华人民共和国民法典》第一百七十条规定，分析设计院是否应当承担付款责任，为什么？
（4）要求：认真阅读任务内容，并进行小组讨论，解答问题。</td></tr>
<tr><td colspan="6">2. 任务解答
（1）工作任务一

（2）工作任务二</td></tr>
<tr><td colspan="3">校核人意见：</td><td colspan="3" rowspan="2">编制人意见：</td></tr>
<tr><td colspan="3">审核人意见：</td></tr>
<tr><td colspan="2">编制人：</td><td colspan="2">校核人：</td><td colspan="2">审核人：</td></tr>
</table>

学习评价

本模块各单元的学习情况可按下表进行评价。

学习评价表

<table>
<tr><td>姓名：</td><td colspan="2">组别：</td><td colspan="2">任务：</td></tr>
<tr><td>评价内容</td><td>评价标准</td><td>自评</td><td>组员互评</td><td>老师评价</td></tr>
<tr><td>职业素养
（20分）</td><td>（1）学习态度积极，能主动思考，能有计划地组织小组成员完成工作任务，有良好的团队合作意识，遵章守纪：计20分；
（2）学习态度较积极，能主动思考，能配合小组成员完成工作任务，遵章守纪：计15分；
（3）学习态度端正，主动思考能力欠缺，能配合小组成员完成工作任务，遵章守纪：计10分；
（4）学习态度不端正，不参与团队任务：计0分。</td><td></td><td></td><td></td></tr>
<tr><td>职业技能
（80分）</td><td>问题回答正确，字迹工整：计80分，如有错误按以下标准扣分，扣完为止：
（1）回答（校核、审核）有错误，每返工一次扣20分；
（2）举例不规范，每处扣5分；
（3）字迹不工整、酌情扣分，最多扣10分。</td><td></td><td></td><td></td></tr>
<tr><td colspan="5">综合得分：</td></tr>
<tr><td colspan="5">备注：综合得分＝自评分×30%+小组互评分×30%+老师评价分×40%</td></tr>
</table>

模块 2

基本民事法律制度

情境描述

本模块以我国基本民事法律制度认知规律为主线，由浅入深地介绍建设工程领域基础民事法律知识。主要内容为：民事法律行为、建设工程代理制度、时效制度等。学生根据要求完成“任务实作工单”的工作任务。

学习目标

1. 知识目标

（1）熟悉民事法律行为；

（2）了解建设工程代理制度；

（3）正确理解时效制度。

2. 能力目标

（1）能够根据所学知识对民事法律行为的效力进行初步判定；

（2）能够判定建设工程领域中的代理行为；

（3）能够对诉讼时效、仲裁时效的中止、中断等问题进行判定。

3. 素质目标

（1）引导学生树立正确的世界观、人生观、价值观及团队合作意识；

（2）引导学生养成乐学、善思的良好习惯，具备勤奋好学、学以致用的能力；

（3）培养学生吃苦耐劳、勇于开拓、积极进取的精神；

（4）通过学习基本民事法律制度的基础知识，紧密结合实际，增强学生对招投标与合同法律法规重要性的认知，做到知法守法，提升社会责任感。

单元 2.1 民事法律行为

问题导入

问题：民事法律行为的特征有哪些？

____

____

____

思维导图

- 民事法律行为
  - 民事法律行为概述
    - 民事法律行为的概念
    - 民事法律行为的特征
    - 民事法律行为的构成
  - 民事法律行为的效力
    - 民事法律行为有效的条件
    - 建设工程无效施工合同的主要情形
    - 无效合同的法律后果

知识学习

2.1.1 民事法律行为概述

1. 民事法律行为的概念

民事法律行为是指以民事主体发生民事法律关系变动的意思表示为要素，而发生意思表示内容要求的民事法律效果的合法民事行为。

2. 民事法律行为的特征

（1）民事法律行为是表意行为，属于民事行为；

（2）民事法律行为发生民事主体意思表示追求的民事法律后果；

（3）民事法律行为的法律效果是意思表示的内容和形式符合了法律规定而产生的。

3. 民事法律行为的构成

民事法律行为的构成是指民事法律行为由哪些要素组成。民事法律行为构成要素包括：意思表示要素，其他事实要素，合法要素。

意思表示的概念：意思表示是指民事主体将欲产生一定民事法律效果的内心意思，通过一定方式表达于外部，从而使对方当事人或社会知晓的活动。

意思表示的构成：由意思和表示行为两局部构成。

意思表示的形式：意思表示的形式包括明示形式和默示形式。

① 明示形式。明示形式，是指直接以明确的语言文字进行意思表示。

② 默示形式。默示形式，是指以约定或法定的一定作为或不作为间接表示意思的形式。

2.1.2 民事法律行为的效力

1. 民事法律行为有效的条件

《中华人民共和国民法典》规定，具备下列条件的民事法律行为有效：

（1）行为人具有相应的民事行为能力；

（2）意思表示真实；

（3）不违反法律、行政法规的强制性规定，不违背公序良俗。

2. 建设工程无效施工合同的主要情形

最高人民法院《关于审理建设工程施工合同纠纷案件适用法律问题的解释（一）》规定，建设工程施工合同具有下列情形之一的，应当依据《中华人民共和国民法典》第一百五十三条第一款的规定，认定无效：

（1）承包人未取得建筑业企业资质或者超越资质等级的；

（2）没有资质的实际施工人借用有资质的建筑施工企业名义的；

（3）建设工程必须进行招标而未招标或者中标无效的。

承包人因转包、违法分包建设工程与他人签订的建设工程施工合同，应当依据民法典第一百五十三条第一款及第七百九十一条第二款、第三款的规定，认定无效。

3. 无效合同的法律后果

《中华人民共和国民法典》规定，无效的或者被撤销的民事法律行为自始没有法律约束力。民事法律行为部分无效，不影响其他部分效力的，其他部分仍然有效。

合同不生效、无效、被撤销或者终止的，不影响合同中有关解决争议方法的条款的效力。

民事法律行为无效、被撤销或者确定不发生效力后，行为人因该行为取得的财产，应当予以返还；不能返还或者没有必要返还的，应当折价补偿。有过错的一方应当赔偿对方由此所受到的损失；双方都有过错的，应当各自承担相应的责任。

案例呈现

1. 案情介绍

A 建筑公司挂靠于一资质较高的 B 建筑公司，以 B 建筑公司名义承揽了一项工程，并与建设单位 C 公司签订了施工合同。但在施工过程中，由于 A 建筑公司的实际施工技术力量和管理能力都较差，造成了工程进度的延误和一些工程质量缺陷。C 公司以 A 建筑公司挂靠为由，不予支付余下的工程款。A 建筑公司以 B 建筑公司名义将 C 公司告上了法庭。

2. 思考问题

（1）A 建筑公司以 B 建筑公司名义与 C 公司签订的施工合同是否有效？

3. 案情解析

《最高人民法院关于审理建设工程施工合同纠纷案件适用法律问题的解释(一)》第一条第一款规定:“建设工程施工合同具有下列情形之一的,应当依据《中华人民共和国民法典》第一百五十三条第一款的规定,认定无效……;(2)没有资质的实际施工人借用有资质的建筑施工企业名义的……。”A建筑公司以B建筑公司名义与C公司签订的施工合同,是没有资质的实际施工人借用有资质的建筑施工企业名义签订的合同,属无效合同,不具有法律效力。

任务实战

根据要求完成下列任务实作工单。

任务实作工单

<table>
<tr><td colspan="6">1. 工作任务
(1)分组:每三人为一个小组(一人为编制人,一人为校核人,一人为审核人)。
(2)工作任务:案例分析。
① 案情介绍
甲施工企业在某条公路的施工过程中,需要购买一批水泥。甲施工企业的采购员张某持介绍信到乙建材公司要求购买一批B强度等级的水泥。由于双方有长期的业务关系,未签订书面的水泥买卖合同,乙建材公司很快就发货了。但乙建材公司发货后,甲施工企业拒绝支付货款。甲施工企业提出的理由是,公司让张某购买的水泥是A强度等级而非B强度等级。双方由此发生纠纷。
② 思考问题
水泥买卖合同是否有效?
合同纠纷应当如何处理?
(3)要求:认真阅读任务内容,并进行小组讨论,解答问题。</td></tr>
<tr><td colspan="6">2. 任务解答</td></tr>
<tr><td colspan="3">校核人意见:</td><td colspan="3" rowspan="2">编制人意见:</td></tr>
<tr><td colspan="3">审核人意见:</td></tr>
<tr><td colspan="2">编制人:</td><td colspan="2">校核人:</td><td colspan="2">审核人:</td></tr>
</table>

单元 2.2 建设工程代理制度

微课：代理的法律特征和主要种类

问题导入

问题 1：哪些行为属于代理？以及如何去判定某一行为是否为代理行为？

____

____

____

____

问题 2：代理中不当或违法行为应承担的法律责任是什么？

____

____

____

____

思维导图

- 建设工程代理制度
  - 代理的基本理论
    - 代理的概念
    - 代理的特征
      - 代理行为必须是有法律效果的行为
      - 代理人以被代理人的名义在代理权限内进行民事活动
      - 代理人是在代理权限内独立实施代理行为
      - 代理人所为的民事法律行为的法律效果归属于被代理人
  - 代理的分类
    - 意定代理
      - 委托代理
      - 职务代理
    - 法定代理
  - 代理的终止
    - 代理期限届满或者代理事务完成
    - 被代理人取消委托或者代理人辞去委托
    - 代理人丧失民事行为能力
    - 代理人或者被代理人死亡
    - 作为被代理人或者代理人的法人、非法人组织终止
  - 无权代理与表见代理
    - 无权代理
    - 表见代理
  - 代理中不当或违法行为应承担的法律责任
    - 损害被代理人利益应承担的法律责任
    - 相对人故意行为应承担的法律责任
    - 违法代理行为应承担的法律责任

知识学习

2.2.1 代理的基本理论

1. 代理的概念

代理是指代理人在代理权限内，以被代理人的名义与第三人实施民事法律行为，由此产生的法律后果直接由被代理人承担的一种法律制度。代理关系的主体包括代理人、被代理人（亦称本人）和第三人（亦称相对人）。代理关系包括三种关系：一是被代理人与代理人之间的代理权关系；二是代理人与第三人之间实施民事法律行为的关系；三是被代理人与第三人之间承受代理行为法律后果的关系。

代理制度使得自然人及组织可以在有限的时间、条件下，通过别人从事民事活动而获得法律效果，扩大了从事民事法律活动的范围和可能性；代理制度还弥补了无民事行为能力人、限制民事行为能力人无法独立从事民事活动的不足，使得他们可以通过代理制度参加民事活动，依法行使权利。

2. 代理的特征

（1）代理行为必须是有法律效果的行为

行为须是民事法律行为，以产生权利义务为后果，如订立合同、履行债务等。因而请人代为起草合同文本、代为传话，则不是法律意义上的代理行为。

一般来说，代理人从事的行为主要包括三类：民事法律行为；民事诉讼行为；某些财政、行政行为，如代理专利申请、商标注册。

并非所有的民事法律行为都可以代理。根据《中华人民共和国民法典》的规定，依照法律规定、当事人约定或者民事法律行为的性质，应当由本人亲自实施的民事法律行为，不得代理，如立遗嘱、结婚等民事法律行为不得代理。

（2）代理人以被代理人的名义在代理权限内进行民事活动

代理的法律效果并非归属于行为人自身，而是由被代理人承受，故法律要求行为必须以被代理人名义实施。

（3）代理人是在代理权限内独立实施代理行为

代理人从事代理时必须拥有代理权。代理权是代理人能够以被代理人名义实施民事法律行为，并使该行为的效果直接归属于被代理人的法律资格。代理人在实施代理行为时应独立思考、自主作出具有法律意义的意思表示。这种意思表示包括代理人向第三人作出意思表示，也包括受领第三人的意思表示。

（4）代理人所为的民事法律行为的法律效果归属于被代理人

在代理活动中，代理人不因其所实施的民事法律行为直接取得任何个人利益，由代理行为产生的权利和义务自应由被代理人本人承受。

2.2.2 代理的分类

代理的分类较多，其中最主要的类型是意定代理和法定代理，这是以代理权产生的原因划分的。意定代理的代理权是基于本人的意思表示发生，如委托代理、职务代理等；法定代理之代理权由法律规定产生。

1. 意定代理

（1）委托代理

委托代理是代理人根据被代理人授权而进行的代理，即委托代理的代理权产生自本人的授权行为。民事法律行为的委托代理，可以用书面形式，也可用口头形式。采用书面形式授权的，《中华人民共和国民法典》第一百六十五条规定，委托代理授权采用书面形式的，授权委托书应当载明代理人的姓名或者名称、代理事项、权限和期限，并由被代理人签名或者盖章。

依照被代理人授权范围不同，委托代理又可分为：① 一次性委托代理，即被代理人委托代理人办理一次性民事法律行为，该民事法律行为完成，代理即告终止。② 持续性委托代理，即被代理人在较长的时间内委托代理人持续性办理同种类或者不同种类的民事法律行为。③ 总委托代理，即被代理人在一定时间内，委托代理人办理对某种事务或某种标的物的各种代理活动。

建设工程活动中涉及的代理行为较多，如工程招标代理、材料设备采购代理以及诉讼代理等。依照法律规定、当事人约定或者民事法律行为的性质，应当由本人亲自实施的民事法律行为，不得代理。建设工程的承包活动就不得委托代理。2019 年 4 月经修改后新颁布的《中华人民共和国建筑法》（简称《建筑法》）规定，禁止承包单位将其承包的全部建筑工程转包给他人，禁止承包单位将其承包的全部建筑工程肢解以后以分包的名义分别转包给他人。施工总承包的，建筑工程主体结构的施工必须由总承包单位自行完成。

由于委托代理的产生是基于代理人与被代理人之间信任基础的存在，故《中华人民共和国民法典》规定，代理人需要转委托第三人代理的，应当取得被代理人的同意或者追认。转委托代理经被代理人同意或者追认的，被代理人可以就代理事务直接指示转委托的第三人，代理人仅就第三人的选任以及对第三人的指示承担责任。转委托代理未经被代理人同意或者追认的，代理人应当对转委托的第三人的行为承担责任，但是，在紧急情况下代理人为了维护被代理人的利益需要转委托第三人代理的除外，此处所属紧急情况为代理人患急病、通信联络中断、疫情防控等特殊原因。

（2）职务代理

职务代理是因劳动合同、聘用合同或雇佣合同之法律关系，受雇人就其职权范围内的事项，以法人或者非法人组织的名义实施民事法律行为，对法人或者非法人组织发生效力的代理。

委托代理和职务代理等意定代理的基础关系可以各不相同，但共同特点是代理权均产生于授权行为。应当注意的是，《中华人民共和国民法典》第一百七十条第二款规定，法人或者非法人组织对执行其工作任务的人员职权范围的限制，不得对抗善意相对人。

2. 法定代理

法定代理，是指以法律的直接规定为根据而产生的代理。法定代理主要是为民事法律行为能力欠缺者设计的，法律根据自然人之间的亲属关系，如父母子女、夫妻等，直接规定的代理权。如果有法定监护资格的人之间对担任监护人有争议，则需要由指定机关指定法定代理人，故指定代理在本质上还是法定代理。法定代理人原则上应代理被代理人的有关财产方面的一切民事法律行为和其他允许代理的行为，在性质上属于全权代理。

2.2.3 代理的终止

《中华人民共和国民法典》规定，有下列情形之一的，委托代理终止：

（1）代理期限届满或者代理事务完成；

（2）被代理人取消委托或者代理人辞去委托；

（3）代理人丧失民事行为能力；

（4）代理人或者被代理人死亡；

（5）作为被代理人或者代理人的法人、非法人组织终止。

建设工程代理行为的终止，主要是第（1）、（2）、（5）三种情况。

1. 代理期限届满或代理事务完成

被代理人通常是授予代理人某一特定期限内的代理权，或者是某一项也可能是某几项特定事务的代理权，那么在这一期限届满或者被指定的代理事务全部完成，代理关系即告终止，代理行为也随之终止。

2. 被代理人取消委托或者代理人辞去委托

委托代理是被代理人基于对代理人的信任而授权其进行代理事务的，如果被代理人由于某种原因失去了对代理人的信任，法律就不应当强制被代理人仍须以其为代理人。反之，如果代理人由于某种原因不愿意再行代理，法律也不能强制要求代理人继续从事代理。因此，值得注意的是，法律规定被代理人有权根据自己的意愿单方取消委托，也允许代理人单方辞去委托，均不必以对方同意为前提，而以通知到对方时，代理权即行消灭。

但是，单方取消或辞去委托可能会承担相应的民事责任。《中华人民共和国民法典》规定，委托人或者受托人可以随时解除委托合同，因解除合同造成对方损失的，除不可归责于该当事人的事由外，无偿委托合同的解除方应当赔偿因解除时间不当造成的直接损失，有偿委托合同的解除方应当赔偿对方的直接损失和合同履行后可以获得的利益。

3. 作为被代理人或者代理人的法人、非法人组织终止

在建设工程活动中，不管是被代理人还是代理人，任何一方的法人终止，代理关系均随之终止。

2.2.4 无权代理与表见代理

1. 无权代理

无权代理是非基于代理权而以本人名义实施的旨在将效果归属于本人的代理。委托代理以本人授予代理权为要件，无权代理与有权代理的区别就是欠缺代理权。无权代理是指行为人不具有代理权，但以他人的名义与相对人进行法律行为。

无权代理一般存在三种表现形式：（1）自始未经授权。如果行为人自始至终没有被授予代

理权，就以他人的名义进行民事行为，属于无权代理。（2）超越代理权。代理权限是有范围的，超越了代理权限，也属于无权代理。（3）代理权已终止。行为人虽曾得到被代理人的授权，但该代理权已经终止的，行为人如果仍以被代理人的名义进行民事行为，则属无权代理。

无权代理的行为人因欠缺代理权，其行为本不应对本人生效，但如获得本人追认，就视同有权代理。相对人可以催告被代理人自收到通知之日起30日内予以追认。被代理人未作表示的，视为拒绝追认。行为人实施的行为未被追认的，善意相对人有权请求行为人履行债务或者就其受到的损害请求行为人赔偿，但是赔偿的范围不得超过被代理人追认时相对人所能获得的利益。

应当注意的是，本人知道他人以本人名义实施民事行为而不作否认表示的，视为同意。这是一种被称为默示方式的特殊授权。就是说，即使本人没有授予他人代理权，但事后并未作否认的意思表示，应视为授予了代理权。由此，他人以其名义实施法律行为的后果应由本人承担。

案例呈现

1. 案情介绍

张三是一家小型电子产品销售公司的老板，他长期与某电子产品制造商李四有业务往来。某日，张三的助手王五在未获得张三明确授权的情况下，擅自以张三的名义向李四下了一份大额的电子产品订单，并承诺了较短的交货期和优惠的付款条件。李四在收到订单后，基于以往与张三的合作信任，未对王五的代理权进行核实，便开始组织生产。然而，当产品完成后，张三却以未授权王五进行此交易为由，拒绝接收货物并支付货款。

2. 思考问题

（1）王五的行为是否构成无权代理？

（2）张三能否以未授权为由拒绝接收货物并支付货款？

（3）李四在此情况下有哪些法律救济途径？

3. 案情解析

（1）王五的行为是否构成无权代理？

根据无权代理的定义，行为人不具有代理权，但以他人的名义与相对人进行法律行为，即构成无权代理。在此案例中，王五在未获得张三明确授权的情况下，擅自以张三的名义向李四下订单，符合无权代理的构成要件。因此，王五的行为构成无权代理。

（2）张三能否以未授权为由拒绝接收货物并支付货款？

张三虽然可以主张王五的行为属于无权代理，但根据法律规定，无权代理的行为如果获得本人的追认，就视同有权代理。在此案例中，如果张三在得知王五的行为后，选择追认该交易，则他必须接收货物并支付货款。然而，如果张三拒绝追认，则王五的行为对张三不产生法律效力。但需要注意的是，李四作为善意相对人，有权请求王五履行债务或就其受到的损害请求王五赔偿。

另外，如果张三知道王五以其名义实施民事行为而不作否认表示的，根据默示方式的特殊授权原则，应视为张三同意了王五的代理行为。在此情况下，张三同样需要承担交易的法律后果。

（3）李四在此情况下有哪些法律救济途径？

如果张三拒绝追认王五的代理行为，李四可以首先尝试与王五协商解决纠纷，要求王五履行订单或赔偿损失。

如果协商无果，李四可以向人民法院提起诉讼，请求法院确认王五的代理行为无效，并要求张三或王五承担相应的法律责任。

同时，李四还可以根据《中华人民共和国民法典》等相关法律规定，向有关行政机关投诉或申请仲裁等方式来维护自己的合法权益。

综上所述，无权代理行为虽然可能对本人产生不利后果，但法律也赋予了善意相对人一定的救济途径来维护自己的合法权益。在实际操作中，各方当事人应谨慎核实代理人的代理权，以避免不必要的法律纠纷。

2. 表见代理

表见代理是指行为人虽无权代理，但由于行为人的某些行为，造成了足以使善意相对人相信其有代理权的表象，而与善意相对人进行的、由本人承担法律后果的代理行为。本质上，这是一种无权代理之“里”，却有代理之“表”的不真正代理。

《中华人民共和国民法典》规定，行为人没有代理权、超越代理权或者代理权终止后，仍然实施代理行为，善意相对人有理由相信行为人有代理权的，代理行为有效。

表见代理除需符合代理的一般条件外，还需具备以下特别构成要件：

（1）须存在足以使相对人相信行为人具有代理权的事实或理由，且相对人无过失，这是构成表见代理的客观要件。它要求行为人与本人之间应存在某些事实上或法律上的联系，如行为人持有本人发出的委任状、已加盖公章的空白合同书或者有显示本人向行为人授予代理权的通知函告等证明类文件等。

（2）须本人存在过失。其过失表现为本人表达了足以使善意相对人相信有授权意思的表示，或者实施了足以使善意相对人相信有授权意义的行为，发生了外表授权的事实。

（3）须相对人为善意。这是构成表见代理的主观要件。如果相对人明知行为人无代理权而仍与之实施民事行为，则相对人为主观存在恶意，则不构成表见代理。

表见代理对本人产生有权代理的效力，即在相对人与本人之间产生民事法律关系。本人受表见代理人与相对人之间实施的法律行为的约束，享有该行为设定的权利和履行该行为约定的义务。本人不能以无权代理为抗辩。本人在承担表见代理行为所产生的责任后，可以向无权代理人追偿因代理行为而遭受的损失。

2.3.5 代理中不当或违法行为应承担的法律责任

1. 损害被代理人利益应承担的法律责任

代理人不履行职责而给被代理人造成损害的，应当承担民事责任。代理人和相对人串通，损害被代理人的利益的，由代理人和相对人负连带责任。

2. 相对人故意行为应承担的法律责任

相对人知道行为人没有代理权、超越代理权或者代理权已终止还与行为人实施民事行为给他人造成损害的，由相对人和行为人负连带责任。

3. 违法代理行为应承担的法律责任

代理人知道被委托代理的事项违法仍然进行代理活动的，或者被代理人知道代理人的代理行为违法不表示反对的，由被代理人和代理人负连带责任。

案例呈现

1. 案情介绍

甲公司是一家知名的电子产品制造商，乙是甲公司前销售经理，因业绩不佳被甲公司解雇。然而，乙仍持有甲公司的一些空白合同书和名片，且未将这些物品归还给甲公司。某日，丙公司因需要采购一批电子产品，与乙取得联系。乙利用手中的空白合同书和名片，以甲公司的名义与丙公司签订了一份电子产品采购合同，并承诺了优惠的价格和快速的交货期。丙公司基于乙提供的证明文件和以往的合作关系，未对乙的代理权进行进一步核实，便支付了预付款。然而，当丙公司向甲公司要求交货时，甲公司却以乙已被解雇且无权代理为由，拒绝履行合同。

2. 思考问题

（1）乙的行为是否构成表见代理？

（2）甲公司能否以乙已被解雇且无权代理为由拒绝履行合同？

（3）丙公司在此情况下有哪些法律救济途径？

（4）如果乙与丙公司串通损害甲公司利益，责任应由谁承担？

3. 案情解析

（1）乙的行为是否构成表见代理？

乙虽已被甲公司解雇，但他仍持有甲公司的空白合同书和名片，这些证明文件足以使善意相对人丙公司相信乙有代理权。此外，丙公司基于以往的合作关系，未对乙的代理权进行进一步核实，且丙公司在此过程中无过失。因此，乙的行为符合表见代理的构成要件，构成表见代理。

（2）甲公司能否以乙已被解雇且无权代理为由拒绝履行合同？

由于乙的行为构成表见代理，根据法律规定，表见代理对本人（即甲公司）产生有权代理的效力。因此，甲公司不能以乙已被解雇且无权代理为由拒绝履行合同。甲公司应受乙与丙公司之间实施的法律行为的约束，享有该行为设定的权利和履行该行为约定的义务。

（3）丙公司在此情况下有哪些法律救济途径？

丙公司可以基于表见代理的规定，要求甲公司履行合同并承担违约责任。如果甲公司拒绝履行合同，丙公司可以向人民法院提起诉讼，请求法院确认乙的代理行为有效，并要求甲公司承担相应的法律责任。

（4）如果乙与丙公司串通损害甲公司利益，责任应由谁承担？

如果乙与丙公司串通损害甲公司利益，根据法律规定，代理人和相对人串通损害被代理人利益的，由代理人和相对人负连带责任。因此，在此情况下，乙和丙公司应共同承担损害赔偿责任。甲公司可以向乙和丙公司追偿因代理行为而遭受的损失。

综上所述，表见代理是一种特殊的无权代理行为，其法律后果由本人承担。在实际操作中，各方当事人应谨慎核实代理人的代理权，以避免不必要的法律纠纷。同时，对于恶意串通损害他人利益的行为，法律也赋予了相应的法律责任。

任务实战

根据要求完成下列任务实作工单。

任务实作工单

<table>
<tr><td colspan="3">1. 工作任务
（1）分组：每三人为一个小组（一人为编制人，一人为校核人，一人为审核人）。
（2）工作任务一：你所在公司现委派你代表公司外出与甲建材公司签订购买100吨A等水泥的合同，请问公司向你出具的授权委托书应该具备哪些要件？请试撰写该授权委托书。
（3）工作任务二：案例分析。
① 案情介绍
单位甲委托自然人乙采购特种水泥，乙持授权委托书向供应商丙采购。由于缺货，丙向乙说明无法供货，乙表示愿意购买普通水泥代替，向丙出示加盖甲公章的空白合同，并签订了普通水泥买卖合同，后单位甲拒绝付款。经查，丙不知乙授权不足的情况。
② 思考问题
请结合《中华人民共和国民法典》第172条“表见代理”知识，分析单位甲是否应该承担付款义务。
（4）要求：认真阅读任务内容，并进行小组讨论，解答问题。</td></tr>
<tr><td colspan="3">2. 任务解答
（1）工作任务一

（2）工作任务二

</td></tr>
<tr><td colspan="2">校核人意见：</td><td rowspan="2">编制人意见：</td></tr>
<tr><td colspan="2">审核人意见：</td></tr>
<tr><td>编制人：</td><td>校核人：</td><td>审核人：</td></tr>
</table>

单元 2.3 时效制度

问题导入

问题：不适用于诉讼时效的情形有哪些？

____

____

____

思维导图

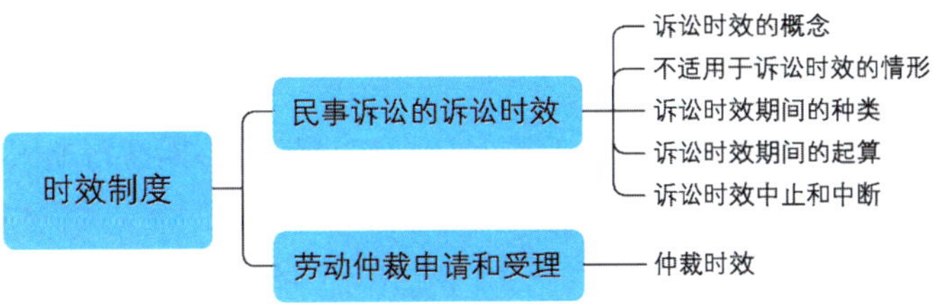

知识学习

2.3.1 民事诉讼的诉讼时效

1. 诉讼时效的概念

诉讼时效，是指权利人在法定期间内不行使权利，诉讼时效期间届满后，义务人可以提出不履行义务抗辩的法律制度。

超过诉讼时效期间，在法律上发生的效力是权利人的胜诉权消灭。超过诉讼时效期间权利人起诉，如果符合《民事诉讼法》规定的起诉条件，法院仍应当受理。如果法院经受理后查明无中止、中断、延长事由的，判决驳回诉讼公请求。但是，《中华人民共和国民法典》规定，人民法院不得主动适用诉讼时效的规定。当事人对诉讼时效利益的预先放弃无效。诉讼时效期间届满后，义务人同意履行的，不得以诉讼时效期间届满为由抗辩；义务人已经自愿履行的，不得请求返还。

2. 不适用于诉讼时效的情形

当事人可以对债权请求权提出诉讼时效抗辩，但对下列债权请求权提出诉讼时效抗辩的，法院不予支持：

（1）支付存款本金及利息请求权；

（2）兑付国债、金融债券以及向不特定对象发行的企业债券本息请求权；

（3）基于投资关系产生的缴付出资请求权；

（4）其他依法不适用诉讼时效规定的债权请求权。

3. 诉讼时效期间的种类

根据《中华人民共和国民法典》及有关法律的规定，诉讼时效期间通常可划分为 3 类：

（1）普通诉讼时效，即向人民法院请求保护民事权利的期间。普通诉讼时效期间通常为 3 年。

（2）特殊诉讼时效。因国际货物买卖合同和技术进出口合同争议的时效期间为 4 年。

（3）权利的最长保护期限。诉讼时效期间自权利人知道或应当知道权利受到损害以及义务人之日起计算。但是，从权利被侵害之日起超过 20 年的，法院不予保护；有特殊情况的，人民法院可以根据权利人的申请决定延长。

4. 诉讼时效期间的起算

《中华人民共和国民法典》规定，诉讼时效期间自权利人知道或者应当知道权利受到损害以及义务人之日起计算。

当事人约定同一债务分期履行的，诉讼时效期间自最后一期履行期限届满之日起计算。

5. 诉讼时效中止和中断

（1）诉讼时效中止

《中华人民共和国民法典》规定，在诉讼时效期间的最后 6 个月内，因下列障碍，不能行使请求权的，诉讼时效中止：

① 不可抗力；

② 无民事行为能力人或者限制民事行为能力人没有法定代理人，或者法定代理人死亡、丧失民事行为能力、丧失代理权；

③ 继承开始后未确定继承人或者遗产管理人；

④ 权利人被义务人或者其他人控制；

⑤ 其他导致权利人不能行使请求权的障碍。自中止时效的原因消除之日起满 6 个月，诉讼时效期间届满。

根据上述规定，诉讼时效中止，应当同时满足以下两个条件：

① 权利人由于不可抗力或者其他障碍，不能行使请求权；

② 导致权利人不能行使请求权的事由发生在诉讼时效期间的最后 6 个月内。

诉讼时效中止，即诉讼时效期间暂时停止计算。在导致诉讼时效中止的原因消除后，也就是权利人开始可以行使请求权时起，诉讼时效期间继续计算。

（2）诉讼时效中断

《中华人民共和国民法典》规定，有下列情形之一的，诉讼时效中断，从中断、有关程序终结时起，诉讼时效期间重新计算：

① 权利人向义务人提出履行请求；

② 义务人同意履行义务；

③ 权利人提起诉讼或者申请仲裁；

④ 与提起诉讼或者申请仲裁具有同等效力的其他情形。

2.3.2 劳动仲裁申请和受理

1. 仲裁时效

（1）劳动争议申请仲裁的时效期间为 1 年。仲裁时效期间从当事人知道或者应当知道其权利被侵害之日起计算。劳动关系存续期间因拖欠劳动报酬发生争议的，劳动者申请仲裁不受 1 年仲裁时效期间的限制；但是，劳动关系终止的，应当自劳动关系终止之日起 1 年内提出。

（2）仲裁时效的中断。劳动仲裁时效，因当事人一方向对方当事人主张权利（即一方当事人通过协商、申请调解等方式向对方当事人主张权利的）；或者向有关部门请求权利救济（即一方当事人通过向有关部门投诉，向仲裁委员会申请仲裁，向人民法院起诉或者申请支付令等方式请求权利救济的）；或者对方当事人同意履行义务而中断。从中断时起，仲裁时效期间重新计算。

（3）仲裁时效的中止。因不可抗力或者有其他正当理由（无民事行为能力或者限制民事行为能力劳动者的法定代理人未确定等），当事人不能在仲裁时效期间申请仲裁的，仲裁时效中止。从中止时效的原因消除之日起，仲裁时效期间继续计算。

案例呈现

1. 案情介绍

王某于 2009 年 7 月进入某公司，岗位为司勤岗位，每月薪资为 4 800 元，于 2022 年 6 月因某公司业务调整导致王某离职。

由于某公司不按规定为王某参加失业保险，致使其解除劳动合同后，王某依法不能申请失业保险待遇，王某为维护合法权益，于 2024 年 8 月向某市劳动人事争议仲裁委员会申请仲裁，请求裁决某公司支付王某失业保险待遇 32 076 元整。

2. 思考问题

王某的仲裁请求能否得到支持？

3. 案情解析

王某与某公司于 2022 年 6 月协商一致签订《解除劳动合同协议书》，因此，王某申请本案仲裁的时效期间应从 2022 年 6 月开始起算。王某于 2024 年 8 月才向某市劳动人事争议仲裁委员会申请，已超过仲裁时效。故王某的仲裁请求，将不予支持。

王某与某公司于 2022 年 6 月签订的《解除劳动合同协议书》第一条约定双方于 2022 年 6 月解除劳动合同，关于劳动合同的所有权利义务于 2022 年 6 月终结。根据《中华人民共和国劳动争议调解仲裁法》第二十七条的规定，王某要求某公司支付失业保险待遇损失应于 2023 年 6 月前提起劳动争议仲裁申请。

劳动人事争议仲裁时效根据《劳动人事争议仲裁办案规则》（2017 人社部令 33 号）第 26

条规定一般仲裁时效为 1 年；另《劳动人事争议仲裁办案规则》（2017 人社部令 33 号）删除了原办案规则中在申请仲裁的法定时效期间内的规定。因此，劳动人事仲裁将不再主动审查仲裁时效，与诉讼程序不主动审查时效保持一致，让时效回到当事人的抗辩权范围。只有当事人提出抗辩才会主动适用仲裁时效。

任务实战

根据要求完成下列任务实作工单。

任务实作工单

<table>
<tr><td>
1. 工作任务
（1）分组：每三人为一个小组（一人为编制人，一人为校核人，一人为审核人）。
（2）工作任务一：案例分析。
① 案情介绍
某承包商与业主签订一建设工程施工合同。双方签字盖章并在公证处进行了公证。合同约定工期为 12 个月，合同固定总价为 1 500 万元。2024 年 2 月 1 日开工，工程进行才 3 个月，监理工程师于 2024 年 5 月 2 日自主决定，要求承包商于 2024 年 11 月 1 日竣工，承包商不予理睬，至 2024 年 5 月 21 日仍不作出书面答复。2024 年 5 月 31 日，业主以承包商的工程质量不可靠和工程不能如期竣工为由发文通知该施工企业：“本公司决定解除原施工合同，望贵公司予以谅解和支持。”同时限期承包商拆除脚手架，致使承包方无法继续履行原合同义务，承包商由此损失工程款工程器材费及其他损失费 609 万元，该承包商于 2024 年 6 月 25 日向人民法院提起诉讼，要求业主承担违约责任。
② 思考问题
判断：I. 此施工合同纠纷案件的经济诉讼当事人是否包括业主、承包商、监理工程师？
II. 超过诉讼时效的经济纠纷案件，法院是否予以受理？
（3）工作任务二：收集并分享建设工程民事诉讼案例。
（4）要求：认真阅读任务内容，并进行小组讨论，解答问题。
</td></tr>
<tr><td>
2. 任务解答
（1）工作任务一
</td></tr>
</table>

续表

（2）工作任务二		
校核人意见：		编制人意见：
审核人意见：		
编制人：	校核人：	审核人：

学习评价

本模块各单元的学习情况可按下表进行评价。

学习评价表

<table>
<tr><td colspan="2">姓名：</td><td colspan="2">组别：</td><td colspan="2">任务：</td></tr>
<tr><td>评价内容</td><td>评价标准</td><td>自评</td><td>组员互评</td><td>老师评价</td></tr>
<tr><td>职业素养
（20分）</td><td>（1）学习态度积极，能主动思考，能有计划地组织小组成员完成工作任务，有良好的团队合作意识，遵章守纪：计20分；
（2）学习态度较积极，能主动思考，能配合小组成员完成工作任务，遵章守纪：计15分；
（3）学习态度端正，主动思考能力欠缺，能配合小组成员完成工作任务，遵章守纪：计10分；
（4）学习态度不端正，不参与团队任务：计0分。</td><td></td><td></td><td></td></tr>
<tr><td>职业技能
（80分）</td><td>问题回答正确，字迹工整：计80分，如有错误按以下标准扣分，扣完为止：
（1）回答（校核、审核）有错误，每返工一次扣20分；
（2）举例不规范，每处扣5分；
（3）字迹不工整、酌情扣分，最多扣10分。</td><td></td><td></td><td></td></tr>
<tr><td colspan="5">综合得分：</td></tr>
<tr><td colspan="5">备注：综合得分＝自评分×30%+小组互评分×30%+老师评价分×40%</td></tr>
</table>

中篇

招投标实务

模块 3
招投标基础知识

情境描述

招投标对工程建设的核心意义在于优化资源配置、降低建设成本、提高建设质量。招投标作为一种市场竞争机制，通过公开、公平、公正的竞争方式，确保投标方在价格、质量、服务等方面展开充分竞争，从而优化资源配置，提升经济效益与社会效益。这种机制有助于招标方以最优的价格获取所需的货物、工程或服务，推动资源的高效配置，提高国有资金的使用效率，进而促进投融资管理体制和各行业管理体制的改革。同时，招投标制度的实施，迫使企业不断转变经营机制，提高创新活力，引进先进技术和管理经验，提升生产、服务的质量和效率，增强了企业的市场竞争力，提升了企业的市场信誉和品牌形象价值。此外，招投标制度的规范运行有助于维护和规范市场竞争秩序，保护当事人的合法权益，通过公开透明的竞争过程，提高了市场交易的公平性和满意度，增强了市场的可信度。同时，这一制度也促进了社会和企业的法治、信用建设，推动了政府转变职能，提高了行政效率，为建立健全现代市场经济体系奠定了坚实基础。

本模块的主要内容是：建设工程招投标基本概念及种类、建设工程法定招标的范围、招标方式和组织形式、招标的条件及资格审查、建设工程交易中心。学生根据要求完成“任务实作工单”的工作任务。

学习目标

1. 知识目标

（1）掌握建设工程中招标、投标的基本概念及建设工程招标的种类；

（2）掌握法定招标的范围；

（3）熟悉招标方式、组织形式，招标条件及资格审查；

（4）掌握工程交易中心的基本功能。

2. 能力目标

（1）能够在工程实践中判定某个项目是否需要招标；
（2）能够准备、审查招标条件。

3. 素质目标

（1）引导学生树立正确的世界观、人生观、价值观及团队合作意识；
（2）提升学生学法、知法、守法、护法的法治意识；
（3）培养学生良好的学习习惯和严谨认真的工作态度；
（4）提升学生的团队协作能力和沟通能力，以适应招投标工作中的团队协作需求。

单元 3.1 建设工程招投标基本概念及种类

问题导入

问题：我国建设工程招标的分类方式有哪些？分别是什么？

____

____

____

思维导图

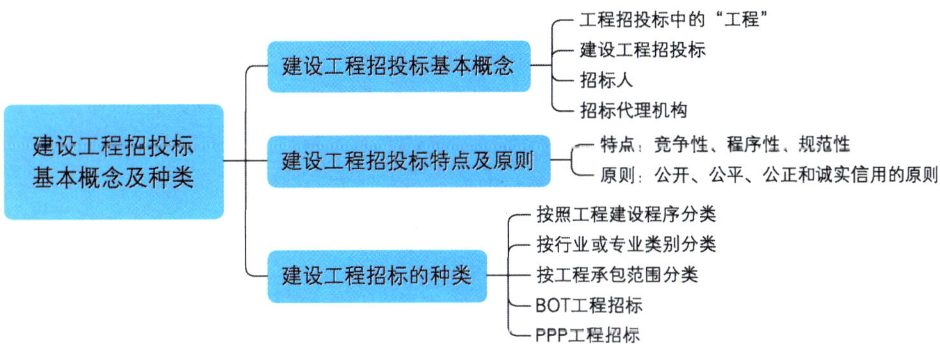

知识学习

3.1.1 建设工程招投标基本概念

1. 工程招投标中的“工程”

《招标投标法实施条例》第二条规定：“招标投标法所称工程建设项目，是指工程以及与工程建设有关的货物、服务。前款所称工程，是指建设工程，包括建筑物和构筑物的新建、改建、扩建及其相关的装修、拆除、修缮等；所称与工程建设有关的货物，是指构成工程实体的材料和设备；所称与工程建设有关的服务，是指为完成工程所需的勘察、设计、监理等服务”。

2. 建设工程招投标

招标投标是在市场经济条件下进行大宗货物的买卖、工程建设项目的发包与承包，以及服务项目的采购与提供时，采购人提出要求，供应方响应并提出自己的方案与报价，采购人选择条件最优者成为成交方的一种交易方式。建设工程招投标，是建设单位对拟建的建设工程项目通过法定的程序和方式吸引承包单位进行公平竞争，并从中选择条件优越者来完成建设工程任务的行为。招标投标是建设工程最主要的竞争性交易方式。相关法律、法规主要有：《中华人民共和国建筑法》、《中华人民共和国招标投标法》(简称《招标投标法》)、《招标投标法实施条例》。

3. 招标人

《招标投标法》第八条规定："招标人是依照本法规定提出招标项目、进行招标的法人或者其他组织。"

《招标投标法实施条例》进一步规定，招标人具有编制招标文件和组织评标能力，是指招标人具有与招标项目规模和复杂程度相适应的技术、经济等方面的专业人员。

4. 招标代理机构

《招标投标法》规定，招标代理机构是依法设立、从事招标代理业务并提供相关服务的社会中介组织。招标代理机构应当具备下列条件：

(1) 有从事招标代理业务的营业场所和相应资金。

(2) 有能够编制招标文件和组织评标的相应专业力量。

招标代理机构与行政机关和其他国家机关不得存在隶属关系或者其他利益关系，并应当在招标人委托的范围内办理招标事宜。

3.1.2 建设工程招投标特点及原则

1. 工程招投标的特点

工程招投标具有如下 3 个特点：

(1) 竞争性。

(2) 程序性。

(3) 规范性。

2. 工程招投标的原则

《中华人民共和国招标投标法》(简称《招标投标法》) 第八条规定：招标投标活动应当遵循公开、公平、公正和诚实信用的原则。

(1) 公开原则，是指招标投标过程应当公开透明，所有参与者都有平等的机会获取信息和参与竞争。

(2) 公平原则，是指参与竞争的各方在竞争条件和机会上应当平等。

(3) 公正原则，是指评审、定标等过程应当遵循客观、公正、合理的原则。

(4) 诚信原则，是指参与竞争各方应当诚实守信，不得采取欺诈、贿赂等不正当手段。

上述基本原则的贯彻实施，保证了招标投标过程的公平、公正和透明，有利于促进市场经济的健康发展，保护各方的合法权益，促进社会公正和谐。

3.1.3 建设工程招标的种类

建设工程招标依据不同划分方式，可划分为不同类，见表 3-1。

表 3-1 建设工程招标的种类

序号	分类方式	类别
1	按照工程建设程序分类	建设项目前期咨询招标
		勘察设计招标
		材料设备采购招标
		工程施工招标
		一体化招标
2	按行业或专业类别分类	土木工程招标
		勘察设计招标
		货物采购招标
		安装工程招标
		建筑装饰装修招标
		生产工艺技术转让招标
		工程咨询和建设监理招标
3	按工程承包范围分类	项目全过程总承包招标
		工程分承包招标
		专项工程承包招标
4	BOT 工程招标	即“建造-运营-移交”模式，它是企业参与基础设施建设，向社会提供公共服务的一种方式。
5	PPP 工程招标	即“公共部门-私人企业-合作”模式，在公共基础设施领域，尤其是在大型、一次性的项目，如公路、铁路、地铁等的建设中扮演着重要角色。

任务实战

根据要求完成下列任务实作工单。

任务实作工单

<table>
<tr><td colspan="3">1. 工作任务
（1）分组：每三人为一个小组（一人为编制人，一人为校核人，一人为审核人）。
（2）工作任务：案例分析。
① 案情介绍
案情介绍 某市政府计划建设一座新的市立医院，项目包括新建医疗大楼、附属设施及医疗设备采购。为确保项目质量、效率和透明度，市政府决定采用公开招标的方式选择施工单位和医疗设备供应商。招标过程严格遵守《中华人民共和国招标投标法》及相关法规，通过政府官方网站发布了详细的招标公告，明确了项目需求、资格要求、评标标准等关键信息。
② 思考问题
招标公告中应包含哪些关键信息以确保公平竞争？
如何确保招标过程中的公开、公平、公正和诚实信用原则得到有效执行？
对于医疗设备采购，招标过程中应如何评估供应商的资质和产品质量？</td></tr>
<tr><td colspan="3">2. 任务解答</td></tr>
<tr><td colspan="2">校核人意见：</td><td rowspan="2">编制人意见：</td></tr>
<tr><td colspan="2">审核人意见：</td></tr>
<tr><td>编制人：</td><td>校核人：</td><td>审核人：</td></tr>
</table>

单元 3.2 建设工程法定招标的范围、招标方式和组织形式

微课：招标准备工作

问题导入

问题：哪些建设工程项目必须招标？需做哪些招标准备工作？

思维导图

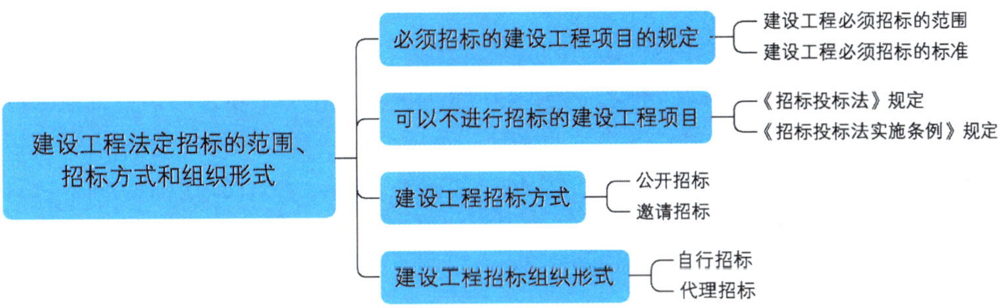

知识学习

3.2.1 必须招标的建设工程项目的规定

1. 建设工程必须招标的范围

2017 年 12 月经修改后新颁布的《招标投标法》规定，在中华人民共和国境内进行下列工程建设项目包括项目的勘察、设计、施工、监理以及与工程建设有关的重要设备、材料等的采购，必须进行招标：（1）大型基础设施、公用事业等关系社会公共利益、公众安全的项目；（2）全部或者部分使用国有资金投资或者国家融资的项目；（3）使用国际组织或者外国政府贷款、援助资金的项目。

2019 年 3 月经修改后新颁布的《中华人民共和国招标投标法实施条例》（简称《招标投标

法实施条例》）指出，工程建设项目是指工程以及与工程建设有关的货物、服务。工程是指建设工程，包括建筑物和构筑物的新建、改建、扩建及其相关的装修、拆除、修缮等；与工程建设有关的货物，是指构成工程不可分割的组成部分，且为实现工程基本功能所必需的设备、材料等；与工程建设有关的服务，是指为完成工程所需的勘察、设计、监理等服务。

国家发展和改革委员会《必须招标的基础设施和公用事业项目范围规定》（发改法规〔2018〕843号）规定，大型基础设施、公用事业等关系社会公共利益、公众安全的项目，必须招标的具体范围包括：（1）煤炭、石油、天然气、电力、新能源等能源基础设施项目；（2）铁路、公路、管道、水运，以及公共航空和 A1 级通用机场等交通运输基础设施项目；（3）电信枢纽、通信信息网络等通信基础设施项目；（4）防洪、灌溉、排涝、引（供）水等水利基础设施项目；（5）城市轨道交通等城建项目。

经国务院批准，2018 年 3 月国家发展和改革委员会发布的《必须招标的工程项目规定》中规定，全部或者部分使用国有资金投资或者国家融资的项目包括：（1）使用预算资金 200 万元人民币以上并且该资金占投资额 10%以上的项目；（2）使用国有企业事业单位资金，并且该资金占控股或者主导地位的项目。

使用国际组织或者外国政府贷款、援助资金的项目包括：（1）使用世界银行、亚洲开发银行等国际组织贷款、援助资金的项目；（2）使用外国政府及其机构贷款、援助资金的项目。

2. 建设工程必须招标的标准

《招标投标法》规定范围内的项目，其勘察、设计、施工、监理以及与工程建设有关的重要设备、材料等的采购达到下列标准之一的，必须招标：（1）施工单项合同估算价在 400 万元人民币以上；（2）重要设备、材料等货物的采购，单项合同估算价在 200 万元人民币以上；（3）勘察、设计、监理等服务的采购，单项合同估算价在 100 万元人民币以上。同一项目中可以合并进行的勘察、设计、施工、监理以及与工程建设有关的重要设备、材料等的采购，合同估算价合计达到以上规定标准的，必须招标。

3.2.2　可以不进行招标的建设工程项目

《招标投标法》规定，涉及国家安全、国家秘密、抢险救灾或者属于利用扶贫资金实行以工代赈、需要使用农民工等特殊情况，不适宜进行招标的项目，按照国家有关规定可以不进行招标。

《招标投标法实施条例》规定，除《招标投标法》规定可以不进行招标的特殊情况外，有下列情形之一的，可以不进行招标：（1）需要采用不可替代的专利或者专有技术；（2）采购人依法能够自行建设、生产或者提供；（3）已通过招标方式选定的特许经营项目投资人依法能够自行建设、生产或者提供；（4）需要向原中标人采购工程、货物或者服务，否则将影响施工或者功能配套要求；（5）承包商、供应商或者服务提供者少于 3 家，不能形成有效竞争；（6）国家规定的其他特殊情形。

2015 年 1 月颁布的《中华人民共和国政府采购法实施条例》规定，政府采购工程依法不进行招标的，应当依照政府采购法和本条例规定的竞争性谈判或者单一来源采购方式采购。

3.2.3 建设工程招标方式

《招标投标法》第十条规定，招标分为公开招标和邀请招标。

公开招标，是指招标人以招标公告的方式邀请不特定的法人或者其他组织投标。依法必须进行招标的项目的招标公告，应当通过国家指定的报刊、信息网络或者其他媒介发布。

邀请招标，是指招标人以投标邀请书的方式邀请特定的法人或者其他组织投标。应当向三个以上具备承担招标项目的能力、资信良好的特定的法人或者其他组织发出投标邀请书。《招标投标法》第十一条规定，国务院发展计划部门确定的国家重点项目和省、自治区、直辖市人民政府确定的地方重点项目不适宜公开招标的，经国务院发展计划部门或者省、自治区、直辖市人民政府批准，可以进行邀请招标。

《招标投标法实施条例》第八条进一步规定，国有资金占控股或者主导地位的依法必须进行招标的项目，应当公开招标；但有下列情形之一的，可以邀请招标：

（1）技术复杂、有特殊要求或者受自然环境限制，只有少量潜在投标人可供选择；

（2）采用公开招标方式的费用占项目合同金额的比例过大。有前款第二项所列情形，属于本条例第七条规定的项目，由项目审批、核准部门在审批、核准项目时作出认定；其他项目由招标人申请有关行政监督部门作出认定。

公开招标、邀请招标对比见表 3-2。

表 3-2 公开招标、邀请招标对比

对比因素	公开招标	邀请招标
适用条件	适用范围广，大多数招标项目可以采用，投资额度大、工艺或结构复杂的较大型建设项目尤为适用。	通常适用于技术复杂、有特殊要求或者受自然环境限制，只有少数潜在投标人可供选择的项目，或者拟采用公开招标的费用占合同金额比例过大的项目。
竞争程度	属于无限竞争性招标方式，投标人之间相互竞争比较充分。	属于有限竞争性招标方式，投标人之间的竞争受到一定限制。
招标成本	招标时间、成本费用和社会资源消耗相对较大。	招标时间、成本费用和社会资源消耗相对较小。
信息发布	招标人在指定媒介以发布招标公告的方式向不特定对象发出投标邀请。	招标人以投标邀请书的方式向特定的对象发出投标邀请。
优　点	投标的承包商多，可为承包商提供公平竞争的平台，竞争范围广，竞争激烈，使招标单位有较大的选择余地，有利于降低工程造价、缩短工期和保证工程质量。	目标集中，招标所需的时间较短，工作量较小，招标的组织工作较容易，被邀请的投标单位的中标概率较高。
缺　点	投标单位多且良莠不齐，招标工作量大，所需时间较长，组织工作复杂，需投入较多的人力、物力。	由于参加的投标单位相对较少，竞争性较差，招标单位择优的余地较小，有可能找不到合适的承包单位。如果招标单位在选择被邀请的承包商前所掌握的信息资料不足，就会失去发现最适合承担该项目的承包商的机会，不利于招标单位获得最优报价和最佳投资效益。

3.2.4 建设工程招标组织形式

招标的组织形式可以分为自行招标和代理招标。如果不具备招标评标组织能力的招标单位，应当委托具有相应资格的工程招标代理机构代理招标。

《招标投标法》规定，招标人具有编制招标文件和组织评标能力的，可以自行办理招标事宜。任何单位和个人不得强制其委托招标代理机构办理招标事宜。依法必须进行招标的项目，招标人自行办理招标事宜的，应当向有关行政监督部门备案。

按照《招标投标法实施条例》的规定，招标代理机构在招标人委托的范围内开展招标代理业务，任何单位和个人不得非法干涉。招标代理机构不得在所代理的招标项目中投标或者代理投标，也不得为所代理的招标项目的投标人提供咨询。

任务实战

根据要求完成下列任务实作工单。

任务实作工单

<table>
<tr><td colspan="3">1. 工作任务
（1）分组：每三人为一个小组（一人为编制人，一人为校核人，一人为审核人）。
（2）工作任务：案例分析。
① 案情介绍
某市计划建设一座跨江大桥，项目总投资额为 5 亿元人民币，其中使用国有资金 3 亿元，并计划申请世界银行提供的 1 亿元贷款。项目包括桥梁设计、施工、监理及关键设备采购等多个环节。根据相关法律法规，该项目属于必须进行招标的范围。市交管局作为项目业主，决定采用公开招标的方式选择设计单位和施工单位，并委托了具有甲级资质的招标代理机构负责招标代理工作。
② 思考问题
为何该项目必须进行招标？
在选择招标方式时，市交管局为何选择了公开招标？
招标代理机构在此项目中扮演了什么角色？其工作应如何开展？</td></tr>
<tr><td colspan="3">2. 任务解答</td></tr>
<tr><td colspan="2">校核人意见：</td><td rowspan="2">编制人意见：</td></tr>
<tr><td colspan="2">审核人意见：</td></tr>
<tr><td>编制人：</td><td>校核人：</td><td>审核人：</td></tr>
</table>

单元 3.3 招标的条件及资格审查

微课：招标资格审查

问题导入

问题：工程招投标中资格审查的种类有哪些？

思维导图

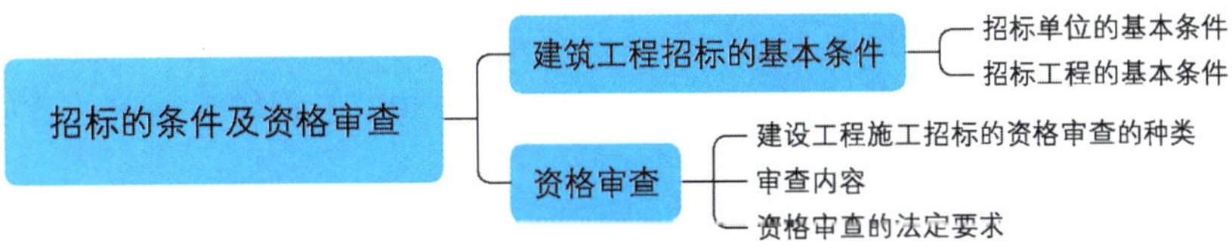

知识学习

3.3.1 建筑工程招标的基本条件

1. 招标单位的基本条件

建筑工程招标单位必须具备以下条件：

（1）具有项目法人资格；

（2）具有与招标项目规模和复杂程度相适应的工程技术、工程造价、财务和工程面的专业技术力量；

（3）具有从事同类工程建设项目招标的经验；

（4）设有专门的招标机构或者拥有 3 名以上专职招标业务人员；

（5）熟悉和掌握《招标投标法》及有关法律法规。

2. 招标工程的基本条件

根据《工程建设项目施工招投标办法》，依法必须招标的工程建设项目，应当具备下列条件才能进行施工招标：

（1）招标人已经依法成立；

（2）初步设计及概算应当履行审批手续的，已经批准；

（3）招标范围、招标方式和招标组织形式等应当履行核准手续的，已经核准；

（4）有相应资金或资金来源已经落实；

（5）有招标所需的设计图纸及技术资料。

3.3.2 资格审查

1. 建设工程施工招标的资格审查的种类

招标人可以根据招标项目本身的特点和需要，要求潜在投标人或者投标人提供满足其资格要求的文件，对潜在投标人或者投标人进行资格审查。对于大型复杂项目，尤其是需要有专门技术、设备或经验的投标人才能完成时，则应设置更加严格的条件。资格审查分为资格预审和资格后审。

资格预审是指在投标前对潜在投标人进行的资格审查。资预审是在招标阶段对申请投标人的第一次筛选，目的是审查投标人的企业总体能力是否满足招标工程的需要。只有在公开招标时才设置此程序。

资格后审是指在开标后对投标人进行的资格审查。进行资格预审的，一般不再进行资格后审，但招标文件另有规定的除外。资格后审适用于工期紧迫、工程较为简单的建设项目，审查的内容与资格预审基本相同。

2. 审查内容

建设工程施工招标的资格审查内容主要包括以下几个方面：

（1）营业执照：检查营业执照的营业范围是否与招标项目一致，以及执照期限是否有效。确保公司名称、营业范围和法定代表人三项内容与招标要求相符，避免出现假冒的情况。

（2）企业资质等级和生产许可：审查施工和服务企业的资质等级是否满足资格条件要求，以及货物生产供应企业是否具有相应的生产供应许可证、产品强制认证等证明文件。

（3）安全生产许可证：检查安全生产许可范围是否与招标项目一致，以及执证期限是否有效。

（4）质量管理、环境管理和职业健康安全管理体系认证书：审查认证范围是否与招标项目一致，以及证书有效期限是否涵盖投标截止时间。

（5）财务状况：通过审查经会计师事务所或审计机构审计的近年财务报表，包括资产负债表、现金流量表、损益表和财务情况说明书以及银行授信额度，来评估企业的财务健康状况。

（6）类似项目业绩：申请人需提供完成类似项目的业绩，包括中标通知书或合同协议书、工程接收证书的复印件等证明材料，以评估其在实际项目中的表现和能力。

（7）信誉：根据申请人近年来发生的诉讼或仲裁情况、质量和安全事故、合同履约情况以及银行资信，判断其是否满足资格预审文件规定的条件要求。

（8）项目经理和技术负责人的资格：审查项目经理和其他技术管理人员的履历、任职、类似业绩、技术职称、职业资格等证明材料，评定其是否符合资格预审文件规定的资格、能力要求。

（9）联合体申请人：评审联合体协议中联合体牵头人与其他成员的责任分工是否明确，以及联合体投标的资质等级是否符合要求，联合体各方有无单独或参加其他联合体对同一标段的投标。

（10）其他要求：评审资格预审申请文件是否满足资格预审文件规定的其他要求，特别注意是否存在申请人的限制情形。

3. 资格审查的法定要求

《招标投标法实施条例》规定，招标人采用资格预审办法对潜在投标人进行资格审查的，应当发布资格预审公告、编制资格预审文件。招标人应当合理确定提交资格预审申请文件的时间。依法必须进行招标的项目提交资格预审申请文件的时间，自资格预审文件停止发售之日起不得少于5日。

资格预审应当按照资格预审文件载明的标准和方法进行。国有资金占控股或者主导地位的依法必须进行招标的项目，招标人应当组建资格审查委员会审查资格预审申请文件。资格审查委员会及其成员应当遵守招标投标法和本条例有关评标委员会及其成员的规定。资格预审结束后，招标人应当及时向资格预审申请人发出资格预审结果通知书。未通过资格预审的申请人不具有投标资格。通过资格预审的申请人少于3个的，应当重新招标。

潜在投标人或者其他利害关系人对资格预审文件有异议的，应当在提交资格预审申请文件截止时间2日前提出。招标人应当自收到异议之日起3日内作出答复；作出答复前，应当暂停招标投标活动。招标人编制资格预审文件的内容违反法律、行政法规的强制性规定，违反公开、公平、公正和诚实信用原则，影响资格预审结果的，依法必须进行招标的项目的招标人应当在修改资格预审文件后重新招标。

招标人采用资格后审办法对投标人进行资格审查的，应当在开标后由评标委员会按照招标文件规定的标准和方法对投标人的资格进行审查。

任务实战

根据要求完成下列任务实作工单。

任务实作工单

1. 工作任务 （1）分组：每三人为一个小组（一人为编制人，一人为校核人，一人为审核人）。 （2）工作任务：案例分析。 ① 案情介绍 某市拟建设一座大型医院，项目总投资额达10亿元人民币，其中大部分资金来源于国有资金。项目包括主体建筑、医疗设备采购及安装等多个子项，依法必须进行招标。市卫生健康委员会作为项目业主，决定采用公开招标方式选择施工单位，并设置了资格预审环节。在资格预审过程中，共有15家单位提交了申请文件。经过严格审查，最终有8家单位通过了资格预审，获得了投标资格。然而，在资格预审结果公布后，有2家未通过预审的单位提出了异议，认为资格预审过程存在不公平现象。

续表

<table>
<tr><td colspan="3">② 思考问题
资格预审环节在大型医院建设项目中的重要性是什么？
针对未通过资格预审单位提出的异议，市卫生健康委员会应如何处理？
如果通过资格预审的投标人少于3家，市卫生健康委员会应如何应对？</td></tr>
<tr><td colspan="3">2. 任务解答</td></tr>
<tr><td colspan="2">校核人意见：</td><td rowspan="2">编制人意见：</td></tr>
<tr><td colspan="2">审核人意见：</td></tr>
<tr><td>编制人：</td><td>校核人：</td><td>审核人：</td></tr>
</table>

单元 3.4 建设工程交易中心

问题导入

问题：建设工程交易中心的作用有哪些？尝试列举 1～2 点。

思维导图

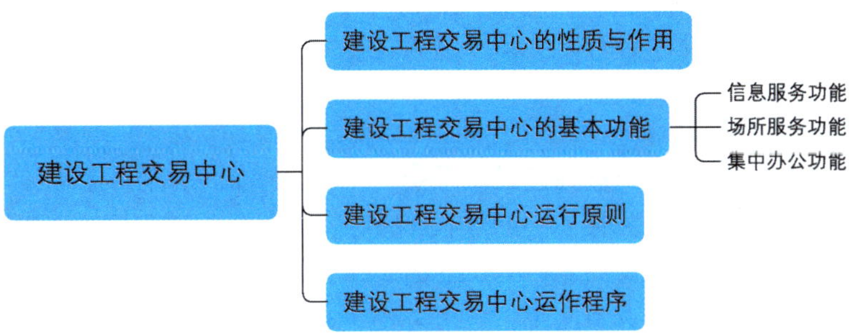

知识学习

当招投标方按照法定的程序和方式开展招投标活动时，如何才能有效地保障招投标活动运作程序严格规范，投标竞争公平和交易安全呢？我们需要一种全新的监管机构和机制，于是建设工程交易中心在建设市场有形化的改革中应运而生，它把所有代表国家或国有企事业单位投资的业主请进建设工程交易中心进行招标，设置专门的监督机构，这成为我国提高国有建设项目交易透明度和加强建筑市场管理的一种独特方式。

3.4.1 建设工程交易中心的性质与作用

建设工程交易中心是非政府的服务性法人机构，它通过政府或者政府授权主管部门的批准而设立，不以营利为目的，任何单位和个人不可随意成立，它旨在为建立公开、公正、平等竞争的招投标制度服务。

建设工程交易中心实行集中办公、公开办事程序以及一条龙“窗口”服务。所有建设项目都要在建设工程交易中心内报建、发布招标信息、进行合同授予、申领施工许可证。招投标活动都需在场内进行，并接受政府有关管理部门的监督。由此，该中心有力地促进了工程招投标制度的推行，遏制了违法违规行为，在反腐倡廉、提高管理透明度等方面发挥了重要作用。

3.4.2 建设工程交易中心的基本功能

我国的建设工程交易中心具有三大基本功能，见表 3-3。

1. 信息服务功能

通过收集、存储和定期发布各类工程信息、法律法规、造价指数和建筑材料价格、人工费、机械租赁费、工程咨询费、各类工程指导价、承包商信息，咨询单位和专业人士信息等，以指导业主和承包商、咨询单位进行投资控制和投资报价，从而实现信息服务功能。

2. 场所服务功能

通过设置信息发布大厅、洽谈室、业主休息室、开标室，会议室及评标监控室等相关设施，为招标、评标、定标、合同谈判等活动提供设施和场所服务，以满足业主和承包商、分包商、设备材料供应商之间的交易需要。同时，也为政府有关管理部门进驻集中办公、办理相关手续和依法监督招投标活动提供场所服务。

3. 集中办公功能

政府有关建设行政管理部门进驻建设工程交易中心，公布各自的办事制度和程序，集中办理有关申报审批手续和进行相关管理。受理申报的内容一般包括工程报建、招标登记、承包商资质审查、合同登记、质量报监、施工许可证发放等。通过实行“窗口化”服务，既能按职责依法对建设工程交易活动进行有力监督，也可方便当事人办事，极大地提高了办公效率。

表 3-3 建设工程交易中心三大基本功能

功能	服务内容	功能	服务内容	功能	服务内容
信息服务	工程信息	集中办公	建设项目报建	场所服务	信息发布大厅
	法律法规		招标登记		洽谈室
	造价信息		承包商资质审查		开标室
	建材价格		合同登记		封闭评标室
	承包商信息		质量报监		计算机室
	专业和劳务分包信息		安全报建		中心办公室
	咨询单位和专业人士信息		发放施工许可证		资料室
	中标公示		其　他		其　他
	违规曝光和处罚公告				
	其　他				

3.4.3 建设工程交易中心运行原则

1. 信息公开原则

及时公布国家政策法规，工程发包方、承包商和咨询单位资质、造价指数、招标规则、评标标准、专家评委库等各项相关信息，以保证市场各方主体都能及时获取有效信息资料。

2. 依法管理原则

建设工程交易中心的一切活动都应依法进行。依法尊重建设单位和投标单位的意愿，任何单位和个人都不得非法干预交易活动的正常进行。同时，进驻建设工程交易中心的监察机关也应依法监督。

3. 公平公正原则

公平公正是社会主义市场经济的基本要求。应防止地方保护主义、行业和部门垄断、官勾结等各种不正当竞争行为的发生；应建立监督制约机制，公开办事规则和程序，制定完善的规章制度和工作人员守则，以保护交易各方的合法权益。

4. 属地进入原则

建设工程交易实行属地进入。除特大城市外，每个城市原则上只能设立一个建设工程交易中心。对于跨省、自治区、直辖市的铁路、公路、水利等工程，可通过公告在有关政府部门的监督下，由项目法人组织招标、投标。

3.4.4 建设工程交易中心运行程序

一个建设项目进入建设工程交易中心的运行程序如图 3-1 所示，具体可归纳如下：

（1）办理报建备案手续。报建内容主要包括工程名称、建设地点、投资规模、资金来源、当年投资额、工程规模、工程筹建情况、计划开工和竣工日期等。

（2）招标监督部门确认招标方式。

（3）招标人委托招标代理机构办理有关招标事宜。

（4）招标人就建设单位的资格、招标工程具备的条件、拟采用的招标方式和对投标人的要求、评标方式等向招投标监督部门进行申请，并附招标文件。

（5）招标人在建设工程交易中心统一发布招标公告。

（6）招标人对投标人进行资格预审，在交易中心向合格的投标人分发招标文件及设计图纸技术资料等。

（7）交易中心接收投标人提交的投标文件，并同时开标。

（8）在交易中心组织评标，确定中标人。

（9）发布中标通知书，自中标之日起 30 日内，发包单位与中标单位签订合同。

（10）按规定进行质量、安全监督登记。

（11）统一交纳有关工程前期费用。

（12）申请领取建设工程施工许可证。

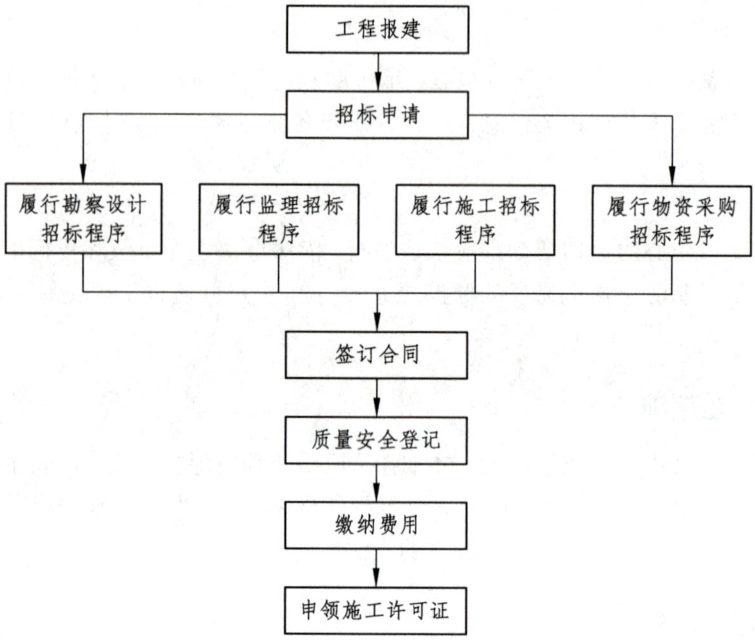

图 3-1 建设工程交易中心运行程序

任务实战

根据要求完成下列任务实作工单。

任务实作工单

1. 工作任务 （1）分组：每三人为一个小组（一人为编制人，一人为校核人，一人为审核人）。 （2）工作任务：案例分析。 ① 案情介绍 某市拟建设一座跨江大桥，总投资额高达数十亿元，项目业主为市政府投资平台公司。为确保项目招投标活动的公开、公正和透明，市政府决定将该项目的所有招投标活动均纳入市建设工程交易中心进行。项目启动后，业主单位按照法定程序在建设工程交易中心办理了报建备案手续，并通过交易中心发布了招标公告，吸引了多家具备资质的大型建筑企业参与竞标。经过严格的资格预审和评标程序，最终确定了中标单位，并在交易中心内完成了合同授予和施工许可证的申领工作。 ② 思考问题 建设工程交易中心在跨江大桥项目招投标过程中发挥了哪些具体作用？ 如何确保建设工程交易中心在运作过程中保持高度的透明度和公正性？

续表

2. 任务解答		
校核人意见：		编制人意见：
审核人意见：		
编制人：	校核人：	审核人：

学习评价

本模块各单元的学习情况可按下表进行评价。

学习评价表

<table>
<tr><td colspan="2">姓名：</td><td colspan="2">组别：</td><td>任务：</td></tr>
<tr><td>评价内容</td><td>评价标准</td><td>自评</td><td>组员互评</td><td>老师评价</td></tr>
<tr><td>职业素养
（20分）</td><td>（1）学习态度积极，能主动思考，能有计划地组织小组成员完成工作任务，有良好的团队合作意识，遵章守纪：计20分；
（2）学习态度较积极，能主动思考，能配合小组成员完成工作任务，遵章守纪：计15分；
（3）学习态度端正，主动思考能力欠缺，能配合小组成员完成工作任务，遵章守纪：计10分；
（4）学习态度不端正，不参与团队任务：计0分。</td><td></td><td></td><td></td></tr>
<tr><td>职业技能
（80分）</td><td>问题回答正确，字迹工整：计80分，如有错误按以下标准扣分，扣完为止：
（1）回答（校核、审核）有错误，每返工一次扣20分；
（2）举例不规范，每处扣5分；
（3）字迹不工整、酌情扣分，最多扣10分。</td><td></td><td></td><td></td></tr>
<tr><td colspan="5">综合得分：</td></tr>
<tr><td colspan="5">备注：综合得分＝自评分×30%+小组互评分×30%+老师评价分×40%</td></tr>
</table>

模块 4

招标文件的编制及纠纷处理

情境描述

招标文件是工程招投标工作的指导性文本文件，它不仅是招投标活动的起点，也是工程实施的基础。招标文件的编制质量和深度直接关系到整个招标工作的成败。通过编制招标文件，可以明确招标范围、材料设备供应方式及计价方式、工程预付款的约定等关键信息，从而确保招标过程的公平、公正和公开。在招投标过程中，纠纷的处理同样重要。高质量处理招标投标异议，对于维护企业良好形象、营造公平竞争营商环境、有效维护各方合法权益具有重要意义。通过妥善处理纠纷，可以避免不必要的法律风险，保障市场的健康发展。

本模块的主要内容是：招标决策与准备；招标文件编制与审核；招标程序与纠纷处理。学生根据要求完成“任务实作工单”的工作任务。

学习目标

1. 知识目标

（1）掌握招标决策的主要内容；
（2）掌握招标程序，并明确该程序中招标人的工作内容；
（3）熟悉招标文件编制的内容；
（4）熟悉《招标投标法》的有关规定。

2. 能力目标

（1）能够根据项目自身特点科学决策；
（2）能根据项目具体情况独立编制招标文件；
（3）能够有效地杜绝程序中可能出现的不当行为。

3. 素质目标

（1）引导学生树立正确的世界观、人生观、价值观及团队合作意识；

（2）培养学生的法治素养，具备勤奋好学、学以致用的能力；

（3）培养学生吃苦耐劳、勇于开拓、积极进取的精神；

（4）引导学生从全面依法治国的角度出发，理解和应用法律知识，从而提升其综合素质和社会适应能力。

单元 4.1 招标决策与准备

动画：招标决策与准备

问题导入

问题：招标决策的内容有哪些？确定招标方式属于招标决策吗？

思维导图

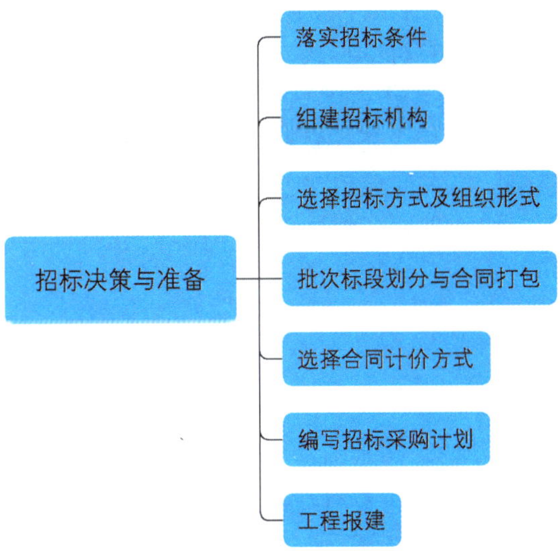

知识学习

招标决策即如何招标，对招标方式、招标范围、批次与标段划分、投标人资格、计价方式选择等内容作出决断。招标准备即按照国家有关规定履行项目审批与核准，审批内容包括招标范围、招标方式、招标组织形式等。准备工作的完成以报建与备案工作的完成为标志。因此，在招标决策与准备阶段，招标单位或者招标代理人应当选择招标方式及招标组织形式，进行标段划分和合同打包，选择合同计价方式，完成招标规划。根据规划，完成项目审批手续，落实所需的资金和招标条件，组建招标机构，最后在建设工程交易中心进行报建和招标备案。

1. 落实招标条件

（1）已经履行以下审批手续内容：立项批准文件和固定资产投资许可证；已经办理该建设工程用地批准手续；已经取得规划许可证。

（2）工程建设资金或者资金来源已经落实。

（3）有满足施工招标需要的设计文件及其他技术资料。

（4）法律法规和规章规定的其他条件。

（5）到建设行政主管部门完成工程报建手续。

2. 组建招标机构

一般来说，招标工作机构由以下 3 类人员组成：

（1）决策人员，即主管部门的代表以及招标人的授权代表。

（2）专业技术人员，包括建筑、结构、资料、绘图、设备、工艺等工程师、造价师，以及精通法律及商务业务的人员等。

（3）事务人员，即负责日常事务处理的秘书等工作人员。

3. 选择招标方式及组织形式

实务中，招标人应根据招标人的条件和招标工程的特点，确定采用公开招标还是邀请招标。例如：土建施工可以采用公开招标的形式，在较广泛的范围内选择技术水平高、管理能力强、报价合理的投标人；设备安装工作由于专业技术要求高，可采用邀请招标的方式。

实务中在确定招标方式时，招标人还需根据法定要求，确定是自行办理招标事宜还是委托招标代理。确定自行办理招标事宜的要依法办理备案手续。如是委托招标代理，应选择具有相应资质的代理机构办理招标事宜，签订委托代理合同，并在法定时间内到建设行政主管部门备案。

4. 批次标段划分与合同打包

（1）定　义

招标批次可按建设区域或建筑类型来划分，注明项目招标的次数和招标项目的先后顺序。标段划分是工程招标以及项目管理的重要内容。《中华人民共和国招标投标法实施条例》（简称《招标投标法实施条例》）第二十四条规定。

招标批次划分定："招标人对招标项目划分标段的，应当遵守招标投标法的有关规定，不得利用划分标段限制或者排斥潜在投标人。依法必须进行招标的项目的招标人不得利用划分标段规避招标。"施工项目最小的分标单位是分项工程，勘察、设计、监理最小的分标单位是单位工程。依法必须进行招标的项目的招标人不得利用划分标段规避招标。项目标段划分结果是合同打包的直接依据。该工作内容主要是：对项目的实施阶段（如勘察、设计、施工等）和范围内容进行科学分类，各分类子项单独或组合形成若干标段，再将每个标段分别打包进行招标，以标段（即合同包）为基本单位确定相应的承包商。

（2）标段划分和合同打包实务

实务中在标段划分和合同打包时时应充分考虑以下 4 个因素

① 项目自身特点和施工内容的专业要求

标段划分应考虑项目自身特点，对于一个单项工程，可以优先考虑通过招标采购确定一个总承包单位；对于专业要求不强、技术不复杂的中小型通用项目，标段划分或施工场地集中、工程量较小且技术简单的工程项目，可不分标，招标人可以直接与各专业承包商签订分包合同，有利于招标人控制项目的总投资和进度等；对于大型复杂性项目，可以划分不同的标段，并按专业分包，如将土建施工和设备安装分别招标，并采取不同的招标方式；对于工程项目线路长、工程量大、技术复杂且专业跨度大的工程项目，也可以按照线路长度划分标段；对于不具备一次性招标条件的项目，可按时间周期划分标段，通过招标确定承包单位。

② 各标段之间的协调难度

为避免各标段承包商之间相互干扰，标段划分充分考虑各标段之间的协调配合。施工现场尽可能避免平面和不同高程的作业干扰，而且还应考虑各合同实施过程中在时间和空间上的衔接。例如：在工程项目的施工管理中，对共用道路、弃渣场应周密安排，尽量减少承包商之间的交叉作业，以避免由此带来的工作责任推诿或扯皮；对不同标段的交接工作面应重点明确，以保证施工总进度计划目标的实现；对关键线路上的标段一定要选择信誉好、施工能力强的承包商，以防止因工期、质量等问题影响其他标段的实施。

③ 招标人的协调管理能力

全部施工内容若只作为一个合同包发包，最终招标人仅与一个中标人签订合同，施工合同关系简单，管理难度小，但有能力参与竞争的投标人较少。如果招标人是一个专业化的项目管理单位，拥有很强的项目管理能力和相应的管理经验，则可以把标段划分得更多些。也可以将全部施工内容分解成若干个单位工程或专业工程发包，这样不仅可以发挥投标人的专业特长，而且每个独立合同要比总承包合同更容易落实和控制。否则，项目标段数应该少些，或与一个承包商签订一份项目的总承包合同。虽然总承包模式下招标人对项目标段划分少，且总承包价格相对较高，但是可以避免各专业之间协调配合不当，造成返工浪费、工期延误等风险。

④ 市场因素对工程总投资的影响

招标采购往往以寻找合适和优秀的承包商为目的，而分标发包的目的是吸引更多的承包商参与竞争，从而以较低的价格选择最好的承包商。

如果不分标，只发一个合同包便于投标人进行合理的施工组织，并合理规划使用人工、施工机械和临时设施，减少窝工、机械的闲置等现象。但大型复杂项目的工程总承包，由于参与竞争的投标人较少，且报价中往往计入分包管理费，导致中标的合同价较高。

如果分标太大，有资格的承包商数量将减少，也可能因竞争不足而导致中标价格较高。如果划分多个合同包，各投标书的报价中都要考虑动员准备费、施工机械闲置费、施工干扰的风险费等。

如果分标太小，虽然参加投标的承包商很多，但招标和评标的工作量大大增加，并且很难吸引具有综合实力的承包商参与竞争，同时招标人还要承担更大的项目实施风险。

因此，招标人应根据市场供求状况合理划分标段，标段大小应与承包商的能力大小成正比。有时，可以把一些小的标段捆绑招标，发包给有经验的承包商进行管理。这样，可将一些零碎的协调配合责任，通过市场方法转移给有能力的承包商。虽然招标人由此可能多支付一些费用，但招标人的协调管理成本会大幅度降低。

5. 选择合同计价方式

实务中，招标人应在招标文件中明确规定合同的计价方式。计价方式主要有固定总价合同、单价合同和成本加酬金合同 3 种，同时规定合同价的调整范围和调整方法。

总价合同是指按事先约定的合同总价进行付款，在约定风险范围内，不允许进行价格变动。其适用于项目的性质和范围都能明确规定的项目。

单价合同是指按事先约定的合同单价和合同实施过程中实际发生的工作量进行付款的合同。其适用于项目范围比较明确，但各项工作的实际工作量不太好实现确定的项目。

成本加酬金合同是指对各项工作的成本实报实销，再按一定的比例计算管理费和利润。这种合同是对承包方最有利的一种计价合同，不利于业主控制成本，是目前使用得最少的一种合同类型。

6. 编写招标采购计划

实务中，招标人对招标方式、分标、合同计价等方面进行决策后，应根据决策结果制订招标方案。制订招标进度计划，这是招标方案的重要组成部分。一份完整的项目招标方案一般包括以下内容：

（1）工程建设项目背景概况；

（2）工程招标范围、标段划分和投标资格；

（3）工程招标顺序；

（4）工程质量、造价、进度需求目标；

（5）工程招标方式、方法；

（6）工程发包模式与合同类型；

（7）工程招标工作目标和计划；

（8）工程招标工作分解；

（9）工程招标方案实施的措施。

7. 工程报建

（1）按照《工程建设项目报建管理办法》的规定，工程建设项目由建设单位或其代理机构在工程项目可行性研究报告或其他立项文件被批准后，须向当地建设行政主管部门或其授权机构进行报建。

（2）工程建设项目报建的范围：各类房屋建筑、土木工程、设备安装、管道线路敷设、装饰装修等固定资产投资的新建、扩建、改建以及技改等建设项目。

（3）工程建设项目的报建主要包括工程名称，建设地点，投资规模，资金来源，当年投资额，工程规模，开工、竣工日期，发包方式，工程筹建情况。

（4）办理工程报建时应交验的文件资料：立项批准文件或年度投资计划、固定资产投资许可证、建设工程规划许可证、资金证明。

8. 招标备案

招标人自行办理招标的，招标人在发布招标公告或投标邀请书 5 日前，应向建设行政主管部门办理招标备案。建设行政主管部门自收到备案资料之日起 5 个工作日内没有异议的，招标人可以发布招标公告或投标邀请书；不具备招标条件的，责令其停止办理招标事宜。办理招标备案应提交材料主要有下列 3 项：

（1）招标人自行招标条件备案表；

（2）专门的招标组织机构和专职招标业务人员证明材料；

（3）专业技术人员名单、职称证书或执业资格证书及其工作经历的证明材料。

任务实战

根据要求完成下列任务实作工单。

任务实作工单

<table>
<tr><td colspan="3">1. 工作任务
（1）分组：每三人为一个小组（一人为编制人，一人为校核人，一人为审核人）。
（2）工作任务：案例分析。
① 案情介绍
某市政府计划建设一条连接新老城区的市政道路，全长 10 千米，包括桥梁、隧道及路面铺设等复杂工程。项目总投资额为 5 亿元人民币，已获得立项批准文件、固定资产投资许可证及建设工程规划许可证。
② 思考问题
如何在招标决策与准备阶段科学合理地选择招标方式、划分标段、确定合同计价方式，并顺利完成项目报建与招标备案，以确保项目顺利推进并控制成本。</td></tr>
<tr><td colspan="3">2. 任务解答</td></tr>
<tr><td colspan="2">校核人意见：</td><td rowspan="2">编制人意见：</td></tr>
<tr><td colspan="2">审核人意见：</td></tr>
<tr><td>编制人：</td><td>校核人：</td><td>审核人：</td></tr>
</table>

单元 4.2 招标文件编制与审核

微课：招标文件编制

问题导入

问题：参与项目投标，该如何编制招标文件？有哪些注意事项？

思维导图

- 招标文件编制与审核
  - 招标文件的组成和主要内容
    - 招标文件的结构形式
    - 《标准施工招标文件》（2007年版）
  - 招标文件的编写
    - 招标公告（投标邀请书）编写
    - 投标人须知的编写
    - 评标办法的编制
    - 工程量清单的编制
  - 资格审查文件的编写
    - 编制目的
    - 编制内容
  - 工程招标控制价的编写
    - 编制依据
    - 编制内容
  - 招标文件的审核与汇总

知识学习

招标文件是工程招投标工作的指导性文本文件，是招投标各个具体工作环节执行情况的说明。其内容主要涉及商务、技术、经济、合同等方面，主要由正式文本、对正式文本的解释和对正式文本的修改三部分组成。招标文件必须注明：招标单位选择投标单位的原则和程序，如何投标，建设背景和环境，项目技术经济特点，招标单位对项目在进度、质量、工程管理方式等方面的要求。

建设工程招标文件由招标人或招标人委托的招标代理人负责编制，由建设工程投标管理机构负责审定。未经建设工程投标管理机构审定，建设工程招标人或招标代理人不得将招标文件分送给投标人。

编制招标文件是招标工作中的一项重要工作。招标文件是整个招标过程所遵循的基础性文件，是投标和评标的基础，也是合同的重要组成部分。一般情况下，招标人与投标人之间不进行或者进行有限的面对面交流，投标人只能根据招标文件的要求编写投标文件。因此招标文件是联系、沟通招标人与投标人的桥梁。能否编制出完整、严谨的招标文件，直接影响到招标的质量，也是招标成败的关键。

4.2.1 招标文件的组成和主要内容

1. 招标文件的结构形式

施工招标文件正式文本在形式结构上分卷、章、节，共包括四卷八章。

第一卷为商务卷，主要包含投标邀请书、投标须知、评标办法、合同条款及格式（合同条款包括通用条款和专用条款）、工程量清单；第二卷为图纸；第三卷是技术标准和要求；第四卷为投标文件的格式要求。

第一卷

　第一章　招标公告（投标邀请书）

　第二章　投标人须知

　第三章　评标办法

　第四章　合同条款及格式

　第五章　工程量清单

第二卷

　第六章　图　纸

第三卷

　第七章　技术标准和要求

第四卷

　第八章　投标文件格式

2. 标准施工招标文件

《标准施工招标文件》（2007 年版）详见二维码。

文本：标准施工招标文件

4.2.2 招标文件的编写

1. 招标公告（投标邀请书）编写

投标邀请书是用来邀请资格预审合格的投标人按招标人规定的条件和时间前来投标。编写时应说明以下要点：

（1）招标人名称、地址；

（2）招标性质、资金来源；

（3）招标项目概况、分标情况、工程量、工期；
（4）获取招标文件的时间、地点、费用；
（5）投标文件送交的地点、份数、截止时间；
（6）提交投标保证金的规定额度、时间；
（7）开标的时间、地点；
（8）现场勘察和召开标前会议的时间、地点。

2. 投标人须知的编写

编写投标须知时应包括以下部分内容：
（1）投标人须知前附表；
（2）总则；
（3）招标文件；
（4）投标文件；
（5）投标；
（6）开标；
（7）评标；
（8）合同授予；
（9）重新招标和不再招标；
（10）纪律和监督；
（11）需要补充的其他内容。

3. 评标办法的编制

评标办法犹如整个招标活动中的一架天平，一边是招标人的技术商务要求，一边是投标人的实力。它是招标人选择中标人的尺度，是招标文件的一个重要组成部分，应在招标文件中公布。

（1）评标办法的编制内容

招标人或者其委托的招标代理人编制的评标办法，一般由以下几部分内容组成：

① 评标组织。即由招标人设立的负责工程招标评标的临时组织。评标组织的形式为评标委员会，人员构成一般包括招标人和有关方面的技术、经济专家。

② 评标原则。它是贯穿于整个评标活动全过程的基本指导思想和根本准则。评标总的原则是平等竞争、机会均等、公正合理、科学正当、择优定标。

③ 评标程序。评标程序是进行评标活动的次序和步骤。只对被确认为有效的投标文件进行评标，评标程序一般可概括为两段（初审、终审）、三审（符合性、技术性、商务性评审）。

④ 评标方法。评标的方法是多种多样的，一般主要有最低评标价法、综合评价法、性价比法和两阶段评议法。

⑤ 评标日程安排。评标的时间、地点通常在投标须知中已具体阐明。

⑥ 评标过程中发生争议问题的澄清、解释和协调处理。在评标过程中，可能会发生各种意想不到的争议。为了避免倾向性，有失公允，招标人必须事先制订好对争议问题的澄清、解释规则和协调处理程序。

（2）评标办法的编制要求和步骤

评标办法由建设工程招标人负责编制。建设工程招标人没有编制评标办法的能力的，由其委托招标代理人编制。

① 评标办法的编制要求应符合以下 3 点：

Ⅰ. 评标办法必须公正，对所有投标人应一律平等，不得含有任何偏向性或歧视性条款；

Ⅱ. 评标办法应当科学、合理，据此可以客观、准确地判断出所有投标文件之间的差别和优劣；

Ⅲ. 评标办法应当简明扼要、通俗易懂，具有高度的准确性、可操作性。

② 评标办法的编制步骤可分为以下 4 步：

Ⅰ. 确定评标组织的形式、人员组成和运作制度；

Ⅱ. 规定评标活动的原则和程序；

Ⅲ. 选择和确定评标的方法；

Ⅳ. 明确评标的具体日程安排。

4. 评标办法的审查

评标办法编制完成后，必须按规定报送建设工程招标投标管理机构审查认定。主要审查内容如下：

① 评标办法与招标文件的有关规定是否一致；

② 评标办法是否符合有关法律、法规和政策，是否体现公开、公正、平等竞争和择优的原则；

③ 评标组织的组成人员是否符合条件和要求，是否有应当回避的情形；

④ 评标方法的选择和确定是否适当，如评标因素设置是否合理、分值分配是否恰当、打分标准是否科学合理、打分规则是否清楚等；

⑤ 评标的程序和日程安排是否妥当；

⑥ 评标定标办法是否存在多余、遗漏或不清楚的问题。

5. 工程量清单的编制

招标工程量清单应由具有编制能力的招标人或受其委托、具有相应资质的工程造价咨询人编制。招标工程量清单必须作为招标文件的组成部分，其准确性和完整性应由招标人负责。招标工程量清单是工程量清单计价的基础，应作为编制招标控制价、投标报价、计算或调整工程量、索赔等的依据之一。招标工程量清单应以单位（项）工程为单位编制，应由分部分项工程项目清单、措施项目清单、其他项目清单、规费和税金项目清单组成。

（1）编制依据

① 2013 版清单计价规范和相关工程的国家计量规范；

② 国家或省级、行业建设主管部门颁发的计价定额和办法；

③ 建设工程设计文件及相关资料；

④ 与建设工程有关的标准、规范、技术资料；

⑤ 拟定的招标文件；

⑥ 施工现场情况、地勘水文资料、工程特点及常规施工方案；

⑦ 其他相关资料。

（2）编制原则

① 按工程的施工要求将工作分解立项；注意：应将不同性质的工程分开，不同等级的工程分开，不同部位的工程分开，不同报价的工程分开，单价、合价分开；

② 尽可能不遗漏按招标文件规定需要施工并报价的项目；

③ 既便于报价，又便于工程进度款的结算与支付。

4.2.3 资格审查文件的编写

1. 资格审查文件的编制目的

资格预审程序可以帮助招标人较全面地了解申请投标人各方面的情况，提前将不合格、竞争能力较差的投标人淘汰，节约评标时间，减少招标和投标成本。在编制资格预审文件时，应结合招标工程特点突出对投标人实施能力的考察。

2. 资格审查文件的编制内容

（1）资格预审申请函；

（2）法定代表人身份证明或附有法定代表人身份证明的授权委托书；

（3）联合体协议书；

（4）申请人基本情况表；

（5）近年财务状况表；

（6）近年完成的类似项目情况表；

（7）正在施工和新承接的项目情况表；

（8）近年发生的诉讼及仲裁情况；

（9）其他材料，见申请人须知前附表。

4.2.4 工程招标控制价的编写

招标控制价是招标人根据国家或省级、行业建设主管部门颁发的有关计价依据和办法，以及拟定的招标文件和招标工程量清单，结合工程具体情况编制的招标工程的最高投标限价。它是在建设市场发展过程中对传统标底概念性质上进行的界定，其作用体现在 3 个方面：

（1）招标人通过招标控制价可以清除投标人之间合谋超额利益的可能性，有效遏制围标、串标行为；

（2）投标人通过招标控制价可以避免投标决策的盲目性，增强投标活动的选择性和经济性；

（3）招标控制价与经评审的合理最低价评标配合，能促使投标人加快技术革新和提高管理水平。

1. 招标控制价的编制依据

（1）2013 版工程量清单计价规范；

（2）国家或省级、行业建设主管部门颁发的计价定额和计价办法；

（3）建设工程设计文件及相关资料；

（4）拟定的招标文件及招标工程量清单；

（5）与建设项目相关的标准、规范、技术资料；
（6）施工现场情况、工程特点及常规施工方案；
（7）工程造价管理机构发布的工程造价信息；工程造价信息没有发布的，参照市场价；
（8）其他相关资料。

2. 招标控制价的编制内容

招标控制价的编制内容包括分部分项工程费、措施项目费、其他项目费、规费和税金的编制。

（1）分部分项工程费

分部分项工程费 = Σ分项工程量 × 综合单价

（2）措施项目费

2013 版清单计价规范将措施项目明确分为单价项目和总价项目，单价项目应按分部分项工程量清单的方式采用综合单价计价，总价项目采用以“项”为单位的方式计价。

（3）其他项目费

其他项目费包括暂列金额、暂估价、计日工和总包服务费。其他项目费应按下列规定计价：

① 暂列金额应按招标工程量清单中列出的金额填写；
② 暂估价中的材料、工程设备单价应按招标工程量清单中列出的单价计入综合单价；
③ 暂估价中的专业工程金额应按招标工程量清单中列出的金额填写；
④ 计日工应按招标工程量清单中列出的项目根据工程特点和有关计价依据确定综合单价计算；
⑤ 总承包服务费应根据招标工程量清单列出的内容和要求估算。

（4）规费和税金

规费=社会保险费+住房公积金+工程排污费

其中，社会保险费包括养老保险费、失业保险费、医疗保险费、工伤保险费、生育保险费。税金应包括增值税、城市维护建设税、教育费附加和地方教育附加。

一般纳税人执行一般计税法的建筑企业：

应缴增值税=销项税—进项税

销项税=含税价 ÷（1 + 9%）× 9%；

一般纳税人执行简易计税法的和小规模纳税人建筑企业：

应缴增值税=含税价 ÷（1 + 3%）× 3%。

4.2.5 招标文件的审核与汇总

招标文件应对照《标准施工招标文件》（2007 年版）的组成部分，根据项目具体要求，进行汇总和审核。

1. 审核要点

（1）是否遵守法律、法规、规章和有关方针、政策的规定，是否符合有关贷款组织的合法要求。保证招标文件的合法性，是编制和审定招标文件必须遵循的一个根本原则。不合法的招标文件是无效的，不受法律保护。

（2）招标文件反映的情况和要求必须真实可靠，讲求信用，不能欺骗或误导投标人。招标人或招标代理人对招标文件的真实性负责。招标文件的内容应当全面系统、完整统一，各部分之间必须力求一致，避免相互矛盾或冲突。招标文件确定的目标和提出的要求，必须具体明确，不能发生歧义，模棱两可。

（3）分标是否适当。工程分标是指就工程建设项目全过程（总承包）中的勘察、设计、施工等阶段招标，分别编制招标文件，或者就工程建设项目全过程招标或勘察、设计、施工等阶段招标中的单位工程、特殊专业工程，分别编制招标文件。工程分标必须保证工程的完整性、专业性，正确选择分标方案，编制分标工程招标文件，不允许任意肢解工程，一般不能对单位工程再分部、分项招标，编制分部、分项招标文件。属于对单位工程分部、分项单独编制的招标文件，建设工程投标管理机构不予审定认可。

（4）工程量清单是否准确无误。

（5）是否兼顾招标人和投标人双方的利益。招标文件的规定要公平合理，不能不恰当地将招标人的风险转移给投标人。

（6）招标控制价编制是否存在缺陷。

2. 填写审核表

对招标文件重点问题进行审核，并拟制及填写审核表。

表 4-1　招标文件重点问题审核表

项目名称			审核人		
编制单位			审图时间		
审查内容	问题列项	审图要求及审核依据	满足打√，不满足打×	问题描述	整改要求
编制资质	人员资料：是否具有注册资格	是够签章			
	单位资质：是否满足相应资质	是够签章			
立项情况	立项报批	是否落实			
	资金落实	是否落实			
	审批手续	是否办妥			
编制依据	立项批文	是否办妥			
	可研报告	是否依照可研报告			
	规划证书	是否依照规划证书			
	设计文件	是否依照设计文件			
	技术规范	是否依照技术规范			
	标准定额	是否依照标准定额			
	造价信息	是否依照造价信息			
	规费费率	是否依照规费费率			
	相关税率	是否按照相关税率			

续表

审查内容	问题列项	审图要求及审核依据	满足打√，不满足打×	问题描述	整改要求
现场条件	三通一平	是否符合现场要求			
	地质水文	是否符合现场要求			
	现场踏勘纪要	是否符合现场要求			
招标文件	招标方式	是否合理			
	发包模式	是否合理			
	计价方式	是否合理			
	招标范围	是否符合要求			
	标段划分	是否符合要求			
	合同类型	是否符合要求			
	工期要求	是否符合要求			
	质量要求	是否符合要求			
	付款条件	是否符合要求			
	甲供材料	是否符合要求			
	专业发包	是否符合要求			
	乙供材料	是否符合要求			
招标工程量清单	编制说明	是否按照反映编制说明			
	分部分项目项目清单	是否依据其特征描述			
	单价措施项目清单	是否依据常规方案			
	总价措施项目清单	是否依据常规方案			
	其他项目清单	项目是否齐全			
	规费清单	项目是否齐全			
	税金项目清单	项目是否齐全			
招标控制价	编制原则	是否符合原则			
	总价偏差	是否符合要求			
	与概算比较	是否符合要求			
合同条款	通用条款	是否全面			
	专用条款	是否合理			
	协议书	是否规范			
评标办法	资格预审	是否合理			
	详细评审	是否合理			
	担保情况	是否提供			
发布环节	发布时间	是否符合规定要求			
	送达时间	是否符合规定要求			
其　他					

任务实战

根据要求完成下列任务实作工单。

任务实作工单

<table>
<tr><td colspan="3">1. 工作任务
（1）分组：每三人为一个小组（一人为编制人，一人为校核人，一人为审核人）。
（2）工作任务：案例分析。
① 案情介绍
某市政道路工程项目即将启动，该工程是城市基础设施建设的重要组成部分，涉及道路建设、排水系统安装及绿化等多个子项。为确保工程质量和进度，项目业主决定通过公开招标方式选择施工单位。根据项目特点，业主委托了一家具有丰富经验的招标代理机构负责招标文件的编制与审核工作。
② 思考问题
在招标文件的编制与审核过程中，招标代理机构遇到了以下几个关键问题：评标办法的编制：如何确保评标办法既能体现公平公正，又能有效筛选出最符合项目需求的投标人？
工程量清单的准确性：如何保证工程量清单的准确无误，避免后期因工程量差异引起的纠纷？
招标控制价的合理性：如何合理确定招标控制价，既能有效控制工程造价，又能激发投标人的积极性？</td></tr>
<tr><td colspan="3">2. 任务解答</td></tr>
<tr><td>校核人意见：</td><td colspan="2" rowspan="2">编制人意见：</td></tr>
<tr><td>审核人意见：</td></tr>
<tr><td>编制人：</td><td>校核人：</td><td>审核人：</td></tr>
</table>

单元 4.3 招标程序与纠纷处理

问题导入

问题：招标基本程序有哪些？招标基本程序会因为资格审查的种类不同而有所差别吗？

思维导图

- 招标程序与纠纷处理
  - 资格审查
  - 招标文件发售、现场踏勘、招标文件答疑、澄清与修改
  - 开标
  - 评标
  - 定标
  - 签署合同
  - 招投标资料归档

知识学习

招标主要工作程序可概括为以下 5 个步骤：建设项目报建—编制招标文件—发放招标文件—开标、评标与定标—签订合同。根据资格审查方式的不同，招标流程会有所区别。

动画：建设工程招标程序—招标阶段

4.3.1 资格审查

1. 资格审查的种类

资格审查分为资格预审和资格后审。

资格预审是指在投标前对潜在投标人进行的资格审查，是在招

标阶段对申请投标人的第一次筛选，目的是审查投标人的企业总体实力是否符合招标工程的需要。只有在公开招标时才设置此程序。

资格后审是指在开标后对投标人进行的资格审查。已进行资格预审的，一般不再进行资格后审，但招标文件另有规定的除外。资格后审适用于工期紧迫、工程较为简单的建设项目，审查的内容与资格预审基本相同。

2. 资格审查的主要内容

资格审查应按资格审查文件的要求，主要审查潜在投标人或者投标人是否符合下列条件：

（1）具有独立订立和履行合同的能力，主要从专业、技术资格和能力，资金、设备和其他物质设施状况，管理能力，经验、信誉和相应的从业人员方面进行考察；

（2）营业状况良好，无被责令停业，投标资格被取消，财产被接管、冻结，破产状态等不良状况；

（3）信誉良好，最近 3 年内无骗取中标、严重违约及重大工程质量问题发生；

（4）法律、行政法规规定及本项目所需的其他资格条件。

对于需要有专门技术、设备或经验的投标人才能完成的大型复杂项目，应针对工程所需的特别措施或工艺专长、专业工程施工经历和资质及安全文明施工要求等内容进行更加严格的资格审查。

3. 资格审查的方法与程序

（1）资格审查的方法

资格审查办法一般分为合格制和有限数量制两种。合格制即依照考核因素和标准，凡能通过者，均可参加投标，合格者数量不受限定。有限数量制是指预先限定通过资格预审的人数，再量化各项审查指标，依照资格审查标准和程序，最后按得分由高到低确定通过资格预审的申请人。通过者不得超过限定数量。

（2）资格审查的程序

① 初步审查，即一般符合性审查。

② 详细审查，重点审查投标人的财务能力、技术能力和施工经验等内容。

③ 资格预审申请文件的澄清。在审查过程中，审查委员会可以以书面形式，要求申请人对所提交的资格预审申请文件中不明确的内容进行必要的澄清或说明。申请人的澄清或说明应采用书面形式，并不得改变资格预审申请文件的实质性内容。申请人的澄清和说明内容属于资格预审申请文件的组成部分。招标人和审查委员会不接受申请人主动提出的澄清或说明。

④ 提交审查报告。完成资格审查后，审查委员会应确定通过者名单，并向招标人提交书面审查报告。如果通过者数量不足 3 家，招标人应重新组织资格预审或不再组织资格预审而直接招标。

（3）资格预审评审报告

资格预审评审报告一般包括工程项目概述、资格预审工作简介、资格评审结果和资格、评审表等附件内容。

特别提示：资格预审申请人除应满足初步审查和详细审查的标准外，还不得存在下列任何一种情形：

① 不按审查委员会要求澄清或说明的。

② 在资格预审过程中弄虚作假、行贿或有其他违法违规行为的。

③ 申请人存在下列情形之一：

Ⅰ. 为招标人不具有独立法人资格的附属机构（单位）；

Ⅱ. 为本标段前期准备提供设计或咨询服务的，但设计施工总承包的除外；

Ⅲ. 为本标段的监理人；

Ⅳ. 为本标段的代建人；

Ⅴ. 为本标段提供招标代理服务的；

Ⅵ. 与本标段的监理人或代建人或招标代理机构同为一个法定代表人的；

Ⅶ. 与本标段的监理人或代建人或招标代理机构相互控股或参股的；

Ⅷ. 与本标段的监理人或代建人或招标代理机构相互任职或工作的；

Ⅸ. 被责令停业的。

4.3.2 招标文件发售，现场踏勘，招标文件答疑、澄清与修改

1. 发售招标文件

微课：售标、踏勘与标前会议

完成资格审查后，招标人向合格投标人发售招标文件，对于其中的设计文件，招标人可以酌情收取押金。但招标文件的发售价格以工本费为限，招标人不得以此牟利。一旦确定中标人，设计文件退回后，招标人应同时退还其押金。

招标文件的澄清或修改内容作为招标文件的组成部分，对招标人和投标人起约束作用。

2. 现场踏勘与答疑

（1）现场踏勘

按投标须知规定的时间，招标人可组织投标人自费进行现场考察。目的是帮助投标人了解工程项目的现场条件、自然条件、施工条件以及周围环境条件，以便确定投标策略，编制投标文件，从而避免中标人在履行合同过程中以不了解现场情况推卸应承担的责任。投标人在踏勘现场中的疑问，招标人可以书面形式答复，也可以在投标预备会上答复。

（2）招标文件答疑、澄清与修改

① 召开投标预备会与招标答疑。按招标文件中规定的时间和地点，招标人应主持召开投标预备会，也称标前会议或者答疑会。目的在于解答投标人提出的关于招标文件和现场踏勘的疑问。答疑会结束后，由招标人以书面形式将所有问题及问题的解答向获得招标文件的投标人发放。会议记录作为招标文件的组成部分。凡答疑内容与已发放招标文件不一致之处，应以会议记录的解答为准。问题及解答纪要须同时向建设行政主管部门备案。

② 招标文件澄清与修改。招标人对招标文件所作的任何澄清和修改，须报建设行政主管

部门备案，并在投标截止日期 15 日前发给获得招标文件的所有投标人。投标人收到招标文件的澄清或修改内容后应以书面形式确认。

招标人可根据招标文件答疑、澄清与修改情况，延长投标截止时间以便于投标人编制投标文件。

动画：建设工程招标程序—决标成交阶段

4.3.3 开　标

1. 建设工程施工开标的时间、地点

为体现公开、公平和公正原则，公开招标和邀请招标均应举行开标会议，并按招标文件确定的时间（一般与招标截止日同时）、地点举行。凡已建立建设工程交易中心的地方，开标都应在当地建设工程交易中心举行。

2. 参加开标会议的人员

招标人代表、招标代理机构代表、各投标人代表、公证机构公证人员、建设行政主管部门及工程投标监督管理机构监督人员等。

3. 建设工程施工开标的程序

（1）招标人签收，投标人递交投标文件。

（2）投标人出席开标会的代表签到。

（3）开标会主持人宣布开标会开始，主持人宣布开标人、唱标人、记录人和监督人员和主要与会人员。

（4）宣布开标纪律。

（5）公布在投标截止时间前递交投标文件的投标人名称，并点名确认投标人是否派人到场。

（6）按照投标人须知前附表规定检查投标文件的密封情况。

（7）按照投标人须知前附表的规定确定并宣布投标文件的开标顺序。

（8）设有标底的，公布标底。

（9）按照宣布的开标顺序当众开标，公布投标人名称、标段名称、投标保证金的递交情况、投标报价、质量目标、工期及其他内容，并记录在案。

（10）投标人代表、招标人代表、监标人、记录人等有关人员在开标记录上签字确认。

（11）投标文件、开标会记录等送封闭评标区封存。

4.3.4 评　标

1. 评标的程序

（1）召开评标会

评标工作开标会结束后，工作组整理开标资料，将开标资料转移至评标会地点并分发到评标专家组工作室，安排评标委员会成员报到。评标委员会成员报到后，由评标组织负责人召开第一次全体会议，宣布评标会开始。

首次会议一般由招标人或其代理人主持，评标会监督人员开启并宣布评标委员会名单和评标纪律，评标委员会主任委员宣布专家分组情况、评标原则和评标办法、日程安排和注意事项。招标人代表介绍项目基本情况，招标机构介绍项目招标和开标情况。如果设有入围条件，招标机构应按评标办法规定当众确定入围投标人名单；如果设有标底，则需要介绍标底设置情况，也可由工作组在评标会监督人员的监督下当众计算评标标底。同时，工作组可按评审项目及评标表格整理投标人的对比资料，分发到专家组，由评标专家进行确认。

（2）资格复审或后审

为确认投标人资格条件与投标预审相符，应对采用资格预审的招标项目的投标人资格条件进行复审；对于采用资格后审的项目，可以在此阶段进行资格审查，淘汰不符合资格条件的投标人。

（3）投标文件的澄清、说明或补正

对于投标文件中含义不明确、同类问题表述不一致或者有明显文字和计算错误的内容，评标委员会可以书面方式要求投标人以书面方式作必要的澄清、说明或者补正，但不得超出投标文件的范围或者改变投标文件的实质性内容。招标人和投标人不得变更或寻求变更价格、工期、质量等级等实质性内容。开标后，投标人对价格、工期、质量等级等实质性内容提出的任何修止声明或者附加优惠条件，一律不得作为评标组织评标的依据。所澄清和确认的问题，应当采取书面形式，经招标人和投标人双方签字后，作为投标文件的组成部分，列入评标依据范围。

① 细微偏差的认定。细微偏差是指投标文件在实质上响应招标文件要求，但在个别地方存在漏项或者提供了不完整的技术信息和数据等情况，并且补正这些遗漏或者不完整不会对其他投标人造成不公平的结果。细微偏差不影响投标文件的有效性。

评标委员会应书面要求存在细微偏差的投标人在评标结束前予以补正。拒不补正的，在详细评审时可以对细微偏差做不利于该投标人的量化，量化标准应当在招标文件中规定。

② 算术错误的处理。在详细评标前，招标人或评标委员会一般按以下原则纠正其算术错误：

Ⅰ. 当以数字表示的金额与文字表示的金额有差异时，以文字表示的金额为准；

Ⅱ. 当单价与数量相乘不等于总价时，以单价计算为准；

Ⅲ. 如果单价有明显的小数点位置差错，应以标出的总价为准，同时对单价予以修正；

Ⅳ. 当各细目的合价累计不等于总价时，应以各细目合价累计数为准，修正总价。

按上述方法修正算术错误后，投标金额要相应调整。经投标人同意，修正和调整后的金额对投标人有约束作用。如果投标人不接受修正后的金额，其投标书将被拒绝，其投标保证金也将被没收。

（4）投标文件的初步评审

投标文件初步评审主要包括熟悉招标文件和评标方法、鉴定投标文件的响应性、淘汰废标。

① 熟悉招标文件和评标方法。包括招标的目标，招标项目的范围和性质，招标文件中规定的主要技术要求、标准和商务条款，招标文件规定的评标标准、评标方法和在评标过程中考虑的相关因素。

② 鉴定投标文件的响应性包括以下 4 个方面的内容：

Ⅰ. 评标专家审阅各个投标文件，主要检查确认投标文件是否从实质上响应了招标文件的要求；

Ⅱ. 投标文件正副本之间的内容是否一致；

Ⅲ. 投标文件是否按招标文件的要求提交了完整的资料，是否有重大漏项、缺项；

Ⅳ. 投标文件是否提出了招标人不能接受的保留条件等，并分别列出各投标文件中的偏差。

③ 淘汰废标。废标主要有 4 种类型：违规标、报价明显低于标底或控制价、投标人不具备资格、出现重大偏差。

Ⅰ. 违规标。投标人以他人的名义投标、串通投标、以行贿手段谋取中标或者以其他弄虚作假方式投标的，该投标人的投标应作废标处理。

Ⅱ. 报价明显低于标底或招标控制价。投标人报价明显低于其他投标报价，或者在设有标底时明显低于标底或招标控制价，使得其投标报价可能低于其个别成本的，投标人又不能以书面形式合理说明或者不能提供相关证明材料的，评标委员会可认定该投标人以低于成本报价竞标，其投标应作废标处理。

Ⅲ. 投标人不具备资格。投标人资格条件不符合国家有关规定和招标文件要求的，或者拒不按照要求对投标文件进行澄清、说明或者补正的，评标委员会可以否决其投标。

Ⅳ. 出现重大偏差。根据评标定标办法的规定，投标文件出现重大偏差，评标委员会可以对投标人作废标、无效投标处理，将其淘汰。

评标机构对各投标人递交的投标文件进行初步审查后，根据专家的评审意见，将确定详评审的对象。

（5）投标文件的详细评审、比较和否决

在这一阶段，评标委员会根据招标文件确定的评标标准和方法，对各投标文件的技术部分和商务部分做进一步的评审和比较，并向评标委员会提交详细的书面评审意见。

① 技术评审。技术评审的目的是确认和比较投标人完成投标工程的技术能力，以及施工方案的可靠性。技术评审的主要内容如下：

Ⅰ. 施工方案的可行性。主要从各类分部分项工程的施工方法、施工人员和施工机械设备的配备、施工现场的布置和临时设施的安排、施工顺序及其相互衔接等方面进行评审。应特别注意对该项目的关键工序的技术最难点、施工方法进行可行性和先进性论证。

Ⅱ. 施工进度计划的可靠性。主要审查施工进度计划及措施（如施工机具、劳务的安排）是否满足竣工时间要求，是否科学合理、切实可行。

Ⅲ. 施工质量保证。审查投标文件中提出的质量控制和管理措施，如对质量管理人员的配备、质量检验仪器的配置和质量管理制度进行审查。

Ⅳ. 工程材料和机器设备的技术性能符合设计技术要求。审查投标文件中关于主要材料和设备的样本、型号、规格和制造厂家名称、地址等，判断其技术性能是否达到设计标准。

Ⅴ. 分包商的技术能力和施工经验。如果投标人拟在中标后将中标项目的部分工作分包给他人完成，应当在投标文件中载明。主要应审查确定拟分包的工作是否是非主体、非关键性工作，分包人是否具备招标文件规定的资格条件和完成相应工作的能力与经验。

Ⅵ. 建议方案的技术评审。如果招标文件中规定可以提交建议方案，则应对投标文件中建议方案的技术可靠性与优缺点进行评审，并与原招标方案进行对比分析。

② 商务评审。商务评审是指就投标报价的准确性、合理性、经济效益和风险性，从工程成本、财务和经济分析等方面进行评审，比较授标给不同投标人产生的不同后果。商务评审在整个评标工作中通常占有重要地位。商务评审的主要内容如下：

Ⅰ. 审查全部报价数据计算的正确性。主要审核投标文件是否有计算或累计上的算术错误。如果有，则按“投标人须知”中的规定改正和处理。

Ⅱ. 分析报价构成的合理性。判断报价是否合理，应主要分析报价中直接费、间接费、利润和其他费用的比例关系、主体工程各专业工程价格的比例关系等。同时，还应审查工程量清单中的单价有无脱离实际的“不平衡报价”，计日工劳务和机械台班（时）报价是否合理等。

Ⅲ. 对建议方案的商务评审（如果有的话）。

③ 对投标文件进行综合评价与比较。通过技术和商务评审，再按招标文件确定的评标标准和方法，对投标人的报价、工期、质量、主要材料用量、施工方案或组织设计、以往业绩和合同履行情况、社会信誉、优惠条件等方面进行综合评价和比较，并与标底进行对比分析，最终择优选定中标候选人，以评标报告的形式向项目法人排序推荐不超过 3 名候选中标人。

（6）形成评标报告

《招标投标法》第四十条规定：评标委员会完成评标后，应当向招标人提出书面评标报告，并推荐合格的中标候选人。在评标报告中，应当如实记载以下内容：

① 基本情况和数据表；

② 评标委员会成员名单；

③ 开标记录；

④ 符合要求的投标一览表；

⑤ 废标情况说明；

⑥ 评标标准、评标方法或者评标因素一览表；

⑦ 经评审的价格或者评分比较一览表；

⑧ 经评审的投标人排序；

⑨ 推荐的中标候选人名单与签订合同前要处理的事宜；

⑩ 澄清、说明、补正事项纪要。

另外，评标报告还应包括专家对各投标人的技术方案评价，技术经济分析和比较详细的比较意见，以及中标候选人的方案优势和推荐意见。评标报告由评标委员会全体成员签字。对评标结论持有异议的评标委员会成员，可以书面方式阐述其不同的意见和理由。评标委员会成员拒绝在评标报告上签字且不陈述其不同意见和理由的，视为同意评标结论。评标委员会应当对此作出书面说明并记录在案。向招标人提交书面评标报告后，评标委员会即告解散。

2. 评标方法

建筑工程招标评标通常有综合评标法和经评审的最低投标价法两种方法。

（1）综合评标法

综合评标法是对投标人在投标文件中所说明的总体情况，包括投标价格、施工组织设计或施工方案、项目经理的资历和业绩、质量、工期、信誉和业绩等因素，进行综合评价从而确定中标人的评标定标方法，是目前适用最广泛的评标定标方法之一。

综合评标法的评标程序主要包括以下 4 个环节：

① 初步评审。这一环节主要对投标文件进行形式评审、资格评审和响应性评审。形式评审要点主要包括投标人名称、投标函签字盖章、投标文件格式、联合体投标人、报价唯一等内容是否满足投标人须知设置的相关要求。

资格评审要点主要包括投标人营业执照、安全生产许可证、资质等级、财务状况、类似项目业绩、信誉、项目经理、联合体投标人及招标人其他要求等内容是否满足投标人须知设置的相关要求。

响应性评审要点主要包括投标文件中承诺的投标内容、工期、工程质量、投标有效期、投标保证金、权利义务、已标价工程量清单、技术标准和要求等内容是否响应了投标人须知设置的相关要求。

② 详细评审。这一环节评标委员会主要对施工组织设计、项目管理机构、投标报价、其他因素等 4 个板块进行评审。评标委员会按照投标人须知规定的评审要素、量化因素和分值对各评审项分别进行打分，然后计算出评审项的得分之和，最终得出投标文件的综合评估得分。评分分值计算保留小数点后两位，小数点后第三位“四舍五入”。

如评标委员会发现投标人的报价明显低于其他投标报价，或者在设有标底时明显低于标底，使得其投标报价可能低于其个别成本的，应当要求该投标人作出书面说明并提供相应的证明材料。投标人不能合理说明或者不能提供相应证明材料的，由评标委员会认定该投标人以低于成本报价竞标，其投标作废标处理。

③ 投标文件的澄清和补正。在评标过程中，评标委员会可以书面形式要求投标人对所提交投标文件中不明确的内容进行书面澄清或说明，或者对细微偏差进行补正。评标委员会不接受投标人主动提出的澄清、说明或补正。评标委员会对投标人提交的澄清、说明或补正有疑问的，可以要求投标人进一步澄清、说明或补正，直至满足评标委员会的要求。

投标人的澄清、说明和补正不得改变投标文件的实质性内容（算术性错误修正的除外）。投标人的书面澄清、说明和补正属于投标文件的组成部分。

④ 提交评标结果。评标委员会完成评标后，除“投标人须知”前附表授权直接确定中标人外，应按照各投标文件得分从高到低的顺序推荐中标候选人。同时，评标委员会还应当向招标人提交书面评标报告。

（2）经评审的最低投标价法

经评审的最低投标价法是指对招标文件作出了实质性响应，在技术和商务部分能满足招标文件的前提下，按照评价标准中的纠偏原则、报价折扣标准对标价进行调整，以及按其他规定的评比因素修正后得出的最低报价。

经评审的最低投标价法的评标程序具体可分为以下 3 个阶段：

① 初步评审。其目的是发现并拒绝那些不作实质性响应的投标书，不给予进一步评标的机会，其主要审核内容包括：

Ⅰ. 投标人的资格证明文件；

Ⅱ. 合格性；

Ⅲ. 投标保证金；

Ⅳ. 投标书的完整性；

Ⅴ. 实质性响应。

一般来说，下列情属于显著差异：投标人不合格；投标书迟交；投标书不完整；投标保证金或投标保函不符合要求，不能接受；一份标书有多个报价：对规定为不价的合同，投标人提出了价格调整；提出的替代设计方案，不能接受；施工的时间安排不符合要求；提出的分包额和分包方式不能接受；拒绝承担招标文件中赋予的重大责任和义务，如履约保函的提交和担保额、担保银行、保险范围的规定；对关键性条款表示反对，如适用法律、争议解决程序。

对存在上述之一问题的标书，将视为未做实质性响应，不能进入详评。

对出现下列差异的，在初评时一般不能构成拒标理由，在详评时进一步考虑：出现和招标文件不同的支付项；与完工期或维护期的要求有偏离；提出的施工方案特殊，难以鉴别和接受；在分项工程上有漏项；材料、工艺、设计等标准或型号代码与技术规范要求不同；对延期违约金的规定或金额有修改、限定；其他。

② 详细评审。只有通过初审，被确定为实质上符合要求的投标书才能进入详评，此阶段的审核主要包括以下 5 点：

Ⅰ. 勘误。包括计算错误和暂定金两项。计算错误的纠正方法是：当用数字表示的数额与用文字表示的数字不一致时，以文字为准；当单价与工程量的乘积与细目总价不一致时，通常以该行填报的单价为准，修改总价。除非招标人认为单价有明显的小数点错位，此时应以填报的细目总价为准，并修改单价。纠正的错误应在脚注中说明原因。此项修正后的金额对投标人起约束作用。

暂定金的纠正方法是：暂定金是招标人为不可预见费用或指定分包人等预留的金额，有时用投标价的百分比表示，有时用固定的一笔金额表示。如果是用固定的一笔金额表示，在评标时可以从唱标价中减去，以便于其后评标步骤中对投标的比较。但对于暂定金额中包括的计日工，如果已给予了竞争性，则不应予以扣减。

Ⅱ. 按照评价标准中的纠偏原则对报价进行无条件纠偏。

Ⅲ. 增加。对投标中的遗漏项，取其他投标人的该项报价的平均值进行比较。

Ⅳ. 按评价标准中的报价折扣量化标准对报价进行调整。

Ⅴ. 偏差折扣。对投标人提出的可接受的偏差进行货币量化，如完工期、付款进度与安排等。

③ 授标建议。若对投标人进行了资格预审，此时应把合同授予经评审的最低投标价的投标人。否则，应先进行资格后审。只有资格后审合格，才能被授予合同。若经评审的最低投标价的投标人未通过资格后审，则拒绝其投标；此时，应继续对下一个经评审的最低投标价的投标人进行资格后审，直至确定中标人。在对同一个投标人授予一个以上合同时，应考虑交叉折扣（即有条件折扣）。在满足资格条件的前提下，以合同总成本最低为原则选择授标的最佳组合。交叉折扣是该合同与其他合同以组合标的形式同时授予为条件而提供的折扣。交叉折扣只在完成评标和各个步骤的最后一步时才予以考虑。

特别提示：经评审的最低投标价法不设定标底，不能以投标价高于或低于标底某一限度而废标。招标人编制的标底在评标时仅作为参考。

可见，工程报价最低并不是工程评审综合价格最低。在评审时要将所有实质性要求，如工期、质量等因素综合考虑到评审价格中。例如：工期提前可能为投资者节约各种利息，项目及时投入使用后可及早回收建设资金，创造经济效益；可能因为工程质量不合格、合格而未达到优良给业主带来销售困难，因工程质量问题给投资者带来不良社会影响等。评审的综合价格是符合招标实质性条件的全部费用，报价不是定标的唯一依据。如某一工程投标文件，丙企业报价最低，但工期已经超过了标底的工期，因此不予考虑。甲企业报价虽比乙企业低，但综合考虑工期的损益价后，乙企业较甲企业的价格低，最后选定乙企业为中标候选人。

（3）工程款现值对投标方案的影响

工程款现值是指将来的一笔资产或负债折算到现在值多少。这是考虑了两个时间点上现金或资产的时间价值。其意思是，相同数目的资金，时间靠前的，价值大。因此，对于投标方现值越高，方案越优；对于招标方，现值越高，意味着前期进度款支付压力越大，方案越差。

4.3.5 定　标

评标委员会推荐的中标候选人应当限定在 1~3 人，并标明排列顺序。招标人根据评标委员会提出的书面评标报告和推荐的中标候选人来确定最后的中标人，也可以授权评标委员会直接定标。

定标程序与所选用的评标定标方法有直接关系。一般来说，采用直接定标法（即以评标委员会的评标意见直接确定中标人），没有独立的定标程序；采用间接定标法（或称复议定标法，指以评标委员会的评标意见为基础，再由定标组织进行评议，从中选择确定中标人）的，有相对独立的定标程序，但通常也比较简略。大体来说，定标程序主要有以下 4 个环节：

（1）由定标组织对评标报告进行审议，审议的方式可以是直接进行书面审查，也可以采用类似评标会的方式召开定标会进行审查；

（2）定标组织形成定标意见；

（3）将定标意见报建设工程招标投标管理机构核准；

（4）按经核准的定标意见发出中标通知书。

4.3.6 签署合同

招标人和中标人应当自中标通知书发出之日起 30 天内，按照招标文件和中标人的投标文件订立书面合同，并完成合同备案。招标人和中标人不得再行订立背离合同实质性内容的其他协议。签订合同后 5 天内，应向中标人和未中标人退还投标保证金。

4.3.7 招投标资料归档

招标结束后，招标管理部门将备案资料与其他投标过程中的资料一并整理成册，作为投标资料归档。

中标项目归档应提交以下资料：

（1）报建表（含项目批准文件）；

（2）发包方案（含招标条件的相关证明文件）；

（3）自行办理招标事宜备案表（含相关证明材料）；

（4）委托招标代理合同书；

（5）招标公告（公开招标项目）；

（6）资格预审报告书（含投标报名申请书或邀请投标函、资格预审文件、投标资格预审合格通知书、投标预审结果通知书）；

（7）招标文件（公开招标项目包括工程量清单等其他资料）、答疑纪要、工程标底（如果有）；

（8）评标报告；

（9）中标结果公示书；

（10）书面报告；
（11）中标通知书；
（12）施工合同。

任务实战

根据要求完成下列任务实作工单。

任务实作工单

<table>
<tr><td>1. 工作任务
（1）分组：每三人为一个小组（一人为编制人，一人为校核人，一人为审核人）。
（2）工作任务：案例分析。
① 案情介绍
某市计划建设一座新图书馆，项目总投资额为 5 000 万元人民币，采用公开招标方式确定施工单位。招标过程严格遵循国家相关法律法规及地方招投标管理规定。招标工作分为以下阶段进行：
建设项目报建：项目获得市政府批准后，建设单位向市建设工程招标投标管理机构提交了报建表及项目批准文件。
编制招标文件：招标代理机构根据项目需求编制了详细的招标文件，包括工程范围、技术要求、投标须知、评标标准等。
资格预审：发布招标公告后，共收到 20 家施工单位提交的投标申请。通过资格预审，筛选出 10 家符合要求的投标人参与后续投标。
发放招标文件：向通过资格预审的投标人发放招标文件，并组织现场踏勘和答疑会。
开标、评标与定标：投标截止后，在市建设工程交易中心进行公开开标。
评标委员会依据招标文件规定的评标标准和方法进行评审，最终推荐了两名中标候选人。招标人根据评标报告确定排名第一的投标人为中标人，并发出中标通知书。
签署合同：中标通知书发出后 30 天内，招标人与中标人签订了施工合同，并完成合同备案。
招投标资料归档：招标结束后，招标管理部门将所有相关资料整理归档，以备后续审计和检查。
② 思考问题
在本案例中，资格预审的主要目的是什么？
是否所有招标项目都必须进行资格预审？
评标过程中，如果评标委员会发现某投标人的报价明显低于其他投标人，应如何处理？
招标人和中标人签订合同后，何时应退还投标保证金？</td></tr>
<tr><td>2. 任务解答

</td></tr>
</table>

续表

<table>
<tr><td>校核人意见：</td><td colspan="2" rowspan="2">编制人意见：</td></tr>
<tr><td>审核人意见：</td></tr>
<tr><td>编制人：</td><td>校核人：</td><td>审核人：</td></tr>
</table>

学习评价

本模块各单元的学习情况可按下表进行评价。

学习评价表

<table>
<tr><td colspan="2">姓名：</td><td colspan="2">组别：</td><td>任务：</td></tr>
<tr><td>评价内容</td><td>评价标准</td><td>自评</td><td>组员互评</td><td>老师评价</td></tr>
<tr><td>职业素养
（20分）</td><td>（1）学习态度积极，能主动思考，能有计划地组织小组成员完成工作任务，有良好的团队合作意识，遵章守纪：计20分；
（2）学习态度较积极，能主动思考，能配合小组成员完成工作任务，遵章守纪：计15分；
（3）学习态度端正，主动思考能力欠缺，能配合小组成员完成工作任务，遵章守纪：计10分；
（4）学习态度不端正，不参与团队任务：计0分。</td><td></td><td></td><td></td></tr>
<tr><td>职业技能
（80分）</td><td>问题回答正确，字迹工整：计80分，如有错误按以下标准扣分，扣完为止：
（1）回答（校核、审核）有错误，每返工一次扣20分；
（2）举例不规范，每处扣5分；
（3）字迹不工整、酌情扣分，最多扣10分。</td><td></td><td></td><td></td></tr>
<tr><td colspan="5">综合得分：</td></tr>
<tr><td colspan="5">备注：综合得分＝自评分×30%+小组互评分×30%+老师评价分×40%</td></tr>
</table>

模块 5
投标决策及纠纷处理

情境描述

投标决策及纠纷处理不仅是招投标过程中的重要环节，也是确保市场健康、公平竞争的关键因素。通过这些措施的实施，可以有效提升投标的公平性、质量以及效率，同时也有助于维护市场的秩序和健康发展。

本模块的主要内容是：投标前期决策与工作流程、投标文件的编制与策略应用、投标程序与纠纷处理。学生根据要求完成“任务实作工单”的工作任务。

1. 知识目标

（1）熟悉投标文件编制的内容；

（2）熟悉投标基本程序；

（3）明晰投标的不当行为；

（4）知晓投标违法行为应承担的法律后果。

2. 能力目标

（1）能根据项目具体情况独立编制投标文件，包括商务标、技术标及综合标；

（2）在招投标过程中能熟练运用投标技巧，提高中标率，提升经济效益。

3. 素质目标

（1）引导学生树立正确的世界观、人生观、价值观及团队合作意识；

（2）引导学生养成乐学、善思的良好习惯，具备勤奋好学、学以致用的能力；

（3）引导学生从全面依法治国的角度，深入理解招投标活动中的公开、公平、公正和诚实信用原则；

（4）引导学生树立学法、知法、守法、护法的法治意识。

单元 5.1 投标前期决策与工作流程

问题导入

问题：哪些因素会影响投标决策？

思维导图

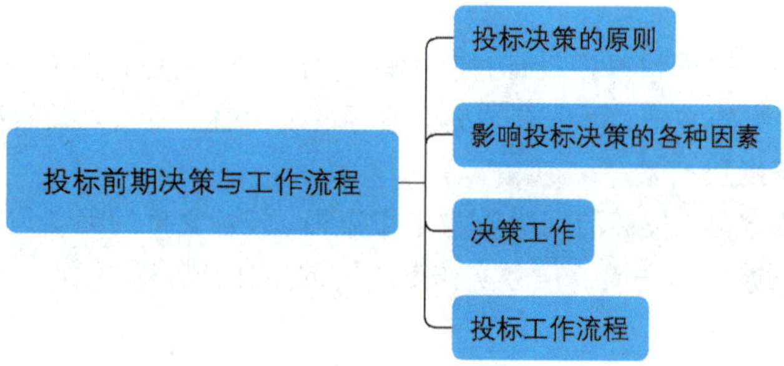

知识学习

5.1.1 投标决策的原则

鉴于项目建设的特殊性，决策人在投标决策时应遵循以下原则：

（1）可靠性原则；

（2）可行性原则；

（3）盈利性原则；

（4）审慎性原则。

微课：建设工程投标决策

5.1.2 影响投标决策的各种因素

1. 企业自身因素

（1）技术实力；

（2）经济实力；

（3）资信情况；
（4）经营管理实力。

2. 企业外部因素

（1）招标人和监理工程师的情况；
（2）竞争对手和竞争形势。

3. 风险问题

工程承包风险可分为政治风险、经济风险、技术风险、市场风险、商务及公共关系风险和管理方面的风险等。投标决策应对拟投标项目的各种风险进行深入研究，进行风险因素辨识，以便有效规避各种风险，避免或减少经济损失。

信息缺失风险是前期决策阶段的主要风险，主要包括两个方面：一是投标信息不真实、不准确导致投标失误；二是工程项目的资料掌握不全，由于信息缺失而出现经济损失。

4. 法律法规情况

对于国内工程承包，我国法律、法规具有基本统一的特点，但各地也有一些特别规定。

5.1.3 决策工作

投标前期决策工作主要分为 3 个阶段，即招标信息收集、招标信息分析和投标决策。

1. 招标信息收集

多数公开招标项目属于政府投资或国家融资的工程，会在报刊等媒体刊登招标公告或资格预审通告。但对于一些大型或复杂的项目，获悉招标公告后再做投标准备工作，往往会因时间仓促而陷于被动。同时，保证信息的真实可靠也至关重要。因此，投标人必须提前跟踪招标项目，注意信息、资料的积累整理，并做好信息查证工作。通常，获取招标项目信息有如下途径：

（1）根据我国国民经济建设的建设规划和投资方向，从近期国家财政、金融政策所确定的中央和地方重点建设项目、企业技术改造项目计划来收集项目信息；

（2）从投资主管部门获取建设银行、金融机构的具体投资规划信息，跟踪发展和改革委员会立项的项目；

（3）跟踪大型企业的新建、扩建和改建项目计划，从而获取招标信息；

（4）收集同行业其他投标单位对工程建设项目的意向，把握招标动向；

（5）注意有关项目的新闻报道。

招标信息收集阶段，投标人应做好以下两方面的工作：

① 前期信息收集工作。单位应指定有关人员具体负责招标信息收集工作，主要任务是：每天阅读相关报纸的招标公告，浏览招标信息网页和其他相关招标媒体公告，将符合单位资质要求的招标信息及时记录下来，报请主管领导批示。

② 外围协调工作。投标外围协调工作任务艰巨，责任重大，面对激烈的市场竞争，结合单位的实际情况，外围协调人员必须审时度势，权衡利弊，将协调工作从平常做起，从细处做

起，主要是做好与往来单位之间的协调沟通，树立单位良好的对外形象和构建合作机制。根据前期信息采集人员获取的相关资料，提前跟业主单位技术管理人员进行沟通，获取有价值的工程信息，为投标工作奠定较好的基础。

2. 招标信息分析

（1）分析招标公告

① 根据《招标投标法》《政府采购法》以及国家各个主管部委的政令来分析公告的合法性。首先要搞清楚招标项目的类型，是“政府采购”，还是“法定的必须招标的项目”。不同的类别，可能分别属于不同的主管部门，施行不同的具体办法。

② 招标人资信情况。

③ 公告的真实性。

（2）投标论证

根据各种影响决策的因素，对投标与否作出论证。

3. 投标决策

（1）确定投标项目

一般应选择与企业的装备条件和管理水平相适应，技术先进，招标人的资信条件及合作条件较好，施工所需的材料、劳动力、水电供应等有保障，盈利可能性较大的工程项目。

（2）决策注意事项

① 工程项目不多时，为争夺工程任务而压低标价，结果即使中标但盈利的可能性很小，甚至亏损。

② 工程项目较多时，企业总想多中标而到处投标，结果造成投标工作量大大增加而导致考虑不周，承包了盈利可能性甚微或本企业并不擅长的工程，而失去可能盈利较多的工程。

5.1.4 投标工作流程

投标主要工作内容包括投标决策、投标资料准备和投标文件编制 3 项。投标步骤主要从以下 8 个阶段展开。

投标步骤主要从以下 8 个阶段展开：

（1）建筑企业根据招标公告或投标邀请书，向招标人提交有关资格预审资料。

（2）接受招标人的资格审查。

（3）购买招标文件及有关技术资料。

（4）参加现场踏勘，并对有关疑问提出书面询问。

（5）参加投标答疑会。

（6）编制投标书及报价。投标书是投标人的投标文件，是对招标文件提出的要求和条件作出实质性响应的文本。

（7）参加开标会议。

（8）如果中标，接受中标通知书，与招标人签订合同。

任务实战

根据要求完成下列任务实作工单。

任务实作工单

<table>
<tr><td colspan="3">1. 工作任务
（1）分组：每三人为一个小组（一人为编制人，一人为校核人，一人为审核人）。
（2）工作任务：案例分析。
① 案情介绍
某市计划建设一座跨江市政桥梁，总投资额达 3 亿元，采用公开招标方式选择施工单位。某建筑企业（简称“A 企业”）在获知该项目的招标信息后，决定参与投标。A 企业首先进行了内部评估，确认自身在技术实力、经济实力、资信情况及经营管理实力上均符合项目要求。随后，A 企业开始收集并分析招标信息，包括招标公告、项目背景、招标人资信等，并进行了初步的风险评估。在确认参与投标后，A 企业按照招标流程，提交了资格预审资料并通过了审查。接着，A 企业购买了招标文件及相关技术资料，组织团队进行了现场踏勘，并就疑问向招标人提出了书面询问。在参加投标答疑会后，A 企业根据招标文件要求，精心编制了投标书及报价，详细阐述了施工方案、工期安排、质量保证措施及报价依据等。最终，在开标会议上，A 企业的投标书经过评标委员会的评审，被推荐为中标候选人之一。经过公示及确认无误后，A 企业收到了中标通知书，并与招标人签订了施工合同。
② 思考问题
A 企业在投标决策过程中，是如何平衡企业自身因素与外部因素的？
A 企业如何有效管理投标过程中的信息风险，确保投标信息的真实性和准确性？
编制投标书时，A 企业如何确保投标书内容既符合招标文件要求，又能体现企业的竞争优势？</td></tr>
<tr><td colspan="3">2. 任务解答</td></tr>
<tr><td colspan="2">校核人意见：</td><td rowspan="2">编制人意见：</td></tr>
<tr><td colspan="2">审核人意见：</td></tr>
<tr><td>编制人：</td><td>校核人：</td><td>审核人：</td></tr>
</table>

单元 5.2 投标文件的编制与策略应用

问题导入

问题：投标文件应包含哪些内容？试列举几点。

____

____

____

思维导图

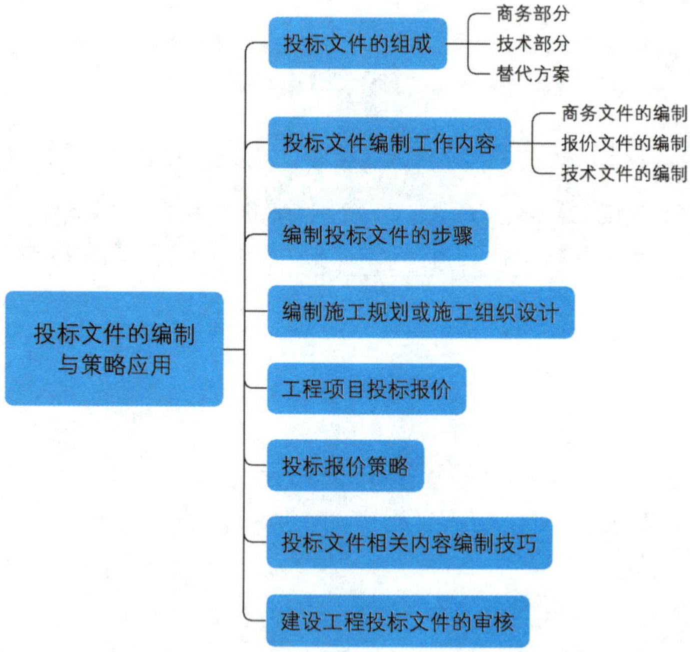

知识学习

5.2.1 投标文件的组成

投标文件是由一系列有关投标方面的书面资料组成的。一般来说，投标人按照招标文件规定的内容和格式编制并提交投标文件。投标文件包括以下内容：

第一卷　商务部分

1. 投标函及附录。

2. 法定代表人证明文件及授权委托书。

3. 联合体协议书（如采取联合体投标）。

4. 投标保证金。

5. 已标价的工程量清单：

（1）工程量清单说明；

（2）投标报价编制说明；

（3）投标报价汇总表；

（4）分项工程量清单。

6. 投标辅助资料（商务部分）：

（1）单价汇总表；

（2）材料费汇总表；

（3）机械使用费汇总表；

（4）单价分析表；

（5）资金流量估算表。

7. 资信资料：

（1）投标人基本情况表；

（2）营业执照、资质证书复印件；

（3）近 5 年内完成的类似工程汇总表和类似工程情况表；

（4）近 5 年内完成的其他工程汇总表和其他工程情况表；

（5）正在施工和准备承接的类似工程汇总表和类似工程情况表；

（6）近 5 年内获得省部级以上奖励情况汇总表及证明资料；

（7）银行资信等级、重合同守信用企业等信誉证明证书复印件；

（8）近 5 年内诉讼情况汇总表；

（9）财务状况。

第二卷　技术部分

1. 编制说明。

2. 施工规划总说明。

3. 施工总布置。

4. 施工总进度。

5. 施工组织及资源配置。

6. 施工方法与技术措施。

7. 施工质量控制与管理措施。

8. 安全保证与管理措施。

9. 环境保护措施与文明施工。

10. 信息管理。

11. 投标辅助资料（技术部分）：
（1）拟投入本合同工作的施工队伍简要情况表；
（2）拟投入本合同工作的主要人员表；
（3）拟投入本合同工作的主要施工设备表；
（4）劳动力计划表；
（5）主要材料和水、电需用量计划表；
（6）分包情况表。
12. 投标人按投标须知要求或投标人认为需提供的其他资料。
第三卷　替代方案
依据本项目招标文件规定的内容和格式编制的其他替代方案。

5.2.2　投标文件编制工作内容

投标文件编制工作内容包括商务文件、报价文件和技术文件的编制三部分。商务文件与报价文件组成以报价为核心的商务标，技术文件构成技术标，是投标报价的基础。

1. 商务文件的编制

在投标文件的编制中，商务文件的编制是一个重要的环节，它包含了多个关键部分，以确保投标文件能够全面、准确地反映投标者的能力和条件。以下是商务文件编制的主要内容：

（1）法定代表人身份证明：提供法定代表人的身份证明文件，以证明投标人的合法性和真实性。

（2）法人授权委托书：如果法定代表人不能亲自参与投标过程，需要提供法人授权委托书，明确授权的范围和期限。

（3）投标函：投标函是投标人对招标项目的回应，应包含对招标文件的响应、投标价格、质量保证措施等内容。

（4）投标函附录：包含对投标函的补充说明或特殊要求。

（5）投标保证金交存凭证复印件：证明投标人已经按照要求交纳了投标保证金。

（6）对招标文件及合同条款的承诺及补充意见：投标人对招标文件和合同条款的认可，以及对任何不明确或需要补充的地方提出意见。

（7）工程量清单计价表：详细列出工程项目的各项费用，包括但不限于材料费、人工费、管理费等。

（8）投标报价说明：对投标报价的详细解释，包括价格的计算依据、成本分析等。

（9）报价表：列出各项工程的报价，包括单价和总价。

（10）投标文件电子版：提供投标文件的电子版本，便于招标方进行电子评审。

（11）企业营业执照、资质证书、安全生产许可证等：证明企业具备从事该项目所需的资质和资格。

此外，商务文件的编制还需要注意以下几点关键事项：

（1）准确把握招标文件所提出的交货时间、服务时间，明确是工作日还是日历日。

（2）掌握实施地点，包括交货地点、施工地点或服务地点，注意周围环境和交付条件。

（3）了解验收方式，根据政府采购的要求，确定验收的具体方式和标准。

售后服务和付款方式也是商务文件中需要重点关注的方面，包括售后服务的内容和付款条件等。

2. 报价文件的编制

投标报价的编制是一个复杂的过程，涉及多个方面的考虑和计算。首先，需要复核或计算工程量，这是基于工程招标文件提供的工程量清单进行的，如果招标文件中没有提供工程量清单，则需要根据设计图纸计算全部工程量。接下来，确定单价和计算合价是关键步骤，包括确定每一个分部分项工程的单价，并将所有费用项目都归入其中，如人工、材料、机械费用等。此外，确定分包工程费、利润、风险费也是必要的步骤，这些费用的确定需要考虑工程的规模、所在地的实际情况以及有经验的专业人员的分析。最后，调整投标价格应当建立在对工程盈亏分析的基础上，分析可以通过采取哪些措施降低成本、增加盈利，确定最后的投标报价。

在编制投标报价时，分部分项工程和单价措施项目清单与计价表的编制是核心内容。综合单价的确定是编制过程中的主要内容，它包括人工费、材料和工程设备费、施工机具使用费、企业管理费和利润（考虑风险费用的分摊）。在确定综合单价时，需要注意项目特征描述的依据，以及材料、工程设备暂估价的处理。此外，还需要考虑合理的风险，如市场价格波动导致的价格风险、政策变化导致的费用变化等。

3. 技术文件的编制

投标文件中的技术文件编制内容包括项目的整体设想与构思、主要工作环节运行程序、机构设置与人员配备、管理指标与措施、内部管理制度的制订、档案资料的建立与管理、前期物业管理服务内容、常规物业管理服务内容、各个阶段工作计划、物资装备与提供方式、紧急预案、社区文化等。

技术文件的编制是投标文件中至关重要的一部分，它直接关系到投标人对项目的理解和能力展示。具体来说，技术文件的编制内容涵盖了以下几个方面：

（1）项目的整体设想与构思：这部分应详细描述投标人对项目的整体理解和规划，包括项目的目标、预期成果以及实施路径。

（2）主要工作环节运行程序：说明项目实施的主要步骤和流程，确保项目的顺利进行。

（3）机构设置与人员配备：明确项目组织结构，包括关键人员的职责和资格要求。

（4）管理指标与措施：提出项目管理的方法和指标，以确保项目质量和进度。

（5）内部管理制度的制订：建立项目内部的各项管理制度，确保项目管理的规范性和效率。

（6）档案资料的建立与管理：说明如何有效管理和保存项目相关的文档资料。

（7）前期物业管理服务内容和常规物业管理服务内容：详细列出物业服务的内容和标准，体现服务的质量和效率。

（8）各个阶段工作计划：明确项目实施的关键时间点和具体任务。

（9）物资装备与提供方式：说明项目所需的物资和设备的采购计划。

（10）紧急预案：提出应对各种突发情况的预案，确保项目的安全和稳定。

（11）社区文化：如果项目涉及社区建设，应说明如何促进社区文化的形成和发展。

这些内容的编制需要投标人根据项目的具体要求和特点进行详细规划和设计，以确保投标文件的全面性和针对性。

5.2.3 编制投标文件的步骤

投标单位在完成资料准备后，就要进行投标文件的编制工作。编制投标文件的一般步骤如下：

（1）熟悉招标文件、图纸、资料，若对图纸、资料存在疑问，用书面或口头方式向招标人询问、澄清。

（2）参加招标单位施工现场情况介绍和答疑会。

（3）调查当地材料供应和价格情况。

（4）了解交通运输条件和有关事项。

（5）编制施工组织设计，复查、计算图纸工程量。

（6）编制或套用投标单价。

（7）计算取费标准或确定采用的取费标准。

（8）计算投标造价。

（9）核对并调整投标造价。

（10）确定投标报价。

5.2.4 编制施工规划或施工组织设计

施工规划或施工组织设计是关于施工方法、施工进度计划的技术经济文件，是指导施工生产全过程组织管理的重要设计文件，是确定施工方案、施工进度计划和进行现场科学管理的主要依据之一。施工组织设计的要求比施工规划的要求详细得多，编制起来要比施工规划更为复杂。为避免未中标的投标人因编制施工组织设计而造成浪费，投标人在投标时一般只需编制施工规划即可，可在中标后再编制施工组织设计。但实践中，招标人为了让投标人更充分地展示实力，也常要求投标人编制施工组织设计。施工进度安排是否合理、施工方案选择是否恰当，对工程成本与报价有重要影响。编制一个好的施工组织设计，可以大大降低标价，提高竞争力。其编制原则是力争在保证工期和工程质量的前提下，尽可能使工程成本最低，投标价格更合理。

1. 施工组织设计的编制原则

（1）严格执行建设程序，按照招标文件中要求的工程竣工及交付使用期限，制订科学的进度计划。认真执行基本建设程序，是保证建筑安装工程顺利进行的重要条件。另外，在工程建设过程中，必须认真贯彻执行国家对工程建设的有关方针和政策。

（2）合理安排施工程序和施工顺序，选择施工方案。积极采用新材料、新设备、新工艺和新技术，科学地制定施工方案。

（3）注意防止单纯追求技术先进而忽视经济效益的做法。遵守施工验收规范、操作规程的要求和有关消防、保安及环卫等规定，确保工程质量和施工安全。对于必须进入冬、雨季施工的工程项目，应落实季节性施工措施，保证全年施工生产的连续性和均衡性。

（4）尽量利用正式工程、已有设施，减少各种临时设施；尽量利用当地资源，合理安排运输、装卸与储存作业，减少物资运输量，避免二次搬运；精心进行场地规划布置，节约施工用地，不占或少占农田。

（5）根据构件的种类、运输和安装条件以及加工生产的水平等因素，通过技术经济比较，恰当地选择预制方案或现场浇筑方案。充分利用现有机械设备，扩大机械化施工范围，提高机械化程度。同时，充分发挥机械设备的生产率，保持作业的连续性，提高机械设备的利用率。

（6）制定质量、安全保证措施，预防和控制影响工程质量、安全的各种因素。

2. 施工组织设计的编制依据

施工组织设计应以工程对象的类型和性质、建设地区的自然条件和技术经济条件以及企业收集的其他资料等作为编制依据，主要应包括：

（1）工程施工招标文件、复核过的工程量清单及开工、竣工的日期要求；

（2）设计图纸和技术规范；

（3）建设单位可能提供的条件和水、电等供应情况；

（4）对市场材料、机械设备、劳动力价格的调查资料；

（5）施工现场的自然条件、现场施工条件和技术经济条件资料；

（6）有关现行规范、规程等资料。

3. 施工组织设计的编制程序与内容

编制施工组织设计应完成以下内容的编写：综合说明；施工现场平面布置；项目管理班子主要管理人员；劳动力计划；施工进度计划；施工进度、施工工期保证措施；主要施工机械设备；基础施工方案和方法；基础质量保证措施；基础排水和防沉降措施；地下管线、地上设施、周围建筑物保护措施；主体结构的主要施工方法或方案和措施；主体结构质量保证措施；采用的新技术、新工艺、专利技术；各种管道、线路等非主体结构质量保证措施；各工序的协调措施；冬、雨季施工措施；施工安全保证措施；现场文明施工措施；施工现场保护措施；施工现场维护措施；工程交验后的服务措施等。

4. 施工组织设计的编制要求

编制施工组织设计，要在保证工期和工程质量的前提下，尽可能使成本最低、利润最大。具体要求是：

（1）根据工程类型编制出最合理的施工程序；

（2）选择和确定技术上先进、经济上合理的施工方法；

（3）选择最有效的施工设备、施工设施和劳动组织；

（5）正确编制施工进度计划；

（6）合理布置施工现场的平面和空间。

5.2.5 工程项目投标报价

投标报价是投标文件编制过程中的核心内容。它是承包商采取投标方式承揽工程项目时，在工程估价的基础上，考虑投标技巧及风险等所确定的承包该项工程的投标总价格。投标报价编制和确定的最基本特征是投标人自主报价，它是市场竞争形成价格的体现。

在满足招标文件要求的前提下，投标报价的高低是承包商能否中标的关键。同时，投标报价又是中标人与招标人进行合同谈判的基础，并且直接关系到中标人的未来经济效益。因此，承包商必须研究投标报价规律，提高投标报价能力，从而提高投标竞争能力与获益能力。

1. 投标报价应遵循的原则

（1）遵守有关规范、标准和建设工程设计文件的要求；

（2）遵守国家或省级、行业建设主管部门及工程造价管理机构制定的有关工程造价的政策要求；

（3）遵守招标文件中有关投标报价的要求；

（4）遵守投标报价不得低于成本的要求。

2. 投标报价的主要依据

（1）设计图纸；

（2）工程量清单；

（3）合同条件，尤其是有关工期、支付条件、外汇比例的规定；

（4）有关法规；

（5）拟采用的施工方案、进度计划；

（6）施工规范和施工说明书；

（7）工程材料、设备的价格及运费；

（8）劳务工资标准；

（9）当地生活物资价格水平。

此外，投标报价还应考虑各种有关的间接费用。

3. 投标报价的范围

工程投标报价的范围主要包括直接费、间接费、利润、不可预见费和其他费用。工程投标报价是工程投标单位在争取包揽工程时，根据工程招标文件中的设计图纸、工程量清单以及投标须知、价格条件等资料作为基础，结合现场勘察，根据有关定额、单价和费用指标来计算的争取中标后承包该工程所需的全部费用。

（1）直接费：直接用于工程施工的费用，如材料费、人工费等；

（2）间接费：与工程施工直接相关的管理费用，如办公费、差旅费等；

（3）利润：预计从工程中获得的经济收益；

（4）不可预见费：用于应对工程施工过程中可能出现的意外费用的预算；

（5）其他费用：包括税费、保险费等其他相关支出。

4. 投标报价的内容

投标报价的确定基于招标文件的要求、投标人的自身能力、成本分析以及市场情况，通常包括以下几个关键部分：

（1）工程量计算：如果工程招标文件中提供了工程量清单，投标人需要对其进行校核。若没有提供，则需根据设计图纸计算全部工程量，这是确定投标报价的基础。

（2）单价确定与合价计算：为每一个分部分项工程确定单价，并计算合价。这包括将构成分部分项工程的所有费用项目归入单价中，如人工、材料、机械费用等，根据相应的市场价格计算得出。

（3）分包工程费用：在编制投标价格时，需要评估分包人的报价和能力，确定分包工程费。

（4）利润确定：考虑预期利润，平衡最大可能利润和保持竞争力的需要，确定合理的利润取值。

（5）风险费用确定：根据工程规模和所在地实际情况，分析可能的风险因素，确定合理的风险费用比率。

（6）最终投标价格确定：在盈亏分析的基础上，通过采取降低成本、增加盈利的措施，最终确定投标报价。

5. 综合单价法投标报价的步骤

综合单价法投标报价的步骤主要包括以下几个环节：

准备资料，熟悉图纸：这是投标报价的第一步，需要详细了解工程的具体要求和细节，包括但不限于工程的设计意图、技术要求、材料规格等。

测定分部分项工程清单项目的综合单价，计算分部分项工程费：根据工程的具体要求，对每个分部分项工程进行成本分析，包括人工费、材料费、施工机具使用费等，从而计算出每个分部分项工程的综合单价。

计算措施项目消耗的费用：除了分部分项工程的费用外，还需要考虑为完成工程所需采取的措施项目的费用，如临时设施费、安全文明施工费等。

计算其他费用消耗的费用：这包括一些不可预见费、风险费用等，用于应对可能出现的不可预见情况或风险。

工程量清单计价格式的填写：最后，根据上述计算结果，填写工程量清单的计价格式，形成最终的投标报价。

这个过程需要综合考虑工程的实际情况、市场价格波动、技术难度等因素，以确保投标报价的合理性和竞争性。同时，投标者还需要根据招标文件的要求，对投标报价进行细致的分析和计算，以确保满足招标方的需求和期望。

5.2.6 投标报价策略

在工程招投标过程中，投标报价策略的选择对于投标成功与否以及最终的利润空间具有决定性的影响。投标报价策略主要包括以下几类：

微课：建设工程投标报价策略

1. 不平衡报价法

不平衡报价法是一种常见的报价方式，通过调整内部各项目的报价，在不提高总价的前提下，使得某些分部分项工程的单价高于或低于正常水平。具体策略包括：

（1）对能早期得到结算付款的项目（如土方工程、基础工程等）的单价定得较高，而对后期的施工分项（如粉刷、油漆、电气设备安装等）单价适当降低。

（2）估计施工中工程量可能会增加的项目，单价提高；工程量可能会减少的项目单价降低。

（3）对于设计图纸不明确或有错误的，估计今后修改后工程量会增加的项目，单价提高；工程内容说明不清的，单价降低。

（4）没有工程量，只填单价的项目（如土方工程中的挖淤泥、岩石等），其单价提高些。

（5）对于暂列数额（或工程），预计会做的可能性较大，价格定高些；估计不一定发生的则单价报低些。

（6）零星用工（计日工）的报价高于一般分部分项工程中的工资单价，因为不属于承包总价的范围，发生时实报实销，价高些会多获利。

2. 多方案报价法

当招标文件中的项目范围、条款或技术规范要求不明确时，投标人可以在充分估计投标风险的基础上采用多方案报价。即按照原招标文件要求报一个价，同时根据某一条款或规范对报价进行修改，报出一个或多个备选方案的价格，以降低总价，增加中标机会。

3. 突然降价法

在整个报价过程中，投标人先按一般态度对待招标工程，但等快到投标截止时，再突然降价，使竞争对手措手不及。

4. 低报价投标法

为了占领某一领域市场或争取未来优势，宁可目前不盈利或少盈利，采用低报价或成本价的投标方法。这种策略的前提是招标项目评标方法采用最低投标价法或综合评估法对投标报价采用低价优先原则。

5. 无利润报价法

在缺乏竞争优势的情况下，不得已时也可以考虑牺牲利润来获得中标机会。这种策略虽然短期内可能利润较低甚至无利润，但有助于企业占领市场份额，积累业绩材料，为长期发展打下基础。

选择合适的投标报价策略需要考虑项目的具体情况、企业的竞争优势以及市场条件。同时，投标人还需注意遵守相关法律法规，确保投标文件的合规性。

6. 增加建议方案法

它允许投标人在不改变总报价的前提下，提出对原设计方案进行改进或优化的新方案。这种策略不仅可以展示投标人的创新能力和专业水平，还能在一定程度上提高中标的机会。

7. 先亏后盈法

它涉及在总报价不变的前提下，将某些分项工程的单价定得高于常规价，而将另一些分项工程的单价定得低于常规价，以保证总报价有竞争力并能获得较好的经济效益。这种策略的根本之处在于：投标书中计算投标总价时没有考虑资金的时间价值，但业主支付给施工企业的工程款却有先有后。通过这种方式，承包商可以在项目初期承受一定的经济损失，但通过后期项目的实施和款项的回收，最终实现盈利。这种策略需要承包商有足够的资本实力和良好的项目管理能力，以确保能够在前期投资后，通过优化项目管理和成本控制，最终实现盈利。

8. 开口升级报价法

开口升级报价法旨在通过降低初始报价来吸引业主的注意，并通过后续的协商和升级来达到最终的盈利目标。这种方法的核心在于将报价视为协商的开始，利用招标文件中不明确或有利条件，通过降低标价至无法与之竞争的数额，以此来吸引业主的注意并获得谈判的机会。在谈判过程中，利用预留的“活口”进行升级加价，最终实现盈利。这种策略通常用于施工企业的投标竞争中，其中各种报价策略与技巧并不是单独使用的，而是相互渗透、相互补充的，随着制约条件的变化而变动。

5.2.7 投标文件相关内容编制技巧

编制建设工程投标文件时，掌握一些关键技巧对于提高中标率至关重要。以下是一些编制投标文件的技巧和建议：

（1）详读招标书并标注重点信息：投标人在编制标书前，必须仔细阅读招标文件，标注重点信息，如投标截止时间、开标地点、标书数量和形式、投标报价、资质要求、技术规范要求等。这些信息对于理解招标人的要求至关重要。

（2）建立规范投标信息管理系统：为了方便、快捷地找到标书内所需的信息，建立规范、科学有效的投标信息库是必要的。这个系统应具备内容的全面性、系统性、及时性和搜索的便捷性，并具有各种证件到期提醒功能等人性化设计。

（3）注意投标文件的细节和排版：文档排版应保持一致性，包括标题和正文字体的一致性、自动生成目录等。这有助于评委和老师快速找到评分点。

（4）准备相关资质文件和证件：确保所有要求的资质文件和证件都在有效期内，如果文件不在有效期内，需要及时提供新的文件。

（5）撰写谈判响应函：谈判响应函一般在招标文件中有固定的格式，需要填写的内容包括采购代理机构名称、项目编号、响应文件的有效期、磋商保证金数额、投标人的联系方式等。这些信息需要按照招标文件的要求准确填写。

（6）准备事务所详细材料：准备事务所相关材料以展示事务所的综合实力，包括事务所介绍、人员名册、荣誉、同类服务经验及业主评价等。这些材料应突出事务所在招标项目中的经验及市场优势，可增加招标人的信任。

5.2.8 建设工程投标文件的审核

建设工程投标文件的审核方法主要包括以下几个方面：

（1）项目编号与名称检查：确保投标文件中的项目编号与名称与招标文件中的信息一致。

（2）投标人名称检查：核对投标人名称是否与营业执照、资质证书等相关证明文件一致。

（3）排版和格式检查：检查文本格式、字体、行数、图片是否符合招标文件的要求。

（4）目录编制检查：确认投标文件是否编制了目录，且目录完整，页码更新正确。

（5）完整性检查：对照投标文件目录，检查是否有缺项或遗漏。

（6）页码、页眉、页脚检查：检查页码、页眉、页脚是否正确，无重页或缺页。

（7）投标内容检查：对照招标文件，检查投标内容是否符合规定。

（8）报价检查：核对报价的货币单位、是否超过最高控制价、报价是否有效，以及纸质版、电子版、上传版本是否一致。

（9）预算书检查：检查预算书的内容是否符合招标文件的要求。

（10）资质文件检查：检查营业执照、资质证书等证明文件的顺序及完整性，是否清晰。

（11）总工期和投标有效期检查：确认总工期和投标有效期是否符合招标文件要求。

（12）项目经理资格检查：核对项目经理的资格是否满足法律法规及招标文件的要求。

（13）类似工程施工业绩检查：提供类似工程施工业绩的相关证明。

任务实战

根据要求完成下列任务实作工单。

任务实作工单

1. 工作任务 （1）分组：每三人为一个小组（一人为编制人，一人为校核人，一人为审核人）。 （2）工作任务：案例分析。 ① 案情介绍 某省计划建设一条全长 100 km 的高速公路，采用 BOT（建设-运营-移交）模式进行招标。某知名建筑企业（简称“B 企业”）决定参与该项目投标。B 企业按照招标文件要求，精心编制了投标文件，包括商务部分、技术部分及报价文件。在商务部分，B 企业详细提交了投标函、法定代表人证明文件、授权委托书、已标价的工程量清单及资信资料等，充分展示了企业的实力和信誉。技术部分则详细阐述了施工规划、施工方法、质量控制、安全管理及环境保护等措施，体现了 B 企业在高速公路建设领域的专业能力和经验。在报价环节，B 企业基于对项目成本、市场行情及竞争态势的深入分析，制定了合理的投标报价策略，既保证了项目的盈利性，又提高了中标竞争力。最终，B 企业的投标文件在评标过程中脱颖而出，成功中标。 ② 思考问题 B 企业在编制投标文件时，如何确保商务部分和技术部分的完整性和准确性？ B 企业如何制定投标报价策略，以提高中标竞争力并保障项目盈利？ 在投标文件的审核过程中，B 企业应重点关注哪些方面以确保投标文件的合规性和竞争力？

续表

<table>
<tr><td colspan="3">2. 任务解答</td></tr>
<tr><td colspan="2">校核人意见：</td><td rowspan="2">编制人意见：</td></tr>
<tr><td colspan="2">审核人意见：</td></tr>
<tr><td>编制人：</td><td>校核人：</td><td>审核人：</td></tr>
</table>

单元 5.3 投标程序与纠纷处理

问题导入

问题：投标程序有哪些？

思维导图

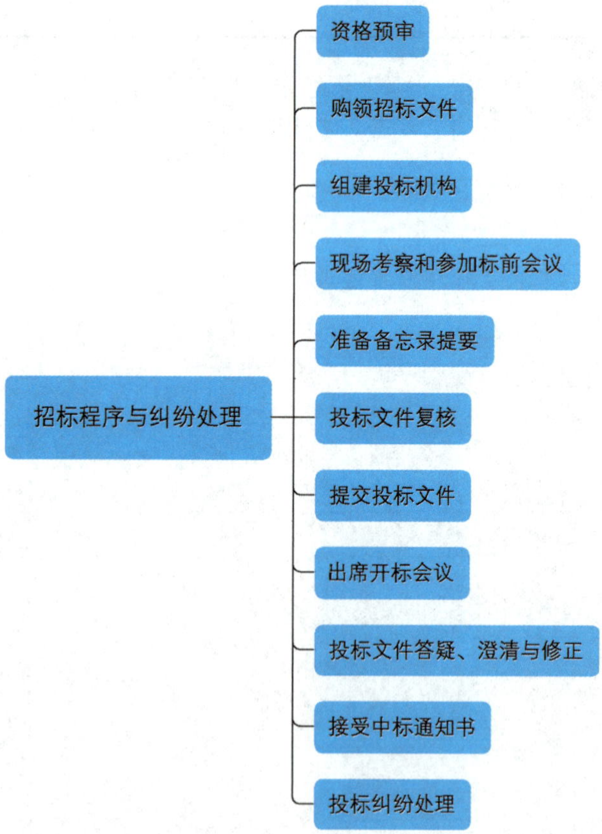

知识学习

5.3.1 投标日常事务与纠纷处理

1. 投标日常事务

投标工作内容主要包括投标决策、投标资料准备与文件编制、投标日常事务与纠纷处理。前两项任务我们已经完成。投标日常事务与纠纷处理具体包括以下工作任务：

（1）根据招标公告或投标邀请书，向招标人提交有关资格预审资料；

（2）接受招标人的资格审查；

（3）购买招标文件及有关技术资料；

（4）参加现场踏勘，并对有关疑问提出书面询问；

（5）参加投标答疑会；

（6）审核与递送投标文件；

（7）参加开标会议，完成投标文件答疑、澄清和修正；

（8）如果中标，接受中标通知书，与招标人签订合同；

（9）处理相关投标纠纷。

2. 投标纠纷处理

在工程投标过程中，常见纠纷主要包括以下几点：

（1）合同与招投标项目文件有矛盾：当施工项目合同与招投标项目文件存在矛盾时，合同约定是甲乙双方真实意图的表达，具有法律效率，在解释顺序上居第一位。如果合同双方约定在有清单漏项或设计变更增加新的项目量清单项目时，可套定额计取，那么在项目结算时，套定额的这部分措施费是应该计取的。

（2）实际施工项目运距与投标时不一致：如果建设单位在招投标项目清单中明确了运距，而实际施工时的运距与投标时不同，可以根据具体情况调整综合单价。如果招投标项目清单未明确，而投标单位自行计算，则不可调整。

（3）结算实际项目量时依据什么：结算时要根据图纸和清单计算规则计算实际发生的项目量。当项目量超出合同规定的允许范围时可以调整，反之则不可调整，最终确定项目结算值。

（4）图纸会审或设计联系单明确的项目量调整：在图纸会审或设计联系单中明确的项目量调整，如果对项目造价的影响超过一定比例，则需要调整。否则，不进行调整。

解决纠纷的方式如下：

（1）协商：合同当事人在友好的基础上，通过相互协商解决纠纷，这是最佳的方式。

（2）调解：如果协商不成，可以要求有关机构或上级机关进行调解。

（3）仲裁：协商和调解都不成功的情况下，可以根据合同中规定的仲裁条款或双方达成的仲裁协议向仲裁机构申请仲裁。

（4）诉讼：如果合同中没有订立仲裁条款，事后也没有达成仲裁协议，可以将合同纠纷起诉到法院，寻求司法解决。

通过上述措施，可以有效处理工程投标过程中常见的纠纷，确保工程的顺利进行和双方的权益得到保护。

5.3.2 投标程序

1. 资格预审

在工程投标过程中，承包人申请资格预审时需要注意以下几点：详细填报并附证明材料：按照资格预审文件的要求，详细填报相关信息，并提供所有必要的证明材料。这些材料应包括但不限于企业资质、财务状况、项目经验等。

（1）重视资料积累：在准备资格预审材料时，应重视资料的积累，确保所有提交的资料都是最新和准确的。

（2）填好重点部位：在填写资格预审申请时，应特别注意重点部位的填写，确保这些关键信息准确无误。

（3）及早动手准备：为了确保有足够的时间准备和审查资料，应及早开始准备资格预审的相关材料。

（4）提交资格预审申请文件的时间：依法必须进行招标的项目提交资格预审申请文件的时间，自资格预审文件停止发售之日起不得少于 5 日。

（5）资格预审的内容：资格预审的内容包括但不限于营业执照、企业资质等级和生产许可、安全生产许可证、质量管理、环境管理和职业健康安全管理体系认证书、财务状况、类似项目业绩、信誉、项目经理和技术负责人的资格等。

（6）资格预审申请书的准备：投标申请人应向招标人提供充分和有效的证明材料，证明其具备规定的资质条件。所有证明材料须如实填写、提供。申请书应由投标申请人的法定代表人或其授权委托代理人签字。没有签字的申请书将可能被拒绝。

（7）使用正确的语言：按资格预审要求所提供的所有资料均应使用中文。

2. 购领招标文件

工程投标中，投标人购领招标文件时需要缴纳的投标保证金要求主要包括金额限制和非现金形式提交。

（1）金额限制：《招标投标法实施条例》规定，招标人在招标文件中要求投标人提交投标保证金的，投标保证金不得超过招标项目估算价的 2%。具体到不同类型的项目，有如下规定：

①《工程建设项目施工招标投标办法》进一步规定，投标保证金不得超过项目估算价的 2%，但最高不得超过 80 万元人民币。

② 勘察设计项目，保证金数额一般不超过勘察设计费投标报价的 2%，最多不超过 10 万元人民币。

③ 政府采购项目，投标保证金数额不得超过采购项目概算的 1%。

（2）非现金形式提交：投标保证金除现金外，可以是银行出具的银行保函、保兑支票、银行汇票或现金支票等形式。此外，根据《中华人民共和国政府采购法实施条例》，投标保证金应以支票、汇票、本票或者金融机构、担保机构出具的保函等非现金形式提交，不支持其他非现金方式。这些规定旨在确保投标过程的公平性和诚信，同时也为投标人提供了多种支付方式的选择，以便更加便捷地参与投标活动。

3. 组建投标机构

在建设工程投标中，投标人需要建立一个精干高效的投标工作机构，这个机构通常由以下几类人才组成：

（1）经营管理类人才：这类人才负责项目的整体策划、组织协调和管理监督，确保项目按照预定计划顺利进行。他们具有丰富的项目管理经验和良好的组织协调能力，能够确保投标过程的顺利进行和项目目标的实现。

（2）技术类人才：这类人才在投标过程中扮演着至关重要的角色，他们负责技术方案的制定、技术难题的解决以及技术标准的把握。这类人才通常具有深厚的技术背景和专业知识，能够为投标项目提供强有力的技术支持。

（3）商务金融类人才：这类人才主要负责投标文件的编制、预算编制、成本控制以及与招标方的沟通和协商。他们需要具备良好的商务谈判技巧和财务分析能力，以确保投标报价的合理性和竞争力。

此外，根据具体项目的需求，投标机构还可能需要包括其他专业人才，如施工类人才、财务类人才等，以确保投标团队能够全面覆盖项目的各个方面，提高中标的机会。在组建投标机构时，投标人还应考虑团队成员的专业搭配和经验积累，以确保团队成员能够协同工作，共同应对投标过程中的各种挑战。同时，团队成员的实名制和稳定性也是非常重要的，以确保项目执行过程中的连续性和效率。

4. 现场考察和参加标前会议

在工程投标过程中，投标人进行现场考察是非常重要的一环，它直接关系到投标报价的准确性和工程的可行性。投标人现场考察的主要内容包括：

（1）自然地理情况：了解工程地点的地理位置、气候条件、地形地貌等自然特征，这些信息对于确定施工方案、材料选择、工期安排等至关重要。

（2）市场情况：考察当地的市场供应情况，包括建筑材料、设备、劳动力等资源的获取难易程度和价格水平，这对于成本控制和资源调配有直接影响。

（3）施工条件：评估施工现场的交通状况、水电供应、通信设施等基础设施是否完备，以及是否需要额外的临时设施搭建。

（4）其他相关条件：包括当地政府对工程项目的政策支持、税收优惠等，这些因素可能影响工程的盈利能力和实施难度过这些考察，投标人可以更准确地评估工程实施的难度和成本，从而制定出更为合理的投标报价。此外，投标人还应积极参加标前会议，利用这一机会获取必要的信息，解答招标文件中可能存在的疑问，以确保投标报价的准确性和竞争力。

5. 准备备忘录提要

招标文件一般都明确规定，不允许投标人对招标文件的各项要求进行随意取舍、修改或提出保留。但是在投标过程中，投标人对招标文件进行反复深入地研究后，往往会发现有很多问题需要处理。

（1）对投标人有利的，可以在投标时加以利用或在以后提出索赔要求的，这类问题投标人一般在投标时是不提的。

（2）发现的错误明显对投标人不利的，如总价包干合同工程项目漏项或是工程量偏少，这类问题投标人应及时向招标人质疑，要求招标人更正。

（3）投标人企图通过修改某些招标文件的条款或是希望补充某些规定，使自己在合同实施时能处于主动地位的问题。

上述问题在准备投标文件时，应单独写成一份备忘录提要。第3类问题留待合同谈判时，根据当时情况再逐一谈判，并将谈判结果写入合同协议书的备忘录中。

6. 投标文件复核

在工程投标过程中，投标人在投标前应确保投标文件的完整性和符合性，主要应符合以下几个方面：

（1）认真阅读招标文件：仔细阅读招标文件，理解其中的所有条款和要求，特别是关于投标人的资格要求、投标文件的构成、投标报价的币种和要求、废标处理条款以及合同条款等。每个招标文件都有其特殊性要求，必须认真阅读并准备相应的材料。

（2）检查投标文件的完整性：确保投标文件包含了所有必要的部分，如投标函、投标报价、施工组织设计、商务和技术偏差表等。这些部分共同构成了投标文件的主体，缺一不可。

（3）遵循招标文件的格式和要求：投标文件的编排顺序和格式必须符合招标文件的要求，不能随意排列或更改顺序，以确保评标专家能够方便地审阅文件。

（4）注意投标文件的逻辑和语言：投标文件的撰写应逻辑清晰，语言规范，避免使用模糊不清的表述，以确保评审专家能够快速理解投标人的意图和优势。

（5）检查投标文件的真实性：所有提供的信息和材料必须真实有效，不得有虚假信息。对于需要盖章、签字的部分，必须确保相关人员的签字和公章的真实性。

（6）遵守法律法规：确保投标文件的内容符合国家相关法律法规的规定，特别是关于工程质量和安全的标准。

通过上述方面的检查和准备，投标人可以大大提高投标文件的质量和符合性，从而提高中标的机会。

7. 提交投标文件

投标文件应按规定密封，编制人员应仔细阅读并正确理解招标文件中的相关章节，严格按照“投标文件的编制”和“投标文件的提交”中的要求分别包装，确保章印齐全，密封完好。投标文件应在规定时间内送达，负责送达的人员应及早做好准备，提前到场。

8. 出席开标会议

投标人出席开标会议不仅是一种权利和义务，也是维护自身权益、监督开标过程、及时提出异议或申诉的重要途径。因此，投标人应积极参加开标会议，以确保自己的权益得到保护。

9. 投标文件答疑、澄清与修正

在工程投标过程中，投标人对投标文件的答疑、澄清与修正遵循一定的规定和程序，以确保投标的公平、公正和透明。以下是对投标文件答疑、澄清与修正的要求：

（1）投标文件的澄清与修改：投标人可以对投标文件中含义不明确、对同类问题表述不一致或者有明显文字和计算错误的内容作必要的澄清、说明或补正。这包括对招标文件中任何不明确或含糊的地方进行解释或更正，以确保投标文件的内容准确无误。

（2）澄清与修改的时限：招标人对已发出的招标文件进行必要的澄清或者修改的，应当在招标文件要求提交投标文件截止时间至少十五日前将澄清和修改内容通知招标文件收受人。这是为了确保投标人有足够的时间来理解和响应这些变更。

（3）澄清与修改的内容效力：招标人对已发出的招标文件所进行的澄清或者修改的内容视为招标文件的组成部分，与已发出的招标文件具有同等的效力。这意味着，任何对招标文件的澄清或修改都会成为评标的重要依据。

（4）评标过程中的澄清：评标委员会可以书面方式要求投标人对投标文件中含义不明确的内容作必要的澄清或者说明。但这些澄清或说明不得超出投标文件的范围或者改变投标文件的实质性内容。

（5）主动与被动澄清：招标文件的澄清可以分为“主动型”澄清和“被动型”澄清。主动型澄清是招标人通过自查等方式，发现文件中存在瑕疵或者表述不明确的主动发起澄清。被动型澄清则是针对潜在投标人提出的异议进行的回应。

（6）修正的原则：在评标过程中，如果投标文件不响应招标文件的实质性要求和条件，招标人应当拒绝，并不允许投标人通过修正或撤销其不符合要求的差异或保留，使之成为具有响应性的投标。评标委员会在对实质上响应招标文件要求的投标进行报价评估时，应遵循一定的修正原则。

10. 接受中标通知书

经评标，投标人被确定为中标人后，应接受招标人发出的中标通知书。未中标的投标人有权要求招标人退还其投标保证金。

中标人收到中标通知书后，应在规定的时间和地点与招标人签订合同，同时按照招标文件的要求，提交履约保证金或履约保函，招标人同时退还中标人的投标保证金。中标人如拒绝在规定的时间内提交履约担保和签订合同，招标人报请招标投标管理机构批准同意后取消其中标资格，并按规定不退还其投标保证金，并考虑在其余投标人中重新确定中标人，与之签订合同，或重新招标。

任务实战

根据要求完成下列任务实作工单。

任务实作工单

<table>
<tr><td colspan="3">1. 工作任务
（1）分组：每三人为一个小组（一人为编制人，一人为校核人，一人为审核人）。
（2）工作任务：案例分析。
① 案情介绍
某市计划建设一条城市主干道，通过公开招标方式选择施工单位。A 公司作为一家有丰富道路施工经验的企业，参与了该项目的投标。在投标过程中，A 公司严格按照招标文件要求提交了投标文件，并成功中标。然而，在合同签订后，A 公司发现招标文件中的工程量清单中某一项材料的运距与实际施工情况存在显著差异，导致施工成本大幅增加。A 公司随即与招标人（即建设单位）沟通，但双方未能就此达成一致意见，产生了纠纷。
② 思考问题
在本案例中，A 公司应如何依据招标文件和相关法律法规来维护自身权益？
招标人是否应对工程量清单中的错误负责？
A 公司是否有权要求调整综合单价？
如果双方无法协商解决纠纷，还有哪些途径可以解决这一问题？</td></tr>
<tr><td colspan="3">2. 任务解答</td></tr>
<tr><td colspan="2">校核人意见：</td><td rowspan="2">编制人意见：</td></tr>
<tr><td colspan="2">审核人意见：</td></tr>
<tr><td>编制人：</td><td>校核人：</td><td>审核人：</td></tr>
</table>

学习评价

本模块各单元的学习情况可按下表进行评价。

学习评价表

<table>
<tr><td colspan="2">姓名：</td><td colspan="2">组别：</td><td>任务：</td></tr>
<tr><td>评价内容</td><td>评价标准</td><td>自评</td><td>组员互评</td><td>老师评价</td></tr>
<tr><td>职业素养
（20分）</td><td>（1）学习态度积极，能主动思考，能有计划地组织小组成员完成工作任务，有良好的团队合作意识，遵章守纪：计20分；
（2）学习态度较积极，能主动思考，能配合小组成员完成工作任务，遵章守纪：计15分；
（3）学习态度端正，主动思考能力欠缺，能配合小组成员完成工作任务，遵章守纪：计10分；
（4）学习态度不端正，不参与团队任务：计0分。</td><td></td><td></td><td></td></tr>
<tr><td>职业技能
（80分）</td><td>问题回答正确，字迹工整：计80分，如有错误按以下标准扣分，扣完为止：
（1）回答（校核、审核）有错误，每返工一次扣20分；
（2）举例不规范，每处扣5分；
（3）字迹不工整、酌情扣分，最多扣10分。</td><td></td><td></td><td></td></tr>
<tr><td colspan="5">综合得分：</td></tr>
<tr><td colspan="5">备注：综合得分＝自评分×30%+小组互评分×30%+老师评价分×40%</td></tr>
</table>

下篇

合同管理实务

模块 6
合同基础知识

情境描述

本模块以法学基础知识认知规律为主线，由浅入深介绍关于合同的相关法律法规基础知识。主要内容为：《中华人民共和国民法典》中关于合同的相关要点。学生根据要求完成“任务实作工单”的工作任务。

1. 知识目标

（1）熟悉《中华人民共和国民法典》第三编关于合同的具体内容；
（2）了解合同的概念，合同的一般条款以及合同的作用。

2. 能力目标

（1）能够正确认识合同概念；
（2）能够辨识合同完整度。

3. 素质目标

（1）引导学生树立正确的世界观、人生观、价值观及团队合作意识；
（2）利用工具查阅学习资料的自主学习能力；
（3）培养学生吃苦耐劳、勇于开拓、积极进取的精神；
（4）通过学习建设领域合同法律法规的基础知识，紧密结合实际，增强学生对合同法律法规重要性的认知，做到知法守法，提升社会责任感。

单元 6.1 《民法典》第三编合同概述

文本：《中华人民共和国民法典》合同编

问题导入

问题 1：《中华人民共和国民法典》主要由哪些部分构成？

____

____

____

问题 2：试阐述《中华人民共和国民法典》第三编关于合同的主要内容构成。

____

____

____

思维导图

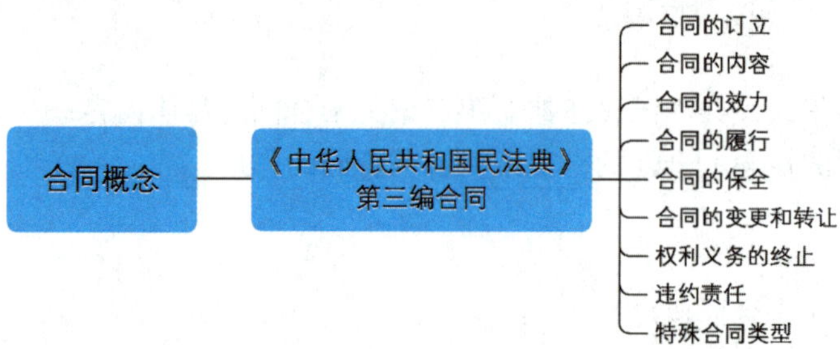

知识学习

6.1 《中华人民共和国民法典》

《中华人民共和国民法典》是中华人民共和国的一部基础性法律，它系统地规定了民事活动中的基本规则，包括物权、合同、人格权、婚姻家庭、继承以及侵权责任等方面的内容。《中华人民共和国民法典》典的制定是中国法治建设的重要里程碑，它整合了以往分散在各个单行法律中的民事法律规定，形成了一部统一的法典。

《中华人民共和国民法典》自 2021 年 1 月 1 日起施行，它取代了之前的婚姻法、继承法、民法通则、收养法、担保法、合同法、物权法、侵权责任法等单行法律，成为中国民法领域的基本法律。

6.2 《中华人民共和国民法典》第三编合同

《中华人民共和国民法典》第三编合同，详细规定了合同的各个方面，包括合同的订立、效力、履行、保全、变更和转让、权利义务的终止、违约责任等。

（1）合同的订立：合同是民事主体之间设立、变更、终止民事法律关系的协议。合同的订立可以采用书面形式、口头形式或者其他形式。

（2）合同的内容：合同的内容由当事人约定，一般包括当事人的姓名或名称、住所、合同标的、数量、质量、价款或报酬、履行期限、地点和方式、违约责任以及解决争议的方法等。

（3）合同的效力：依法成立的合同，自成立时生效。合同中的免责条款，如果造成对方人身损害或因故意或重大过失造成对方财产损失的，是无效的。

（4）合同的履行：当事人应当按照约定全面履行自己的义务，并遵循诚信原则。如果合同生效后，当事人就质量、价款或者报酬、履行地点等内容没有约定或约定不明确，可以协议补充；不能达成补充协议的，按照合同相关条款或者交易习惯确定。

（5）合同的保全：合同的保全包括债权人的代位权和撤销权，用以保护债权人的合法权益。

（6）合同的变更和转让：合同的变更和转让需要符合法律规定，且不得损害国家利益、社会公共利益。

（7）权利义务的终止：合同的权利义务终止，不影响合同中结算和清理条款的效力。

（8）违约责任：当事人违反合同约定的，应当依法承担违约责任，包括继续履行、采取补救措施或者赔偿损失等。

（9）特殊合同类型：如买卖合同、租赁合同、承揽合同、技术合同等，《中华人民共和国民法典》中对这些特殊类型的合同也有具体的规定。

案例呈现

1. 案情介绍

某研究所委托招标公司就案涉宿舍项目公开发出投标邀请，某物业管理有限公司中标。招标公司向物业管理公司送达中标通知书后，研究所要求解除与物业管理公司之间的中标关系，后续合同不再签订。

2. 思考问题

物业管理公司主张中标通知书送达后双方租赁合同法律关系成立，研究所应承担因违约给其造成的损失。研究所辩称双方并未签订正式书面租赁合同，仅成立预约合同关系。

3. 案情解析

招投标程序中的招标行为为要约邀请，投标行为为要约，中标通知书为承诺。中标通知书送达投标人后承诺生效，合同成立。研究所不履行合同义务，应承担违约责任。根据《最高人民法院关于适用〈中华人民共和国民法典〉合同编通则若干问题的解释》第四条规定，采取招标方式订立合同，当事人请求确认合同自中标通知书到达中标人时成立的，人民法院应予支持。

任务实战

根据要求完成下列任务实作工单。

任务实作工单

<table>
<tr><td colspan="3">1. 工作任务
（1）分组：每三人为一个小组（一人为编制人，一人为校核人，一人为审核人）。
（2）工作任务：资料收集整理。
结合本单元内容，完成对《中华人民共和国民法典》第三编合同完整材料的收集。
（3）要求：小组讨论后通过网络查找资料的方式整理资料，并在汇总后分发给组员学习。</td></tr>
<tr><td colspan="3">2. 任务解答</td></tr>
<tr><td colspan="2">校核人意见：</td><td rowspan="2">编制人意见：</td></tr>
<tr><td colspan="2">审核人意见：</td></tr>
<tr><td>编制人：</td><td>校核人：</td><td>审核人：</td></tr>
</table>

单元 6.2 合同及其作用

问题导入

问题：生活中，您所接触到的合同有哪些？

____

____

____

____

____

思维导图

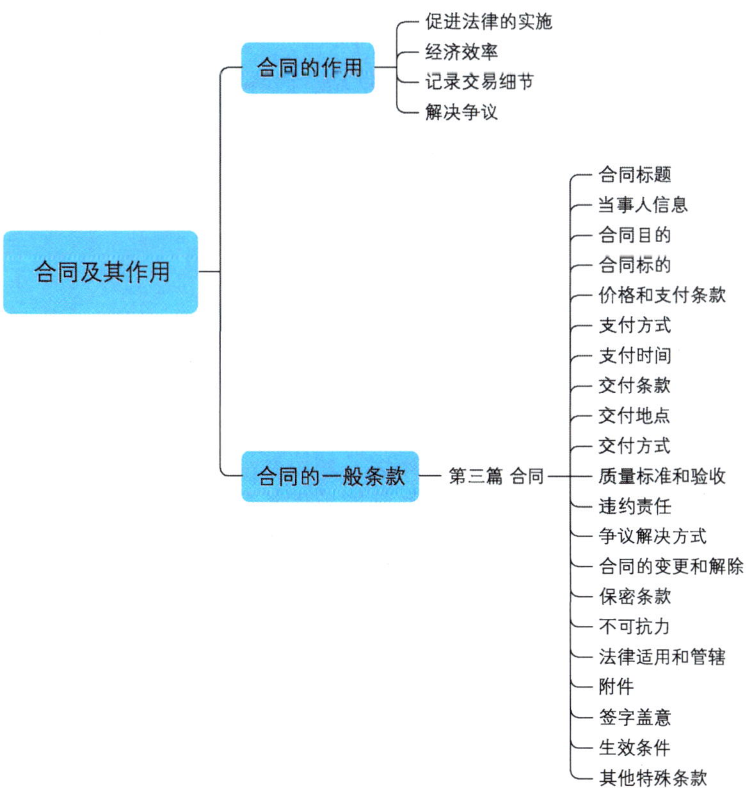

知识学习

6.1.1　合同的概念

合同，又称契约，指的是两个或两个以上的当事人（自然人、法人或非法人组织）之间为了实现一定的目的，基于自愿、平等、互利的原则，协商一致，依法达成的协议。根据《中华人民共和国民法典》第三编合同中第一分编通则第一章一般规定的，合同是民事主体之间设立、变更、终止民事法律关系的协议。

合同通常涉及权利和义务的约定，可以是书面形式，也可以是口头形式，但某些类型的合同可能需要特定的形式才能生效。

6.1.2　合同的一般条款

合同的内容和条款会根据合同的性质和目的而有所不同。《中华人民共和国民法典》第四百七十条中提到，合同的内容一般包括当事人的姓名或名称和住所、标的、数量、质量、价款或者报酬、履行期限、地点和方式、违约责任、解决争议的方法等。

（1）合同标题：明确合同的名称，如“销售合同”“租赁合同”等。

（2）当事人信息：包括合同各方的全称、地址、联系方式等。

（3）合同目的：简要说明合同的目的或意图。

（4）合同标的：详细描述合同涉及的具体物品、服务或权利。

（5）价格和支付条款：价格：合同标的的价格或计价方式。

（6）支付方式：现金、转账、支票、信用证等。

（7）支付时间：付款的具体时间点或条件。

（8）交付条款：交付时间：标的物交付的具体时间。

（9）交付地点：标的物交付的具体地点。

（10）交付方式：自提、送货上门、邮寄等。

（11）质量标准和验收：标的物应达到的质量标准以及验收程序。

（12）违约责任：如果一方未能履行合同义务，应承担的责任。

（13）争议解决方式：合同争议的解决途径，如协商、调解、仲裁或诉讼。

（14）合同的变更和解除：合同变更和解除的条件和程序。

（15）保密条款：涉及商业秘密或敏感信息的保密义务。

（16）不可抗力：不可抗力事件的定义及其对合同履行的影响。

（17）法律适用和管辖：合同适用的法律以及争议解决的管辖法院或仲裁机构。

（18）附件：合同的附件，如技术规格、图纸、报价单等。

（19）签字盖章：合同各方的签字或盖章，以证明合同的成立。

（20）生效条件：合同生效的条件，如签字盖章、预付款等。

（21）其他特殊条款：根据合同具体情况可能需要的其他条款。

6.1.3 合同的作用

（1）记录交易细节：合同记录了交易的所有重要细节，如价格、数量、交付时间等，为未来的参考和审计提供了依据。

（2）解决争议：合同中通常包含争议解决条款，如仲裁或调解，这些条款为解决合同执行过程中可能出现的争议提供了途径。

（3）促进法律的实施：合同的执行有助于法律的实施，因为它确保了法律规则在实际交易中的应用。

（4）经济效率：通过明确各方的权利和义务，合同有助于提高经济活动的效率，减少不必要的法律纠纷和成本。

合同是确保交易安全、有序和高效的重要工具。

任务实战

根据要求完成下列任务实作工单。

任务实作工单

<table>
<tr><td colspan="3">1. 工作任务
（1）分组：每三人为一个小组（一人为编制人，一人为校核人，一人为审核人）。
（2）工作任务：案例分析。
① 案情介绍
在商业活动中，合同是保障交易双方权益的重要法律文件。然而，由于合同条款的不明确或缺失，引发合同纠纷，甚至影响合同的有效性。例如，合同中可能未明确规定交付时间、质量标准、违约责任等关键条款，这些都可能成为合同执行过程中的隐患。
甲公司与丙公司签订了《混凝土搅拌站购销合同》，合同总金额为390万元。合同中存在条款冲突，第二条第一点指出总金额不含运费，而第三条第二点则说明运费包含在总价款中。这导致了双方对合同总价款是否包含运费的理解产生分歧，进而引发了高额运费争议纠纷。
② 思考问题
结合《中华人民共和国民法典》相关规定，找到甲公司与丙公司产生分歧的依据？
（3）要求：认真阅读任务内容，并进行小组讨论，解答问题。</td></tr>
<tr><td colspan="3">2. 任务解答</td></tr>
<tr><td colspan="2">校核人意见：</td><td rowspan="2">编制人意见：</td></tr>
<tr><td colspan="2">审核人意见：</td></tr>
<tr><td>编制人：</td><td>校核人：</td><td>审核人：</td></tr>
</table>

学习评价

本模块各单元的学习情况可按下表进行评价。

学习评价表

<table>
<tr><td colspan="2">姓名：</td><td colspan="2">组别：</td><td colspan="2">任务：</td></tr>
<tr><td>评价内容</td><td>评价标准</td><td>自评</td><td>组员互评</td><td>老师评价</td></tr>
<tr><td>职业素养
（20 分）</td><td>（1）学习态度积极，能主动思考，能有计划地组织小组成员完成工作任务，有良好的团队合作意识，遵章守纪：计 20 分；
（2）学习态度较积极，能主动思考，能配合小组成员完成工作任务，遵章守纪：计 15 分；
（3）学习态度端正，主动思考能力欠缺，能配合小组成员完成工作任务，遵章守纪：计 10 分；
（4）学习态度不端正，不参与团队任务：计 0 分。</td><td></td><td></td><td></td></tr>
<tr><td>职业技能
（80 分）</td><td>问题回答正确，字迹工整：计 80 分，如有错误按以下标准扣分，扣完为止：
（1）回答（校核、审核）有错误，每返工一次扣 20 分；
（2）举例不规范，每处扣 5 分；
（3）字迹不工整、酌情扣分，最多扣 10 分。</td><td></td><td></td><td></td></tr>
<tr><td colspan="5">综合得分：</td></tr>
<tr><td colspan="5">备注：综合得分＝自评分×30%+小组互评分×30%+老师评价分×40%</td></tr>
</table>

模块 7
合同的订立与履行

情境描述

本模块以法学基础知识认知规律为主线，由浅入深介绍合同法律法规的基础知识。其主要内容为：合同的订立、合同的效力、合同的变更与转让和违约责任。学生根据要求完成“任务实作工单”的工作任务。

学习目标

1. 知识目标

（1）熟悉合同订立程序；

（2）了解合同效力；

（3）熟悉违约责任制度；

（4）正确把握合同的变更与转让的相关要件。

2. 能力目标

（1）能够起草简单合同；

（2）能够初步判断合同效力；

（3）能够正确进行合同解除；

（4）能够大致判断违约责任；

（5）能够运用合同法律知识正确订立合同；

（6）能够正确履行合同变更和转让的程序。

3. 素质目标

（1）引导学生树立正确的世界观、人生观、价值观及团队合作意识；

（2）引导学生养成乐学、善思的良好习惯，具备勤奋好学、学以致用的能力；

（3）培养学生吃苦耐劳、勇于开拓、积极进取的精神；

（4）通过学习建设领域合同法律法规的基础知识，紧密结合实际，增强学生对合同法律法规重要性的认知，做到知法守法，提升社会责任感。

单元 7.1 合同的订立

微课：合同的订立与效力

问题导入

问题 1：合同订立之前会经历什么样的过程？谈一谈您的认识。

____

____

____

____

问题 2：一般的合同包括哪些方面的内容？试按照您的理解描述一下。

____

____

____

____

思维导图

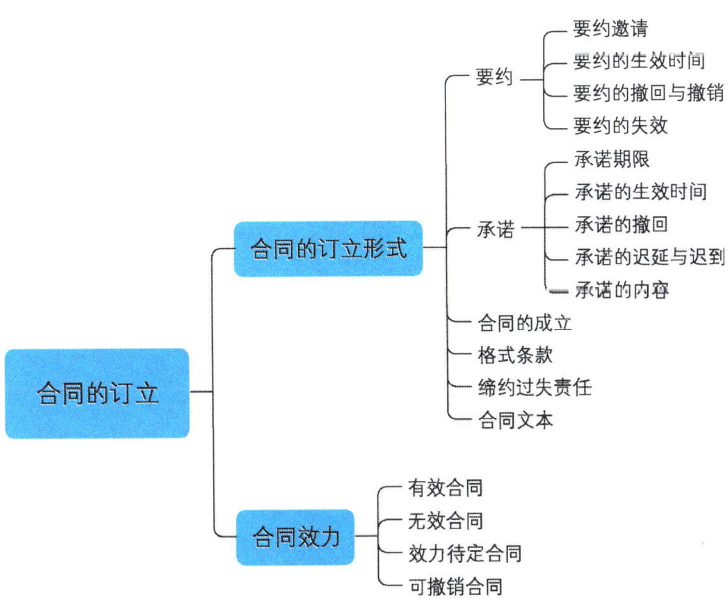

知识学习

7.1.1 合同订立程序

当事人订立合同应当具备相应的资格，即应具有相应的民事权利能力和民事行为能力。除依据合同性质不能代理的以外，当事人可以委托代理人订立合同。订立合同可以采取书面形式、口头形式和其他形式，采用书面形式对于固定证据有重要意义，采用口头形式的合同方便易行，但发生争议时难以举证明确责任，安全系数不高。当事人未以书面形式或者口头形式订立合同，但从双方从事的民事行为能够推定双方有订立合同意愿的，除法律另有规定外，人民法院可以认定是以"其他形式"订立的合同，譬如在网上打款下单的行为。订立合同的一般程序包括要约、承诺两个阶段。

1. 要　约

要约是指希望和他人订立合同的意思表示。要约可以向特定人发出，也可以向非特定人发出。根据《中华人民共和国民法典》的规定，该意思表示应当符合下列规定：① 内容具体确定。也即是该意思表示已经具备了未来合同的必要内容。但"内容具体确定"并非要求要约已经具备了《中华人民共和国民法典》第四百七十条第一款规定的所有条款。当事人对合同是否成立存在争议，依据《最高人民法院关于适用〈中华人民共和国民法典〉合同编通则若干问题的解释》第二条，人民法院能够确定当事人名称或者姓名、标的和数量的，一般应当认定合同成立，但法律另有规定或者当事人另有约定的除外。② 表明经受要约人承诺要约人即受该意思表示的约束。

（1）要约邀请

实践中要注意区分要约和要约邀请。要约邀请是希望他人向自己发出要约的表示。拍卖公告、招标公告、招股说明书、债券募集办法、基金招募说明书、商业广告和宣传、寄送的价目表等为要约邀请。商业广告和宣传的内容符合要约条件的，如悬赏广告，构成要约。

案例呈现

1. 案情介绍

A 公司想要采购一批智能手机，于是在其官方网站上发布了一则公告，公告内容为："本公司拟采购一批智能手机，欢迎各大手机供应商提供产品资料及报价，具体合作事宜将进一步洽谈。"公告发布后，多家手机供应商向 A 公司提交了产品资料和报价。

2. 思考问题

在此案例中，A 公司发布的公告是要约还是要约邀请？为什么？

3. 案情解析

A 公司发布的公告中，仅表示了采购智能手机的意向，并未包含合同成立所必需的具体条款，如手机型号、数量、价格、交付时间等。公告的目的是吸引供应商向 A 公司提供产品资料和报价，即希望供应商向其发出要约，因此，A 公司发布的公告属于要约邀请，而非要约。

（2）要约的生效时间

以对话方式作出的要约，相对人知道其内容时生效。以非对话方式作出的要约，到达相对人时生效。以非对话方式作出的采用数据电文形式的要约，相对人指定特定系统接收数据电文的，该数据电文进入该特定系统时生效；未指定特定系统的，相对人知道或者应当知道该数据电文进入其系统时生效。当事人对采用数据电文形式的意思表示的生效时间另有约定的，按照其约定。

（3）要约的撤回与撤销

要约可以撤回。撤回要约的通知应当在要约到达受要约人之前或者与要约同时到达受要约人。撤回要约是在要约尚未生效的情形下发生的。

如果要约已经生效，则非要约的撤回，而是要约的撤销。要约也可以撤销。撤销要约的意思表示以对话方式作出的，该意思表示的内容应当在受要约人作出承诺之前为受要约人所知道；撤销要约的意思表示以非对话方式作出的，应当在受要约人作出承诺之前到达受要约人。但是，下列情形下的要约不得撤销：① 要约人以确定承诺期限或者以其他形式明示要约不可撤销；② 受要约人有理由认为要约是不可撤销的，并已经为履行合同作了合理准备工作。

（4）要约的失效

有下列情形之一的，要约失效：① 要约被拒绝；② 要约被依法撤销；③ 承诺期限届满，受要约人未作出承诺；④ 受要约人对要约的内容作出实质性变更。

案例呈现

1. 案情介绍

某知名科技公司为了扩大市场份额，在其官方网站上发布了一款新型智能手环的预售信息，公告中明确写道："前 500 名预订用户将享受专属定制礼盒及额外一年延保服务，预订截止日期为本月 30 日，逾期不候。"李女士作为该品牌的忠实粉丝，在公告发布后的第二大便通过公司的官方网站完成了预订流程，并收到了预订成功的确认邮件。

2. 思考问题

在预订截止日期前的最后一天，科技公司突然在其官方网站上发布了一条消息，称由于供应链问题，之前公告称前 500 名预订用户将享受的专属定制礼盒将无法提供，同时一年延保服务也将调整为半年。这一变动引起了包括李女士在内的众多预订用户的不满。请问，科技公司的要约是否可以撤销？

3. 案情解析

科技公司通过公告设定了预截止日期，这实际上是以确定承诺期限的方式，向公众表明了其要约的不可撤销性。根据《中华人民共和国民法典》的规定，这样的要约一旦作出，便不得随意撤销。

2. 承　诺

承诺是受要约人同意要约的意思表示。承诺应当由受要约人向要约人作出，并在要约确定的期限内到达要约人。

（1）承诺期限

要约确定的期限称为承诺期限。要约以信件或者电报作出的，承诺期限自信件载明的日期或者电报交发之日开始计算。信件未载明日期的，自投寄该信件的邮戳日期开始计算。要约以电话、传真、电子邮件等快速通信方式作出的，承诺期限自要约到达受要约人时开始计算。

要约没有确定承诺期限的，承诺应当依照下列规定到达：① 要约以对话方式作出的，应当即时作出承诺；② 要约以非对话方式作出的，承诺应当在合理期限内到达。

（2）承诺的生效时间

承诺自通知到达要约人时生效。承诺不需要通知的，自根据交易习惯或者要约的要求作出承诺的行为时生效。采用数据电文形式订立合同，如同要约，承诺的生效时间亦适用《中华人民共和国民法典》第一百三十七条第二款的规则。

承诺生效时合同成立。

（3）承诺的撤回

承诺人发出承诺后反悔的，可以撤回承诺，其条件是撤回承诺的通知应当在承诺通知到达要约人之前或者与承诺通知同时到达要约人，即在承诺生效前到达要约人。

承诺生效，合同成立，因此承诺不存在撤销的问题。

（4）承诺的迟延与迟到

受要约人超过承诺期限发出承诺，或者在承诺期限内发出承诺，按照通常情形不能及时到达要约人的，为迟延承诺，除要约人及时通知受要约人该承诺有效的以外，迟到的承诺为新要约。受要约人在承诺期限内发出承诺，按照通常情形能够及时到达要约人但因其他原因使承诺到达要约人时超过承诺期限的，为迟到承诺，除要约人及时通知受要约人因承诺超过期限不接受该承诺的以外，迟到的承诺为有效承诺。

案例呈现

1. 案情介绍

一家纺织公司 A 向布料供应商 B 发出了一份购买布料的要约，明确规定了布料的规格、数量、价格及交货日期为次月 10 日。然而，由于内部审批流程复杂，布料供应商 B 在次月 15 日才向纺织公司 A 发出承诺函，表示同意按照要约中的条件供应布料。

2. 思考问题

布料供应商 B 的迟延承诺是否仍然有效，还是构成了一个新的要约？

3. 案情解析

承诺应当在要约确定的期限内到达要约人，布料供应商 B 的迟延承诺构成了一个新的要约，纺织公司 A 有权根据情况决定是否接受这一新要约。

（5）承诺的内容

承诺的内容应当与要约的内容一致，这就是所谓的镜像规则。受要约人如果对要约的内容作出了修改，此时承诺是否具有法律效力需根据具体情况予以确认。《中华人民共和国民法典》

规定，受要约人对要约的内容作出实质性变更的，为新要约。有关合同标的、数量、质量价款或者报酬、履行期限、履行地点和方式、违约责任和解决争议方法等内容的变更是对要约内容的实质性变更。承诺对要约的内容作出非实质性变更的，除要约人及时表示反对或者要约表明承诺不得对要约的内容作出任何变更的以外，该承诺有效，合同的内容以承诺的内容为准。

3. 合同的成立

（1）成立时间

承诺生效时合同成立，但是法律另有规定或者当事人另有约定的除外。当事人采用合同书形式订立合同的，自当事人均签名、盖章或者按指印时合同成立。在签名、盖章或者按指印之前，当事人一方已经履行主要义务，对方接受时该合同成立。

值得注意的是，法律、行政法规规定或者当事人约定合同应当采用书面形式订立，当事人未采用书面形式但是一方已经履行主要义务，对方接受时，该合同成立。

（2）成立地点

一般来说，承诺生效的地点为合同成立的地点。

采用数据电文形式订立合同的，收件人的主营业地为合同成立的地点；没有主营业地的，其住所地为合同成立的地点。当事人另有约定的，按照其约定。

当事人采用合同书形式订立合同的，最后签名、盖章或者按指印的地点为合同成立的地点，但是当事人另有约定的除外。

4. 格式条款

格式条款是指一方当事人为了订立合同重复使用而单方预先拟定，并在订立合同时不允许对方协商变更的条款。由于格式条款是由一方当事人事先拟定，且在合同谈判中不容对方协商修改，故《中华人民共和国民法典》对格式条款的效力及解释有特别规定，以保证合同相对人的合法权益。

（1）采用格式条款订立合同的，提供格式条款的一方应当遵循公平原则确定当事人之间的权利和义务，并采取合理的方式提示对方注意免除或者减轻其责任等与对方有重大利害关系的条款，通常可采用足以引起对方注意的文字、符号、字体等明显标识进行提示。并按照对方的要求，对该条款予以说明。提供格式条款的一方未履行提示或者说明义务，致使对方没有注意或者理解与其有重大利害关系的条款的，对方可以主张该条款不成为合同的内容。

（2）格式条款具有《中华人民共和国民法典》规定的合同无效和免责条款无效的情形，或者提供格式条款一方不合理地免除或者减轻其责任、加重对方责任限制对方主要权利，或者提供格式条款一方排除对方主要权利的，该条款无效。

（3）对格式条款的理解发生争议的，应当按照字面含义及通常理解予以解释。对格式条款有两种以上解释的，应当作出不利于提供格式条款一方的解释。格式条款和非格式条款不一致的，应当采用非格式条款。

认定格式条款的核心标准是不允许对方磋商修改条款内容，有的合同中载明“本合同不属于格式条款”，该约定是无效的。从事经营活动的当事人一方仅以未实际重复使用为由主张其预先拟定且未与对方协商的合同条款不是格式条款的，也不应予以支持。

案例呈现

1. 案情介绍

李女士购买了一份汽车保险，但由于保险公司工作人员的疏忽，在签订合同时未明确对该保险的生效起始时点条款对李女士进行提示和说明，而李女士也误以为保险购买后立即生效。实际上，保险合同上明确标注了生效日期为合同签订后的第二天 0 时（当晚 24 时），但是这一条款在大段文字中很难被发现。

2. 思考问题

在合同签订后的当日下午 16:00，李女士的车辆发生了交通事故，导致车辆严重受损。随后，李女士向保险公司提出理赔申请，但保险公司以事故发生时保险合同尚未生效为由拒绝赔付。

3. 案情解析

由于保险合同是格式合同，故保险公司在签订保险合同时，应当向投保人就保险合同的生效时间、保险期间等重要条款进行提示和说明，由于没有证据证明保险公司在签订合同时就保险合同生效的具体时间点向李女士进行了提示和说明，故李女士可以主张该条款不成为合同的内容，从而要求保险公司进行赔付。

5. 缔约过失责任

缔约过失责任，是指当事人在订立合同过程中，因故意或者过失致使合同未成立、未生效、被撤销或无效，给他人造成损失而应承担的损害赔偿责任。《中华人民共和国民法典》规定，当事人在订立合同过程中有下列情形之一，给对方造成损失的，应当承担损害赔偿责任：

（1）假借订立合同，恶意进行磋商；

（2）故意隐瞒与订立合同有关的重要事实或者提供虚假情况；

（3）当事人泄露或者不正当地使用在订立合同过程中知悉的商业秘密或者其他应当保密的信息；

（4）有其他违背诚实信用原则的行为。

6. 合同文本

第四百七十条的规定，为起草审查一般合同提供了很好的指引。合同的内容由当事人约定，一般包括下列条款：

（1）当事人的姓名或者名称和住所；

（2）标的；

（3）数量；

（4）质量；

（5）价款或者报酬；

（6）履行期限、地点和方式；

（7）违约责任；

（8）解决争议的方法。

当事人可以参照各类合同的示范文本订立合同。但并非所有合同均应该包括以上内容，或只能包括以上内容，合同各方可协商确定合同内容。

7.1.2 合同效力

1. 有效合同

《中华人民共和国民法典》规定，依法成立的合同，自成立时生效，但是法律另有规定或者当事人另有约定的除外。合同生效，意味着法律允许合同按照当事人的意思产生其预设的法律后果。

依照法律、行政法规的规定，合同应当办理批准等手续的，依照其规定。未办理批准等手续影响合同生效的，不影响合同中履行报批等义务条款以及相关条款的效力。应当办理申请批准等手续的当事人未履行义务的，对方可以请求其承担违反该义务的责任。

依据《中华人民共和国民法典》规定，具备下列条件的合同有效：

（1）行为人具有相应的民事行为能力。无民事行为能力人实施的民事法律行为无效；限制民事行为能力人实施的纯获利益的民事法律行为或者与其年龄、智力、精神健康状况相适应的民事法律行为有效，实施的其他民事法律行为经法定代理人同意或者追认后有效。完全行为能力人可以独立实施民事法律行为。

（2）意思表示真实。行为人的意思表示须出于自愿，反映其真实的想法，如果是基于被欺诈、被胁迫、重大误解或者处于危困状态缺乏判断能力等情形，都可能导致其做出的意思表示不真实进而影响合同效力。

（3）不违反法律、行政法规的强制性规定，不违背公序良俗。

公序良俗是指公共秩序和善良风俗，公共秩序是人们长期生活中形成的公共生活秩序，善良风俗则主要指一般意义的社会道德和健康风俗。如违背家庭伦理、违背职业道德等。

判断合同效力仅限于法律、行政法规的强制性规定，而且是效力性强制性规定，譬如违反招投标等竞争性缔约方式订立的合同当属无效。

2. 无效合同

无效合同是指合同内容或者形式违反了法律、行政法规的强制性规定和社会公共利益，因而自始不能产生法律约束力、不受法律保护的合同。根据《中华人民共和国民法典》规定，以下合同为无效合同：

（1）无民事行为能力人订立的合同。无民事行为能力人实施的民事法律行为无效，应由其法定代理人代理实施民事法律行为。

（2）行为人与相对人以虚假的意思表示订立的合同。行为人与相对人以虚假的意思表示实施行为，旨在隐蔽其他行为或意思，则作为外观的行为并非行为人的真实意思，当然是无效的。实践中常见的“阴阳合同”，是交易双方就同一交易事项签订的两份甚至两份以上交易条件不一致的合同，其中记载双方真实交易条件并作为双方履约依据的合同为“阴合同”，交易条款并非双方真实意思表示但出示给相应国家机关进行备案或作为缴纳税款等依据的为“阳合同”，“阳合同”属于以虚假的意思表示实施的民事法律行为，应认定为合同无效。

（3）违反法律、行政法规的强制性规定的合同无效，但是该强制性规定不导致该合同无效的除外。

（4）违背公序良俗的合同。

（5）行为人与相对人恶意串通，损害他人合法权益订立的合同。当事人恶意串通实施的行为，既包括双方行为如买卖合同，也包括单方行为如债务免除。恶意串通应造成损害他人合法权益的后果，方可认定该行为无效。

案例呈现

1. 案情介绍

某航运公司与某货运公司签订了一份《运输合作协议》，约定由航运公司负责将一批货物从江西运往江苏。然而，在合同执行过程中，双方因货物损失问题发生争议，航运公司遂将货运公司诉至法院，要求赔偿货物损失。

2. 思考问题

在审理过程中，法院发现航运公司并未取得国内水路货物运输经营资质，违反了国务院制定的行政法规《国内水路运输管理条例》的相关规定。这一发现引发了合同效力的争议，即未取得经营资质的航运公司签订的运输合同是否有效？

3. 案情解析

根据《中华人民共和国民法典》及《国内水路运输管理条例》的相关规定，没有取得国内水路货物运输经营资质的公司签订的《运输合作协议》违反了行政法规的强制性规定，因此该协议无效，法院应该判定双方需根据各自的过错程度承担相应的责任。

3. 可撤销合同

可撤销合同是指因意思表示不真实，通过请求人民法院或者仲裁机构行使撤销权，使已经生效的意思表示归于无效的合同。

（1）可撤销合同的种类

① 根据《中华人民共和国民法典》规定，可撤销合同的种类包括：

基于重大误解订立的合同。所谓重大误解是指行为人对行为的性质、对方当事人或者标的物的品种、质量、规格、数量等产生错误认识，按照通常理解如果不发生该错误认识行为人就不会作出相应意思表示。所谓按照通常理解错误是重大的，是指从一个处在行为人地位的普通人视角来看，错误认识会对交易的成立产生重大影响。比如，将 11.5 万元误认为 1.5 万元，将 100 kg 误认为 100 g，将铁螺母误认为铜螺母。行为人因自己的疏忽大意、缺乏经验或者信息不通形成误解，区别于行为人受到欺诈或者处于危困状态、缺乏判断能力等情形而导致的意思表示不真实。

② 一方以欺诈手段，使对方在违背真实意思的情况下订立的合同。第三人实施欺诈行为，使一方在违背真实意思的情况下实施的民事法律行为，对方知道或者应当知道该欺诈行为的，受欺诈方有权请求撤销。欺诈一般表现为积极的作为，明示或者暗示地对重要情况做出不符合事实的说明；特殊情况下也包括消极行为，如负有信息说明义务的一方故意

隐瞒重要的事实。

③ 一方或者第三人以胁迫手段，使对方在违背真实意思的情况下订立的合同，受胁迫方有权请求撤销。胁迫是指以给自然人及其亲友的生命健康、荣誉、名誉、财产等造成损害或者以预告损害为要挟，迫使对方作出违背真意的意思表示。

④ 一方利用对方处于危困状态、缺乏判断能力等情形，致使合同成立时显失公平的，受损害方有权请求撤销。显失公平的合同中当事人间享有的权利和承担的义务严重不对等，如标的物的价值与价款过于悬殊，承担责任或风险显然不合理等。但是如果当事人签订显失公平合同时出于真实、自由的意思，并不具有重大误解、被欺诈、被胁迫或者处于危困状态被他人利用等情形，则之后不能请求撤销合同。例如，利用对方遭遇意外事故或罹患疾病后急需帮助，以低于市价 50%的价格购买其房屋即构成显失公平；又如，利用 70 岁以上老年人缺乏相关知识或认知能力下降，将市价 200 元的保健品以 800 元销售等。

（2）撤销权的行使

撤销权应在行使期间内行使。有下列情形之一的，撤销权消灭：

① 当事人自知道或者应当知道撤销事由之日起 1 年内、重大误解的当事人自知道或者应当知道撤销事由之日起 90 日内没有行使撤销权。

② 当事人受胁迫，自胁迫行为终止之日起 1 年内没有行使撤销权。

③ 当事人知道撤销事由后明确表示或者以自己的行为表明放弃撤销权。

当事人自民事法律行为发生之日起 5 年内没有行使撤销权的，撤销权消灭。

案例呈现

1. 案情介绍

陈某与某文化公司签订了一份电影投资协议，协议中某文化公司承诺以 30 万元的价格转让该电影 0.15%的份额给陈某。然而，在另一案件中查明，该电影在国内的总投资成本折算实际为 6 600 万元，与某文化公司在协议中声称的 2 亿元制作费总投资金额相差甚远。

2. 思考问题

陈某在得知真实投资成本后，认为自己在签订协议时受到了某文化公司的欺诈，因此向法院起诉要求撤销该投资协议，并返还投资款 30 万元及相应利息，陈某的诉讼请求能否获得法院的支持？

3. 案情解析

陈某签订投资协议的主要目的是为了获取投资收益，因此电影的投资成本及预期收益是陈某在签订合同时的重要考量因素。某文化公司作为电影的出品方及转让方，有义务如实披露电影的总投资金额。然而，某文化公司在签订协议时隐瞒了真实的投资成本，导致陈某基于错误的信息作出了投资决策。某文化公司的行为构成欺诈，法院判决撤销该投资协议，并判令某文化公司向陈某返还投资款 30 万元及支付相应利息。

4. 效力待定合同

效力待定合同是指合同虽然已经成立，但因其不完全符合有关生效要件的规定其合同效力能否发生尚未确定，须经法律规定的条件具备才能生效。《中华人民共和国民法典》规定的效力待定合同包括：

（1）限制行为能力人订立的纯获利益的合同或者与其年龄、智力、精神健康状况相适应的合同以外的其他合同。限制民事行为能力人实施的纯获利益的民事法律行为或者与其年龄、智力、精神健康状况相适应的民事法律行为有效；实施的其他民事法律行为经法定代理人同意或者追认后有效。相对人可以告法定代理人自收到通知之日起 30 日内予以追认。法定代理人未作表示的，视为拒绝追认。民事法律行为被追认前，善意相对人有撤销的权利，撤销应当以通知的方式作出。

（2）无权代理订立的合同。行为人没有代理权、超越代理权或者代理权终止后仍然实施代理行为，未经被代理人追认的，对被代理人不发生效力。相对人可以催告被代理人自收到通知之日起 30 日内予以追认。被代理人未作表示的，视为拒绝追认，行为人实施的行为被追认前，善意相对人有撤销的权利。撤销应当以通知的方式作出。行为人实施的行为未被追认的，善意相对人有权请求行为人履行债务或者就其受到的损害请求行为人赔偿。但赔偿的范围不得超过被代理人追认时相对人所能获得的利益。

任务实战

根据要求完成下列任务实作工单。

任务实作工单

1. 工作任务

（1）分组：每三人为一个小组（一人为编制人，一人为校核人，一人为审核人）。

（2）工作任务一：案例分析 1。

① 案情介绍

2024 年 4 月 24 日，甲向乙发出函件称："本人欲以每吨 5000 元的价格出售螺纹钢 100 吨。如欲购买，请于 2024 年 5 月 10 日前让本人知悉。"乙于 2024 年 4 月 27 日收到甲的函件，并于次日回函表示愿意购买。但由于投递错误，乙的回函于 5 月 11 日方到达甲处。因已超过 5 月 10 日的最后期限，甲未再理会乙，而将钢材售与他人。乙要求甲履行钢材买卖合同。

② 思考问题

乙的承诺是否生效？甲乙之间的合同是否成立？

（3）工作任务二：案例分析 2。

① 案情介绍

王某，13 岁，某日去某商城购买文具套装一套，价值 35 元。该商城正在促销，凡购买满 30 元商品的顾客均可获得刮刮奖券一张，最高奖为价值 10 000 元的彩色电视机一台。王某幸运地中得了最高奖。商城工作人员提出以 8 000 元的价格购买王某的奖品，王某同意并领取了 8 000 元现金。王某回家后告知父母此事，王某父母得知后要求商城返还电视机。

② 思考问题

Ⅰ. 王某的中奖行为是否有效？

续表

<table>
<tr><td colspan="3">Ⅱ. 王某的父母是否有权要求商城返还电视机？
请结合《中华人民共和国民法典》的相关规定进行分析。
（4）要求：认真阅读任务内容，并进行小组讨论，解答问题。
2. 任务解答
（1）工作任务一

（2）工作任务二

</td></tr>
<tr><td colspan="2">校核人意见：</td><td rowspan="2">编制人意见：</td></tr>
<tr><td colspan="2">审核人意见：</td></tr>
<tr><td>编制人：</td><td>校核人：</td><td>审核人：</td></tr>
</table>

单元 7.2 合同的履行

问题导入

问题 1：如果您与他人签订了合同，在履行过程中才发现合同签订时存在较大漏洞，但是双方又无法协商一致签订补充合同，那应该怎么处理呢？

问题 2：如果甲欠您较大金额的款项到期不予归还，而乙又欠甲更多款项没有归还，但是甲不积极采取措施收回乙的欠款，导致甲无力归还您的款项，那您可以采取什么措施处理呢？

思维导图

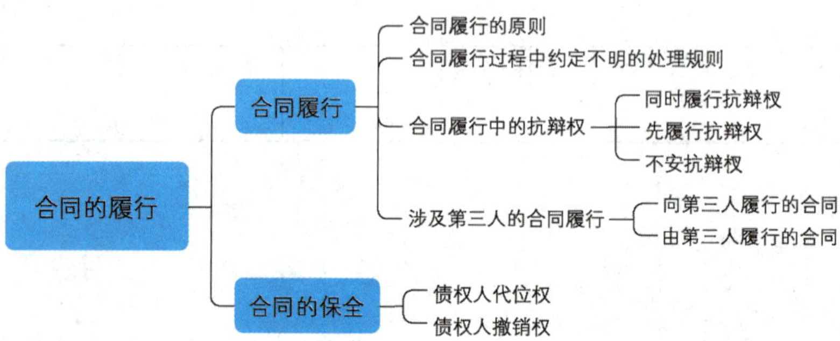

知识学习

7.2.1 合同履行

合同履行，是当事人在实施合同过程中，全面、适当地完成合同义务的行为。

1. 合同履行的原则

合同履行应遵循三个基本原则，一是全面履行原则，当事人应当按照约定全面履行自己的义务。全面履行原则要求当事人履行合同时，在履行主体、履行标的、履行地点、履行期限、履行方式、履行费用等各方面都要符合合同的约定。二是诚信履行原则，当事人应当根据合同的性质、目的和交易习惯履行通知、协助、保密等义务。三是绿色履行原则，当事人在履行合同过程中，应当避免浪费资源、污染环境和破坏生态。

2. 合同履行过程中约定不明的处理规则

合同生效后，当事人就质量、价款或者报酬、履行地点等内容没有约定或者约定不明确的，可以协议补充；不能达成补充协议的，按照合同相关条款或者交易习惯确定。

当事人就有关合同内容约定不明确，依据上述规定仍不能确定的，适用下列规定：

（1）质量要求不明确的，按照强制性国家标准履行；没有强制性国家标准的，按照推荐性国家标准履行；没有推荐性国家标准的，按照行业标准履行；没有国家标准行业标准的，按照通常标准或者符合合同目的的特定标准履行。

（2）价款或者报酬不明确的，按照订立合同时履行地的市场价格履行；依法应当执行政府定价或者政府指导价的，依照规定履行。

（3）履行地点不明确，给付货币的，在接受货币一方所在地履行；交付不动产的在不动产所在地履行；其他标的，在履行义务一方所在地履行。

（4）履行期限不明确的，债务人可以随时履行，债权人也可以随时请求履行，但是应当给对方必要的准备时间。

（5）履行方式不明确的，按照有利于实现合同目的的方式履行。

（6）履行费用的负担不明确的，由履行义务一方负担；因债权人原因增加的履行费用，由债权人负担。

案例呈现

1. 案情介绍

X 市甲公司因购买 Y 市乙公司的一批木材与乙公司签订了一份买卖合同，但合同中未约定交货地与付款地，双方就此未达成补充协议，按照合同相关条款或者交易习惯也不能确定。

2. 思考问题

本案中的交货地和付款地应当如何确定？

3. 案情解析

付款地不明确的，在接受货币的一方（出卖人）所在地履行；交货地不明确的，在履行义务的一方（出卖人）所在地履行。因此，Y 市既是交货地也是付款地。

3. 合同履行中的抗辩权

合同履行中的抗辩权，是指在符合法定条件时，债务人可以对抗债权人的履行请求权，暂时拒绝履行其债务的权利。抗辩权体现在双务合同中，即合同当事人双方互负履行义务。双务合同履行中的抗辩权发生原因在于出现了法律规定的“抗辩事由”，抗辩权人可以暂时不履行自己的义务，但不能消灭对方的债权，在抗辩事由消失后，抗辩权人仍应履行其所负债务。

（1）同时履行抗辩权

当事人互负债务，没有先后履行顺序的，应当同时履行。一方在对方履行之前有权拒绝其履行请求。一方在对方履行债务不符合约定时，有权拒绝其相应的履行请求

（2）先履行抗辩权

当事人互负债务，有先后履行顺序，应当先履行债务一方未履行的，后行一方有权拒绝其履行请求。先履行一方履行债务不符合约定的，后行一方有权拒绝其相应的履行请求。

（3）不安抗辩权

应当先履行债务的当事人，有确切证据证明对方有下列情形之一的，可以中止履行：① 经营状况严重恶化；② 转移财产、抽逃资金，以逃避债务；③ 丧失商业信誉；④ 有丧失或者可能丧失履行债务能力的其他情形。当事人没有确切证据中止履行的，应当承担违约责任。

当事人依据法律规定的抗辩权中止履行的，应当及时通知对方。对方提供适当担保的，应当恢复履行。中止履行后，对方在合理期限内未恢复履行能力且未提供适当担保的，视为以自己的行为表明不履行主要债务，中止履行的一方可以解除合同并可以请求对方承担违约责任。

案例呈现

1. 案情介绍

甲、乙双方签订一份煤炭买卖合同，约定甲向乙购买煤炭 1 000 吨，甲于 4 月 1 日向乙支付全部煤款，乙于收到煤款半个月后装车发煤。3 月 31 日，甲调查发现，乙的煤炭经营许可证将于 4 月 15 日到期，目前煤炭库存仅剩 700 余吨，且正加紧将库存煤炭发往别处。甲遂决定暂不向乙付款，并于 4 月 1 日将暂不付款的决定及理由通知了乙。

2. 思考问题

甲是否有权暂不付款，为什么？

3. 案情解析

应当先履行债务的当事人，有确切证据证明对方有“丧失或者可能丧失”履行债务能力的情形时，可以行使不安抗辩权，中止合同履行。甲有权暂不付款，因为其享有不安抗辩权。若乙在合理期限内未恢复履行能力且未提供适当担保的，甲可以解除合同。

4. 涉及第三人的合同履行

（1）向第三人履行的合同

当事人约定由债务人向第三人履行债务，债务人未向第三人履行债务或者履行债务不符合约定的，原则上应当向债权人（而非第三人）承担违约责任。

如果法律有规定或者当事人有约定，第三人可以直接请求债务人向其履行债务，第三人未在合理期限内明确拒绝，债务人未向第三人履行债务或者履行债务不符合约定的，第三人可以请求债务人承担违约责任。债务人对债权人的抗辩，可以向第三人主张。

实践中，保险合同就存在向第三人履行的情形。譬如投保人甲与乙保险公司订立人身保险合同，约定如果甲的妻子丙意外身故，则其儿子丁为唯一受益人。在本案中，保险合同的当事人为投保人甲和乙保险公司，被保险人丙、受益人丁并非保险合同的当事人，根据《保险法》

的规定，在发生特定情形时，第三人丁可以直接请求乙保险公司支付保险金。如果乙保险公司未按照保险合同的约定向第三人丁支付保险金，第三人丁还可以请求乙保险公司承担违约责任。

（2）由第三人履行的合同

当事人约定由第三人向债权人履行债务，第三人不履行债务或者履行债务不符合约定的债务人（而非第三人）应当向债权人承担违约责任。譬如王某向张某购买一台电脑，与张某约定一个月后由李某支付电脑价款，一个月后，李某未支付电脑价款，根据合同法律制度的规定，则张某应该请求王某承担违约责任。

7.2.2 合同的保全

债权人代位权与债权人撤销权共同构成合同的保全制度。合同的保全是合同的一般担保，是指为了保护一般债权人不因债务人的财产不当减少而受有损害，允许债权人干预债务人处分自己财产行为的法律制度。

其中代位权是针对债务人消极不行使自己债权的行为，撤销权则是针对债务人积极侵害债权人债权实现的行为。两者或是为了实现债务人的财产权利，或是恢复债务人的责任财产，从而确保债权人债权的实现。

1. 债权人代位权

债权人代位权，是指债务人怠于行使其对第三人（次债务人）享有的到期债权或者与该债权有关的从权利，危及债权人债权实现时，债权人为保障自己的债权，可以自己的名义代位行使债务人对次债务人的债权的权利。

按照《中华人民共和国民法典》的规定，债权人提起代位权诉讼，应当符合下列条件：

（1）债权人对债务人的债权合法。

（2）债务人怠于行使其到期债权或者与该债权有关的从权利，影响债权人的到期债权实现的。债务人的懈怠行为必须是债务人不以诉讼方式或者仲裁方式向次债务人主张其享有的债权或者与该债权有关的从权利。

（3）债务人的债权已到期。除了债务人的债权要到期以外，债权人的债权原则上也应到期。

（4）债务人的债权不是专属于债务人自身的债权。所谓专属于债务人自身的债权主要包括：抚养费、赡养费或者扶养费请求权；人身损害赔偿请求权；劳动报酬请求权，但是超过债务人及其所扶养家属的生活必需费用的部分除外；请求支付基本养老保险金失业保险金、最低生活保障金等保障当事人基本生活的权利。但是债权人的债权不受是否专属于债权人自身的限制。

在代位权诉讼中，债权人是原告，次债务人是被告，债务人为诉讼上应当追加的第三人。

代位权的行使范围以债权人的到期债权为限。债权人行使代位权的必要费用，由债务人负担。相对人对债务人的抗辩，可以向债权人主张。

人民法院认定代位权成立的，由债务人的相对人向债权人履行义务，债权人接受履行后，债权人与债务人、债务人与相对人之间相应的权利义务终止

案例呈现

1. 案情介绍

赵某对钱某享有200万元的到期债权，钱某怠于行使其对孙某享有的300万元到期债权，危及了赵某债权的实现，赵某为了保障自己的债权，拟向人民法院提起诉讼，请求行使代位权。

2. 思考问题

赵某在起草起诉书时，应该以自己的名义向谁主张多少万元的债权？

3. 案情解析

债权人行使代位权应以自己的名义向人民法院提起诉讼，债权人代位权的行使范围以债权人的到期债权（200万元）为限，所以赵某应该以自己的名义请求孙某清偿200万元。

2. 债权人撤销权

债权人撤销权，是指债务人实施了减少财产行为，危及债权人债权实现时，债权人为保障自己的债权，请求人民法院撤销债务人处分行为的权利。

债权人撤销权的行使必须依一定的诉讼程序进行，可请求受益人返还财产，恢复债务人责任财产的原状。

根据《中华人民共和国民法典》的规定，债权人行使撤销权，应当具备以下条件：

（1）债权人须以自己的名义行使撤销权。

（2）债权人对债务人存在有效债权。债权人对债务人的债权可以到期，也可以不到期。

（3）债务人实施了减少财产的处分行为。债务人减少财产的处分行为体现为：

① 放弃债权（到期、未到期均可）、放弃债权担保或者恶意延长到期债权的行期，影响债权人的债权实现；

② 无偿转让财产，影响债权人的债权实现；

③ 以明显不合理的低价转让财产或者以明显不合理的高价受让他人财产或者为他人的债务提供担保，影响债权人的债权实现，并且相对人知道或者应当知道该情形。

其中第③种处分行为不但要求有客观上影响债权人的债权实现的事实，还要求有受让人知道的主观要件。对于明显不合理的价格，应当按照交易当地一般经营者的判断，并参考交易时交易地的市场交易价或者物价部门指导价予以认定。转让价格未达到交易时交易地的市场交易价或者指导价70%的，一般可以认定为“明显不合理的低价”；受让价格高于交易时交易地的市场交易价或者指导价30%的，一般可以认定为“明显不合理的高价”。债务人与相对人存在亲属关系、关联关系的，不受上述的70%、30%的限制。

（4）债务人的处分行为有害于债权人债权的实现。

根据《中华人民共和国民法典》第五百四十一条的规定，撤销权应当自债权人知道或者应当知道撤销事由之日起一年内行使。自债务人的行为发生之日起五年内没有行使撤销权的，该撤销权消灭。

撤销权的行使范围以债权人的债权为限。一旦人民法院撤销债务人影响债权人的债权实现的行为，债务人的处分行为即归于无效。债务人的处分行为无效的法律后果则是双方返还，即受益人应当返还从债务人获得的财产。

在撤销权诉讼中，债权人为原告，债务人为被告，受益人或者受让人为诉讼上的第三人。

案例呈现

1. 案情介绍

周某因丁某未能履行双方订立的加油卡买卖合同，于2020年8月提起诉讼，请求解除买卖合同并由丁某返还相关款项。生效判决对周某的诉讼请求予以支持，但未能执行到位。执行中，周某发现丁某于2020年6月至7月间向其母亲薛某转账87万余元。

2. 思考问题

周某是否可以提起债权人撤销权诉讼，请求撤销丁某无偿转让财产的行为并同时主张薛某向丁某返还相关款项？

3. 案情解析

生效裁判认为，丁某在其基于加油卡买卖合同关系形成的债务未能履行的情况下，将名下银行卡中的款项无偿转账给其母亲薛某的行为客观上影响了债权人周某债权的实现。债权人周某在法定期限内提起撤销权诉讼，符合法律规定。《最高人民法院关于适用〈中华人民共和国民法典〉合同编通则若干问题的解释》第四十六条第一款规定：债权人在撤销权诉讼中同时请求债务人的相对人向债务人承担返还财产、折价补偿、履行到期债务等法律后果的，人民法院依法予以支持。因此，丁某的行为被撤销后，薛某即丧失占有案涉款项的合法依据，应当负有返还义务，遂判决撤销丁某的行为、薛某向丁某返还相关款项。

任务实战

根据要求完成下列任务实作工单。

任务实作工单

1. 工作任务 （1）分组：每三人为一个小组（一人为编制人，一人为校核人，一人为审核人）。 （2）工作任务一：案例分析1。 ① 案情介绍 某建筑公司（简称“甲公司”）与一家材料供应商（简称“乙公司”）签订了建筑材料供应合同，约定乙公司向甲公司承建的某大型商场项目供应指定品牌的钢材，项目完工后一次性支付货款。同时，甲公司与商场开发商（简称“丙公司”）签订了建设工程施工合同，约定甲公司完成商场项目施工后，丙公司支付工程款。该项目完工后，乙公司多次催促甲公司履行合同支付货款，但甲公司无力解决。此时，乙公司发现丙公司尚欠甲公司大额工程款未支付，且丙公司以各种理由拖延支付，甲公司也不采取诉讼手段向丙公司主张，该款项早已届清偿期。 ② 思考问题 面对甲公司的违约行为和丙公司拖欠工程款的情况，乙公司如何保障自身权益收取钢材货款？

续表

<table>
<tr><td colspan="3">（3）工作任务二：案例分析2。
① 案情介绍
某房地产开发公司（简称“甲方”）与一家建筑承包商（简称“乙方”）签订了一份大型住宅小区的建设工程合同。合同约定乙方负责项目的施工建设，甲方支付施工款项，并约定了详细的工程质量、进度及付款方式等条款。项目进入中后期时，大部分住宅已经销售出去，此时乙方发现甲方财务状况急剧恶化，存在多起债务纠纷。
具体而言，甲方在未通知甲方的情况下，首先放弃了一笔即将到期的巨额债权，该债权若实现本可用于支付给乙方工程进度款。紧接着，甲方又将其名下的一处价值不菲的商业地产无偿转让给了其关联公司，此举明显减少了甲方的可偿债资产。此外，甲方还以远低于市场价的价格将一处用于项目材料存储的仓库转让给了第三方，而该第三方与甲方存在长期业务往来，应知晓甲方的财务状况及此举对甲方债权的影响。
② 思考问题
面对甲方上述一系列减少财产的行为，乙方如何依据法律条款，有效行使合同撤销权，并保护自身在建工程合同款项收取的权益不受损害。
（4）要求：认真阅读任务内容，并进行小组讨论，解答问题。</td></tr>
<tr><td colspan="3">2. 任务解答
（1）工作任务一

（2）工作任务二

</td></tr>
<tr><td colspan="2">校核人意见：</td><td rowspan="2">编制人意见：</td></tr>
<tr><td colspan="2">审核人意见：</td></tr>
<tr><td>编制人：</td><td>校核人：</td><td>审核人：</td></tr>
</table>

单元 7.3 合同的变更与转让

微课：合同的变更、转让与终止

问题导入

问题 1：合同签订以后，经过合同各方协商一致可否变更合同内容？如果协商不一致能否单方强行变更？

____

____

____

问题 2：如果合同对方严重违约，是否可以不经过对方同意直接单方解除合同？

____

____

____

思维导图

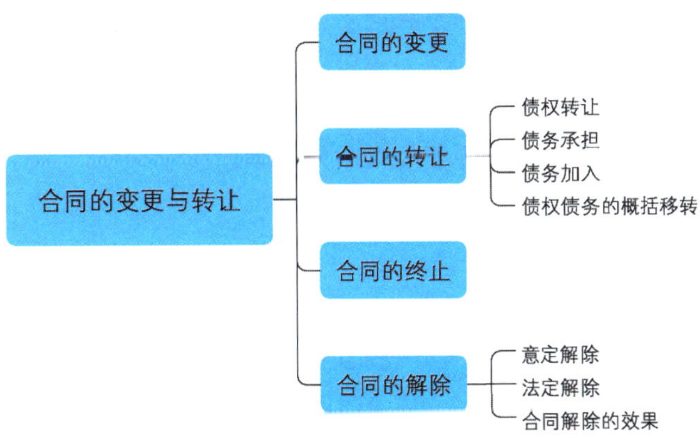

知识学习

7.3.1 合同的变更

依法成立的合同受法律保护，对当事人具有法律约束力，当事人应当按照合同约定履行自己的义务，不得擅自变更或者解除合同。合同订立后，因各种原因使合同内容或者合同主体发生变更的，称为合同的变更或合同的转让。

《中华人民共和国民法典》所称合同的变更是指合同内容的变更，不包括合同主体的变更。合同主体的变更属于合同的转让。

合同是双方当事人合意的体现，因此经当事人协商一致，当然可以变更合同。但法律、行政法规规定变更合同应当办理批准等手续的，应当办理相应手续。《中华人民共和国民法典》规定，当事人对合同变更的内容约定不明确的，推定为未变更。除了双方通过合意变更合同以外，还存在法定变更的情形，即一方当事人单方通知对方变更合同的权利，如《中华人民共和国民法典》第七百七十七条定作人中途变更承揽工作的要求、第八百二十九条托运人要求承运人变更合同内容的规定。合同的变更，除当事人另有约定的以外，仅对变更后未履行的部分有效，对已履行的部分无溯及力。

7.3.2 合同的转让

合同的转让，即合同主体的变更，指当事人将合同的权利和义务全部或者部分转让给第三人。合同的转让分为债权转让、债务承担及债权债务的概括移转。

1. 债权转让

债权转让，是指债权人将债权全部或者部分转让给第三人的法律制度。其中债权人是转让人，第三人是受让人。《中华人民共和国民法典》规定，债权人转让权利的，无须债务人同意，但应当通知债务人。未经通知，该转让对债务人不发生效力。债权人转让权利的通知不得撤销，但经受让人同意的除外。根据此条规定，债权转让不以债务人的同意为生效条件，但是要对债务人发生效力，则必须通知债务人。债务人接到债权转让通知后仍然向让与人履行，不发生消灭债务的效果，受让人可以请求债务人向自己继续履行债务。

根据《中华人民共和国民法典》的有关规定，下列情形的债权不得转让：

（1）根据债权性质不得转让。主要是指基于债务人特定身份、技能等而产生的债权，如出版合同中出版公司的债权、委托合同中委托人的债权等；

（2）按照当事人约定不得转让；

（3）依照法律规定不得转让。

案例呈现

1. 案情介绍

法院受理案件原告唐某平，被告上海某房地产开发有限公司（简称“房地产公司”），房地产公司于 2023 年 3 月与上海某混凝土制品有限公司（简称“混凝土公司”）签订了《商品混凝土购销合同》，合同总价款为 20 106 480 元。合同履行过程中，混凝土公司陆续向房地产公司提供商品混凝土，但房地产公司仅支付了 15 023 250 元，尚欠 5 083 230 元未支付。2024 年 7 月 10 日，混凝土公司与唐某平签订债权转让协议，将上述债权本金及逾期付款利息全部转让给唐某平，并于 8 月份将此转让事宜通知房地产公司。唐某平多次催讨未果后，遂向法院提起诉讼，请求法院判令房地产公司支付欠款及逾期付款利息。

2. 思考问题

债权转让后，受让人唐某平是否有权要求房地产公司支付欠款及逾期付款利息？

3. 案情解析

《中华人民共和国民法典》规定，债权人转让权利的，无须债务人同意，但应当通知债务人。未经通知，该转让对债务人不发生效力。本案中，混凝土公司已将债权转让事宜通知房地产公司，因此该债权转让对房地产公司发生效力。唐某平作为债权受让人，有权要求房地产公司支付欠款及逾期付款利息。

2. 债务承担

债务承担是指债务人将合同义务的全部或者部分转移给第三人的法律制度,《中华人民共和国民法典》规定，债务承担应当经债权人同意。债务人或者第三人可以催告债权人在合理期限内予以同意，债权人未作表示的视为不同意。这是因为新债务人的资信情况和偿还能力须得到债权人的认可，以免债权人的利益受到不利影响。

案例呈现

1. 案情介绍

A 公司因业务调整，需将一笔对 B 公司的应付款项（共计 500 万元）转移给 C 公司承担。A、B、C 三方经协商一致，签订了《债务承担协议》，明确约定 C 公司同意承接 A 公司对 B 公司的全部债务，A 公司自协议生效之日起退出该债务关系，B 公司同意并确认该债务转移的有效性。协议签订后，B 公司依据协议向 C 公司主张债权，但 C 公司初期履行了部分还款义务后，便以资金紧张为由拖延支付剩余款项。

2. 思考问题

C 公司是否应当继续向 B 公司履行剩余款项的支付义务？

3. 案情解析

《中华人民共和国民法典》规定，债务承担协议经债权人同意后生效。本案中，B 公司作为债权人，已明确同意 A 公司将债务转移给 C 公司承担，并签署了协议，因此该协议合法有效。C 公司应当继续向 B 公司履行剩余款项的支付义务。

3. 债务加入

债务加入是指第三人加入到债权债务关系中来，债务人不退出债权债务关系，第三人和债务人成为共同债务人。《中华人民共和国民法典》规定，第三人与债务人约定加入债务并通知债权人，或者第三人向债权人表示愿意加入债务，债权人未在合理期限内明确拒绝的，债权人可以请求第三人在其愿意承担的债务范围内和债务人承担连带债务。

4. 债权债务的概括移转

合同权利义务的概括移转，是指合同一方当事人将自己在合同中的权利义务一并转让的法律制度。《中华人民共和国民法典》规定，当事人一方经对方当事人同意，可以将自己在合同中的权利义务一并转让给第三人。概括移转有意定的概括移转和法定的概括移转两种情形。意定的概括移转基于转让合同的方式进行。而法定的概括移转往往是因为某一法定事实的发生而导致，最典型的就是合同当事人发生合并或分立时，就会有法定的概括移转的发生。

7.3.3 合同的终止

合同的权利义务终止制度包括债的终止制度和合同解除制度。

债的终止，即债权债务终止，指给付义务终局地消灭；合同的解除是指合同中原给付义务的效力终止，但在因违约而解除合同等场合中，债务人的损害赔偿义务仍然存在，故给付义务并未终局地消灭。比如，出卖人按时交付符合质量要求的标的物，满足买受人的债权的，其给付义务终局地归于消灭；出卖人交付的标的物质量有严重缺陷，买受人以此为由解除合同的，尽管出卖人交付标的物和转移标的物所有权的义务消灭，其赔偿买受人损失的义务并不消灭。

债权债务终止时，债务人的给付义务消灭，但当事人仍应当遵循诚信等原则，根据交易习惯履行通知、协助、保密、旧物回收等义务。

根据《中华人民共和国民法典》的规定，债权债务终止的情形包括：

（1）债务已经按照约定履行即清偿；

（2）债务相互抵销；

（3）债务人依法将标的物提存；

（4）债权人免除债务；

（5）债权债务同归于一人，即混同，如债权人与债务人两家公司合并；

（6）法律规定或者当事人约定终止的其他情形。

合同解除包括意定解除和法定解除。合同的权利义务终止，不影响合同中结算条款、清理条款以及解决争议方法条款的效力。

案例呈现

1. 案情介绍

张某拥有一间位于繁华商业街的商铺，租给王某经营餐饮。双方签订了为期三年的租赁合同，约定了每月固定的租金支付日期。然而，在合同执行一年后，张某因个人财务问题及想转租牟取更高的租金，故意躲避王某，不再提供银行账户信息，也不接听王某的租金支付电话，意图迫使王某因未能按时支付租金而违约，进而解除租赁合同并占有押金，然后转手再以更高价格出租给第三方且一次收取半年的租金，同时缓解个人的财务困难。

2. 思考问题

面对张某的恶意行为，王某如何在确保自己权益不受损害的前提下，合法履行租金支付义务，避免陷入违约的困境？

3. 案情解析

鉴于张某的故意躲避行为，王某已无法通过常规方式履行租金支付义务。根据《中华人民共和国民法典》中关于提存的规定，王某有权选择将租金提存至法定机构，以完成其支付义务。王某咨询了专业律师，并携带了租赁合同、租金支付凭证、张某的联系方式及故意躲避的证据，前往当地某公证处申请租金提存。公证处对王某提交的材料进行了审查，并确认了张某的故意躲避行为，同意接受租金提存。

王某将应支付的租金转入公证处指定的提存账户，公证处出具了提存公证书，这样在法律上视为王某履行了租金支付义务。通过提存制度，王某成功应对了张某的恶意行为，确保了租金支付的合法性，避免了违约风险。

7.3.4 合同的解除

合同的解除，是指合同有效成立以后，没有履行或者没有完全行之前，双方当事人通过协议或者一方行使解除权的方式，使得合同关系终止的法律制度。合同的解除分为意定解除与法定解除两种情况。

1. 意定解除

意定解除，是指根据当事人事先约定的情况或经当事人协商一致而解除合同。

2. 法定解除

法定解除，是指根据法律规定而解除合同。根据《中华人民共和国民法典》第五百六十三条的规定在下列情形下，当事人可以单方面解除合同：

（1）因不可抗力致使不能实现合同目的；

（2）在履行期限届满之前，当事人一方明确表示或者以自己的行为表明不履行主要债务；

（3）当事人一方迟延履行主要债务，经催告后在合理期限内仍未履行；

（4）当事人一方迟延履行债务或者有其他违约行为致使不能实现合同目的；

（5）以持续履行的债务为内容的不定期合同，当事人可以随时解除合同，但是应当在合理期限之前通知对方，借款合同、租赁合同等都是持续性合同；

（6）法律规定其他解除情形的。除上述几种原因外，如果法律另有规定，当事人可以根据该法律规定，单方解除合同。在《中华人民共和国民法典》中，此类规定很多譬如在承揽合同中，定作人可以在工作完成前随时解除承揽合同；在货运合同中，托运人有单方解除权，在交付收货人之前，托运人可以要求承运人中止运输、返还货物、变更到达地或者将货物交给其他收货人；在无偿委托合同和一些有偿委托合同中，双方当事人均可以随时解除委托合同，且不需要说明理由。但应该注意的是，不同情况解除的，应该向对方支付相应的报酬，或者应该赔偿对方损失。

案例呈现

1. 案情介绍

甲乙双方签订了一份钢材买卖合同，约定由甲方于2024年3月1日向乙方供应一批特定规格的钢材，用于乙方即将在同年6月1日开工的工程项目。然而，到了交货日期，甲方未能按时交付钢材。乙方随即向甲方发出书面催告，要求其在接下来的两个月内（即合理期限内）完成交货，并明确表示若逾期未交付，将解除合同并追究甲方的违约责任。两个月后，甲方仍未履行交货义务。

2. 思考问题

乙方是否有权解除合同，并追究甲方的违约责任？

3. 案情解析

根据《中华人民共和国民法典》第五百六十三条第二款的规定，当事人一方迟延履行主要债务，经催告后在合理期限内仍未履行，对方可以解除合同。在此案例中，甲方作为债务人，未能在合同约定的时间内履行其主要债务（即交付钢材），且经乙方催告后，在合理期限内（两个月）仍未履行，因此乙方有权解除合同，并追究甲方的违约责任。

3. 合同解除的效果

合同解除后，尚未履行的，终止履行；已经履行的，根据履行情况和合同性质，当事人可以请求恢复原状或者采取其他补救措施，并有权请求赔偿损失。

合同因违约解除的，解除权人可以请求违约方承担违约责任，但是当事人另有约定的除外。

主合同解除后，担保人对债务人应当承担的民事责任仍应当承担担保责任，但是担保合同另有约定的除外。

任务实战

根据要求完成下列任务实作工单。

任务实作工单

<table>
<tr><td colspan="4">1. 工作任务
（1）分组：每三人为一个小组（一人为编制人，一人为校核人，一人为审核人）。
（2）工作任务：案例分析。
① 案情介绍
某幼儿园为筹备六一儿童节表演活动，与一家服装厂签订了童装订购合同，约定服装厂须在5月31日17:00幼儿园下班前交付100套童装。然而，到了5月31日幼儿园17:00下班时，服装厂仍未交付服装，并称因为设备原因6月2日才能交付。幼儿园随即发函解除合同，并紧急通过其他渠道购买童装，以确保第二天如期进行表演活动。
② 思考问题
幼儿园是否有权在未经催告且给出合理期限情况下，直接解除与服装厂的童装订购合同？为什么？
（3）要求：认真阅读任务内容，并进行小组讨论，解答问题。</td></tr>
<tr><td colspan="4">2. 任务解答</td></tr>
<tr><td colspan="2">校核人意见：</td><td colspan="2" rowspan="2">编制人意见：</td></tr>
<tr><td colspan="2">审核人意见：</td></tr>
<tr><td>编制人：</td><td colspan="2">校核人：</td><td>审核人：</td></tr>
</table>

单元 7.4 违约责任

微课：违约责任

问题导入

问题 1：违约责任承担的方式有哪些？

问题 2：为惩罚违约方的违约行为，是否可以主张远高于对方违约行为导致实际损失的违约金？

思维导图

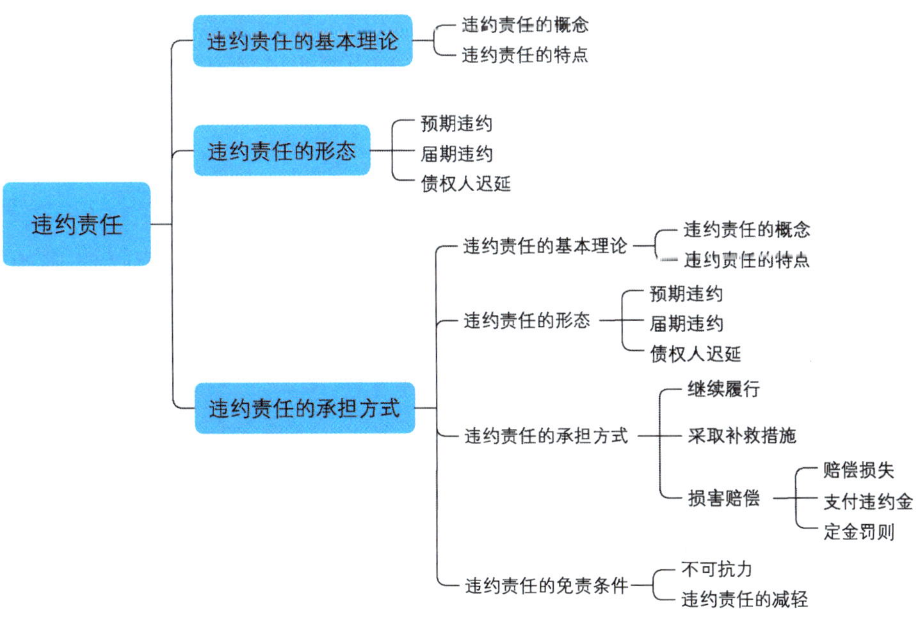

知识学习

7.4.1 违约责任的基本理论

1. 违约责任的概念

违约责任也称为违反合同的民事责任，是指合同当事人因违反合同义务所承担的责任。《中华人民共和国民法典》规定，当事人一方不履行合同义务或者履行合同义务不符合约定的，应当承担继续履行、采取补救措施或者赔偿损失等违约责任。

2. 违约责任的特点

违约责任具有以下特点：

（1）违约责任以合同的有效存在为前提。

（2）违约责任是合同当事人不履行合同义务所产生的责任。如果当事人违反的不是合同义务，而是法律规定的其他义务，则应负其他责任。

（3）违约责任具有相对性。由于合同关系具有相对性，因此违约责任也具有相对性，即违约责任只能在特定的当事人之间即合同关系的当事人之间发生。当事人一方因第三人的原因造成违约的，应当向对方承担违约责任。当事人一方和第三人之间的纠纷，依照法律规定或者按照约定解决。

《中华人民共和国民法典》规定的违约损害赔偿责任采用严格责任。因此，只要合同当事人有违约行为存在，且给相对人造成损失，无论导致违约的原因是什么，除了法定或者约定的免责事由以外，均不得主张免责。

7.4.2 违约责任的形态

1. 预期违约

预期违约是指在履行期限到来之前一方无正当理由而明确表示其在履行期到来后将不履行合同，或者其行为表明其在履行期到来以后将不履行合同。预期违约分为明示的预期违约和默示的预期违约两种。

2. 届期违约

在履行期限到来以后，当事人不履行或不完全履行合同义务的，将构成届期违约，届期违约可以分为不履行和不适当履行两类，如履行在质量、数量等方面不符合约定的，即为不适当履行。履行在时间上迟延的，称为迟延履行。

3. 债权人迟延

债权人迟延又称受领迟延，是指债权人对给付未受领或者未提供必要协助的事实。根据《中华人民共和国民法典》第五百八十九条，“债务人按照约定履行债务，债权人无正当理由拒绝受领的，债务人可以请求债权人赔偿增加的费用。”

7.4.3 违约责任的承担方式

违约责任的承担方式主要有：继续履行、补救措施、损害赔偿三种方式。

1. 继续履行

继续履行，又称实际履行，是指债权人在债务人不履行合同义务时，可请求人民法院强制债务人实际履行合同义务。

《中华人民共和国民法典》规定，当事人一方未支付价款、报酬、租金、利息，或者不履行其他金钱债务的，对方可以请求其支付，因此金钱之债一定可以请求继续履行。当事人一方不履行非金钱债务或者履行非金钱债务不符合约定的，对方可以请求履行，但是有下列情形之一的除外：

（1）法律上或者事实上不能履行；

（2）债务的标的不适于强制履行或者履行费用过高；

（3）债权人在合理期限内未请求履行。

“法律上不能履行”的情形，即合同约定的履行内容本身是违法的，则履行行为本身是违法的，不能要求实际履行；“事实上不能履行”的情形如买卖合同中的特定标的物已经灭失，且该标的物为特定物不具有替代性，则无法继续履行。“债务的标的不适于强制履行”的情形：债务标的的性质不适合强制履行，如不作为债务；具有人身属性的债务，如与歌唱家签订的演出合同，强制履行演出义务可能不具有积极意义，还会涉及对其人身权的侵犯。“履行费用过高”是指实际履行会导致不合理的高额费用，导致债务人承受不正常的经济负担。要求债权人在合理的期限内请求履行，是为了保护债务人，使其免受因债权人迟迟不要求履行而遭受的不确定状态，合理期限的确定没有统一标准，要根据合同的具体情况来确定。

当事人一方不履行债务或者履行债务不符合约定，根据债务的性质不得强制履行的，对方可以请求其负担由第三人替代履行的费用。

2. 采取补救措施

补救措施，是债务人的履行在质量、数量等方面不符合约定，债权人可根据合同履行情况请求债务人采取补救履行措施。《中华人民共和国民法典》规定，当事人的履行不符合约定的，应当按照当事人的约定承担违约责任。对违约责任没有约定或者约定不明确，依据《中华人民共和国民法典》第五百一十条的规定仍不能确定的，受损害方根据标的的性质以及损失的大小，可以合理选择请求对方承担修理、重做、更换、退货、减少价款或者报酬等违约责任。

3. 损害赔偿

当事人一方不履行合同义务或者履行合同义务不符合约定，给对方造成损失的，应当承担损害赔偿责任；一方在履行义务或者采取补救措施后，对方还有其他损失的，应当对其他损失承担赔偿责任。损害赔偿的具体方式主要有赔偿损失、支付违约金和适用定金罚则等。

（1）赔偿损失

损失赔偿额应当相当于因违约所造成的损失，包括合同履行后可以获得的利益，但不得超过违约方订立合同时预见到或者应当预见到的因违反合同可能造成的损失。当事人可以在合同中约定因违约产生的损失赔偿额的计算方法。所谓应当预见到的损失，是指与违约方处于相同或者类似情况的民事主体在订立合同时通常会预见到的损失。

在确定合同履行后可以获得的利益时，可以在扣除非违约方为订立、履行合同支出的费用等合理成本后，按照非违约方能够获得的生产利润、经营利润或者转售利润等计算。

非违约方依法行使合同解除权并实施了替代交易，主张按照替代交易价格与合同价格的差额确定合同履行后可以获得的利益的，人民法院依法予以支持；替代交易价格明显偏离替代交易发生时当地的市场价格，则应该按照市场价格与合同价格的差额确定合同履行后可以获得的利益。

非违约方依法行使合同解除权但是未实施替代交易，主张按照违约行为发生后合理期间内合同履行地的市场价格与合同价格的差额确定合同行后可以获得的利益的，人民法院应予支持。

在以持续履行的债务为内容的定期合同中，一方不履行支付价款、租金等金钱债务，对方请求解除合同，人民法院经审理认为合同应当依法解除的，可以根据当事人的主张，参考合同主体、交易类型、市场价格变化、剩余履行期限等因素确定非违约方寻找替代交易的合理期限，并按照该期限对应的价款、租金等扣除非违约方应当支付的相应履约成本确定合同履行后可以获得的利益。

非违约方主张按照合同解除后剩余履行期限相应的价款、租金等扣除履约成本确定合同履行后可以获得的利益的，人民法院不予支持。但是，剩余履行期限少于寻找替代交易的合理期限的除外。

案例呈现

1. 案情介绍

某公司（简称“买方”）与某供应商（简称“卖方”）于2025年1月签订了一份买卖合同，约定由卖方向买方提供一批特定型号的设备，合同总价款为1 000万元，交货时间为合同签订后三个月内。然而，在交货期前一个月，卖方突然通知买方无法按时交货，理由是原材料供应短缺。买方随即与另一家供应商签订了替代交易合同，以1 100万元的价格购得了相同型号的设备，以确保生产不受影响。

2. 思考问题

买方提起诉讼，要求卖方赔偿因违约造成的损失，特别是替代交易价格与原合同价格之间的差额100万元，以及因此产生的其他合理费用，买方的诉求能否得到支持？

3. 案情解析

非违约方依法行使合同解除权并实施了替代交易，可以主张按照替代交易价格与合同价格的差额确定合同履行后可以获得的利益。本案中，买方因卖方违约而进行了替代交易，以更高的价格购买了相同设备，符合替代交易规则的前提条件。

替代交易价格（1 100万元）与原合同价格（1 000万元）之间的差额（100万元），即为买方因卖方违约而遭受的可得利益损失。买方除了可以主张替代交易价格与原合同价格的差额外，还可以要求卖方赔偿因替代交易所产生的其他合理费用，如额外的运输费、税费等。

（2）支付违约金

违约金，是按照当事人约定或者法律规定，一方当事人违约时应当根据违约情况向对方支付的一定数额的货币。根据《中华人民共和国民法典》规定，当事人可以约定一方违约时应当根据违约情况向对方支付一定数额的违约金，也可以约定因违约产生的损失赔偿额的计算方法。

约定的违约金低于造成的损失的，当事人可以请求人民法院或者仲裁机构予以增加；约定的违约金过分高于造成的损失的，当事人可以请求人民法院或者仲裁机构予以适当减少。当事人就迟延履行约定违约金的，违约方支付违约金后，还应当履行债务。

（3）定金罚则

《中华人民共和国民法典》规定，当事人可以约定一方向对方给付定金作为债权的担保。定金合同自实际交付定金时成立。定金的数额由当事人约定；但是，不得超过主合同标的额的20%，超过部分不产生定金的效力。实际交付的定金数额多于或者少于约定数额的，视为变更约定的定金数额。定金约定属于主合同的从属合同，是对于主合同债权的担保具有从属性。

定金合同的有效以主合同的有效成立为前提。定金合同以交付为成立要件，如果仅有约定未实际交付的，那么定金合同不成立。

债务人履行债务的，定金应当抵作价款或者收回。给付定金的一方不履行债务或者履行债务不符合约定，致使不能实现合同目的的，无权请求返还定金；收受定金的一方不履行债务或者履行债务不符合约定，致使不能实现合同目的的，应当双倍返还定金。可见，定金的交付是为了保证债务的履行，其适用后果具有法定性，定金罚则的效力不仅限于交付定金的一方，对收受定金的一方同样具可以适用。当事人既约定违约金，又约定定金的，一方违约时，对方可以选择适用违约金或者定金条款。定金不足以弥补一方违约造成的损失的，对方可以请求赔偿超过定金数额的损失。适用违约金或者定金条款的选择权归于非违约一方，违约一方不得选择，体现了对于违约一方的惩罚性。

案例呈现

1. 案情介绍

张某与某建材公司签订了一份《建材采购合同》，约定张某向该公司购买一批装修用瓷砖，总价款为20万元。合同签订当日，张某支付了5万元作为定金。合同中同时约定，若建材公司未能按时交货，须支付合同总价款10%的违约金。然而，由于供应商问题，建材公司未能按约定时间交付瓷砖，致使张某装修工程延期。张某遂要求建材公司双倍返还定金共计10万元，并支付合同约定的违约金2万元。

2. 思考问题

张某是否能同时要求建材公司双倍返还定金并支付违约金？

3. 案情解析

根据《中华人民共和国民法典》的相关规定，当事人在合同中既约定定金又约定违约金的，一方违约时，对方可以选择适用违约金或者定金条款，但二者不能同时适用。这是基于公平原则和避免对违约方过度惩罚的考虑。

张某需要在这两种救济方式中做出选择。如果张某选择适用定金条款，则有权要求建材公司双倍返还定金，但是由于5万元定金超过了标的额的20%，超过部分不产生定金的效力，因此其中的4万元为定金，双倍返还金额为8万元，多出的1万元不是定金，应该原价返还，故总返还金额为 9 万元；如果选择适用违约金条款，则有权要求建材公司支付合同约定的违约金2万元，但两者不能兼得。

7.4.4 违约责任的免责条件

1. 不可抗力

在合同履行过程中，如果违约方的违约行为是由于法定的或者合同约定的免责事由的出现，则违约方免于承担违约责任。《中华人民共和国民法典》中规定的法定免责事由主要是不可抗力。当事人一方因不可抗力不能履行合同的，根据不可抗力的影响，部分或者全部免除责任，但是法律另有规定的除外。因不可抗力不能履行合同的，应当及时通知对方以减轻可能给对方造成的损失，并应当在合理期限内提供证明。当事人迟延履行后发生不可抗力的，不免除其违约责任。

在合同履行过程中，双方都可能遭遇不可抗力，也可能仅是一方遭遇，任何一方当事人遇到不可抗力导致合同不能履行都可以主张该免责事由。但如果仅是发生了不可抗力，并未导致合同不能履行，则不可主张适用该免责事由。

2. 违约责任的减轻

（1）当事人一方违约后，对方应当采取适当措施防止损失的扩大；没有采取适当措施致使损失扩大的，不得就扩大的损失请求赔偿。当事人因防止损失扩大而支出的合理费用，由违约方负担。当违约的相对方知晓违约情况，且能够采取一定措施防止损失扩大的，则其具有减少损失的义务，而不能任由损失扩大。

（2）当事人有违反合同的，应当各自承担相应的责任。当事人一方违约造成对方损失，对方对损失的发生有过错的，可以减少相应的损失赔偿额。

应该注意的是，当事人一方因第三人的原因造成违约的，仍要承担违约责任，第三人原因原则上不能成为免责事由，违约方在承担违约责任后可根据法律规定或者约定向第三人追偿或要求赔偿。

任务实战

根据要求完成下列任务实作工单。

任务实作工单

1. 工作任务 （1）分组：每三人为一个小组（一人为编制人，一人为校核人，一人为审核人）。 （2）工作任务：案例分析。 ① 案情介绍 2024 年，某公司与李某签订了一份货物买卖合同，约定李某须在当年 8 月 1 日前向该公司交付 100 台特定型号的机器设备，用于公司生产线扩建。合同明确约定了不可抗力条款，但未具体列举所有可能情形。同年 7 月，该公司所在地区突遭严重洪水灾害，导致交通中断、仓库受损，且洪水直接影响了李某的生产基地，使得原定的机器设备无法按时生产完成并运输。李某立即通知了该公司，并提供了当地气象部门发布的洪水预警及生产基地受损的照片作为证明。

<table>
<tr><td colspan="3">公司认为李某未能按时交付构成违约，要求支付违约金并赔偿因此造成的生产线扩建延期损失。李某则主张因不可抗力导致无法履行合同，请求免责。
② 思考问题
请结合《中华人民共和国民法典》相关规定，分析李某是否应该承担违约责任。
（3）要求：认真阅读任务内容，并进行小组讨论，解答问题。</td></tr>
<tr><td colspan="3">2. 任务解答</td></tr>
<tr><td colspan="2">校核人意见：</td><td rowspan="2">编制人意见：</td></tr>
<tr><td colspan="2">审核人意见：</td></tr>
<tr><td>编制人：</td><td>校核人：</td><td>审核人：</td></tr>
</table>

学习评价

本模块各单元的学习情况可按下表进行评价。

学习评价表

<table>
<tr><td colspan="2">姓名：</td><td>组别：</td><td colspan="2">任务：</td></tr>
<tr><td>评价内容</td><td>评价标准</td><td>自评</td><td>组员互评</td><td>老师评价</td></tr>
<tr><td>职业素养
（20 分）</td><td>（1）学习态度积极，能主动思考，能有计划地组织小组成员完成工作任务，有良好的团队合作意识，遵章守纪：计 20 分；
（2）学习态度较积极，能主动思考，能配合小组成员完成工作任务，遵章守纪：计 15 分；
（3）学习态度端正，主动思考能力欠缺，能配合小组成员完成工作任务，遵章守纪：计 10 分；
（4）学习态度不端正，不参与团队任务：计 0 分。</td><td></td><td></td><td></td></tr>
<tr><td>职业技能
（80 分）</td><td>问题回答正确，字迹工整：计 80 分，如有错误按以下标准扣分，扣完为止：
（1）回答（校核、审核）有错误，每返工一次扣 20 分；
（2）举例不规范，每处扣 5 分；
（3）字迹不工整、酌情扣分，最多扣 10 分。</td><td></td><td></td><td></td></tr>
<tr><td colspan="5">综合得分：</td></tr>
<tr><td colspan="5">备注：综合得分＝自评分×30%+小组互评分×30%+老师评价分×40%</td></tr>
</table>

模块 8

建设工程合同

情境描述

本模块以法学基础知识认知规律为主线，由浅入深介绍建设工程合同法律法规的基础知识。其主要内容为：建设工程合同概述、建设工程施工合同、工程索赔。学生根据要求完成“任务实作工单”的工作任务。

1. 知识目标

（1）熟悉建设工程合同的概念、特征和分类；

（1）了解建设工程施工合同的含义、主要内容和示范文本；

（1）正确把握施工合同的效力；

（1）熟悉施工合同管理的主要内容；

（1）熟悉索赔的概念、特征、原因和程序，了解索赔报告的撰写要点，理解工期与费用索赔和反索赔。

2. 能力目标

（1）能够初步审查建设工程施工合同的要素是否齐备；

（2）能够合理运用示范文本；

（3）能够初步判断施工合同效力；

（4）能够进行初步的施工合同管理；

（5）能够撰写简单的工程索赔文本；

（6）能够大致计算简单的工期与费用索赔数额。

3. 素质目标

（1）引导学生树立正确的世界观、人生观、价值观及团队合作意识；

（2）引导学生养成乐学、善思的良好习惯，具备勤奋好学、学以致用的能力；

（3）培养学生吃苦耐劳、勇于开拓、积极进取的精神；

（4）通过学习建设领域合同法律法规的基础知识，紧密结合实际，增强学生对合同法律法规重要性的认知，做到知法守法，提升社会责任感。

单元 8.1 建设工程合同概述

微课：建设工程合同

问题导入

问题：建设工程合同有哪些分类？

思维导图

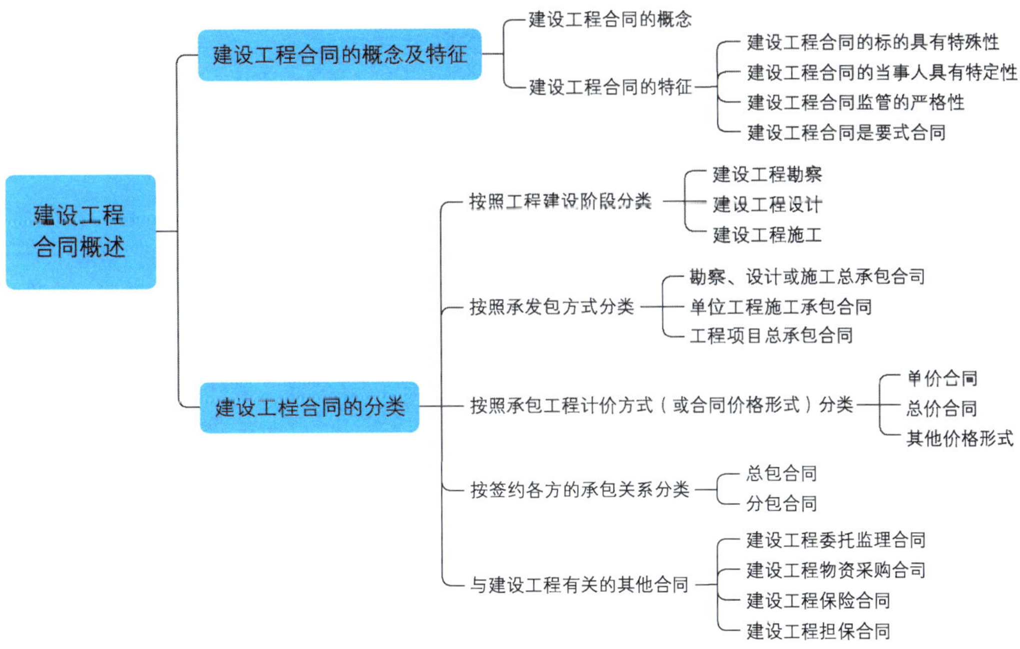

知识学习

8.1.1 建设工程合同的概念及特征

1. 建设工程合同的概念

《中华人民共和国民法典》第七百八十八条规定，建设工程合同是承包人进行工程建设，发包人支付价款的合同。建设工程合同包括工程勘察、设计、施工合同。

在建设工程合同中，发包人委托承包人进行建设工程的勘察、设计、施工，承包人接受委托并完成建设工程的勘察、设计、施工任务，发包人为此向承包人支付价款。从合同理论上说，建设工程合同是广义承揽合同的一种，也是承包人（承揽人）按照发包人（定做人）的要求完成工作，交付工作成果，发包人给付报酬的合同。但由于建设工程合同在经济活动、社会生活中的重要作用，以及在国家管理、合同标的等方面均有别于一般的承揽合同，我国一直将建设工程合同列为单独的一类重要合同。但由于建设工程合同毕竟是从承揽合同中分离出来的，《中华人民共和国民法典》第八百零八条规定：本章没有规定的，适用承揽合同的有关规定。由此可见，建设工程合同实质上是一种承揽合同，或者说是承揽合同的一种特殊类型。

2. 建设工程合同的特征

（1）建设工程合同的标的具有特殊性

建设工程合同是从承揽合同中分化出来的，也属于一种完成工作的合同。与承揽合同不同的是，建设工程合同的标的为不动产建设项目。也正由于此，使得建设工程合同又具有内容复杂，履行期限长，投资规模大，风险较大等一系列特点。

（2）建设工程合同的当事人具有特定性

作为建设工程合同当事人一方的承包人，一般情况下只能是具有从事勘察、设计、施工资格的法人。这是由建设工程合同的复杂性和专业性所决定的。

（3）建设工程合同监管的严格性

由于建设工程合同与国民经济建设及人民群众生活都有着密切的关系，因此该合同的订立和履行，必须符合国家基本建设计划的要求，并接受有关政府部门的管理和监督，且符合相应的法律法规。

（4）建设工程合同是要式合同

《中华人民共和国民法典》第七百八十九条规定，建设工程合同应当采用书面形式。某些建设工程合同须采取批准形式，如《中华人民共和国民法典》第七百九十二条规定，国家重大建设工程合同，应当按照国家规定的程序和国家批准的投资计划、可行性研究报告等文件订立。

与承揽合同相同，建设工程合同也是双务合同、有偿合同和诺成合同。

8.1.2 建设工程合同的分类

建设工程项目的实施需要多个法律主体的共同参与，不同的进度任务由不同的法律主体来承担，建设工程合同按照完成的工程任务的内容来进行划分，有勘察合同、设计合同、施工承包合同、设备材料采购合同、工程监理合同、咨询合同、代理合同等。根据《中华人民共和国民法典》的规定，勘察合同、设计合同、施工承包合同属于建设工程合同，工程监理合同、咨询合同等属于委托合同。为便于更好地认识建设工程合同，建设工程合同还可以按其他方式进行分类。

1. 按照工程建设阶段分类

建设工程的建设过程大体经过勘察、设计、施工 3 个阶段，围绕不同阶段订立相应合同。《中华人民共和国民法典》规定了建设工程合同的工程勘察、设计、施工合同，即为按建设阶段进行的分类。

（1）建设工程勘察

建设工程勘察是指根据建设工程的要求，查明、分析、评价建设场地的地质地理环境特征和岩土工程条件，编制建设工程勘察文件的活动，建设工程勘察合同即发包人与勘察人就完成商定的勘察任务明确双方权利和义务的协议。

（2）建设工程设计

建设工程设计是指根据建设工程的要求，对建设工程所需的技术、经济、资源和环境等条件进行综合分析与论证，编制建设工程设计文件的活动。建设工程设计合同即发包人与设计人就完成商定的工程设计任务明确双方权利和义务的协议。建设工程设计合同实际上包括两个合同：一是初步设计合同，即在建设工程立项阶段承包人为项目决策提供可行性资料的设计而与发包人签订的合同；二是施工设计合同，是指在承包人与发包人就具体施工设计达成的协议。

（3）建设工程施工

建设工程施工是指根据建设工程设计文件的要求，对建设工程进行新建、扩建、改建的活动。建设工程施工合同即发包人与承包人为完成商定的建设工程项目的施工任务明确双方权利义务达成的协议。施工合同主要包括建筑和安装两方面内容，此处的建筑是指对工程进行营造的行为，安装主要是指与工程有关的线路、管道和设备等设施的装配。

2. 按照承发包方式分类

（1）勘察、设计或施工总承包合同

勘察、设计或施工总承包，是指发包人将全部勘察、设计或施工的任务分别发包给一个勘察、设计单位或一个施工单位作为总承包人，经发包人同意，总承包人可以将勘察、设计或施工任务的一部分分包给其他符合资质的分包人，据此明确各方权利义务的协议即为勘察、设计或施工总承包合同。在这种模式中，发包人与总承包人订立总承包合同，总承包人与分包人订立分包合同，总承包人与分包人就工作成果对发包人承担连带责任。

（2）单位工程施工承包合同

单位工程施工承包，是指在一些大型、复杂的建设工程中，发包人可以将专业性很强的单位工程发包给不同的承包人，与承包人分别签订土木工程施工合同、电气与机械工程承包合同等，这些承包人之间为平行关系。单位工程施工承包合同常见于大型工业建筑安装工程及大型、复杂的建设工程，据此明确各方权利和义务的协议即为单位工程施工承包合同。

（3）工程项目总承包合同

工程项目总承包，是指建设单位将包括工程设计、施工、材料和设备采购等一系列工作全部发包给一家承包单位，由其进行实质性设计、施工和采购工作，最后向建设单位交付具有使用功能的工程项目。工程项目总承包实施过程可依法将部分工程分包。据此明确各方权利义务的协议即为工程项目总承包合同。

按照规定可分包的工程有：

① 工程的次要部分；

② 群体工程（指结构技术要求相同的）半数以下的单位工程；

③ 门窗制作安装等。

3. 按照承包工程计价方式（或合同价格形式）分类

《建筑工程施工发包与承包计价管理办法》第十三条规定，可以采用单价方式、总价方式和成本加酬金的方式确定合同价款。2017 年 10 月 1 日实施的《建设工程施工合同（示范文本）》（GF-2017—0201）按照合同价格形式将合同分为总价合同、单价合同及其他方式合同。

（1）单价合同

单价合同指合同当事人约定以工程量清单及其综合单价进行合同价格计算、调整和确认的建设工程施工合同，在约定的范围内合同单价不作调整。合同当事人应在专用合同条款中约定综合单价包含的风险范围和风险费用的计算方法，并约定风险范围以外的合同价格的调整方法。单价合同中单价是相对固定的，实行工程量清单计价的工程，应采用单价合同。

（2）总价合同

总价合同是指合同当事人约定以施工图、已标价工程量清单或预算书及有关条件进行合同价格计算、调整和确认的建设工程施工合同，在约定的范围内合同总价不作调整。合同当事人应在专用合同条款中约定总价包含的风险范围和风险费用的计算方法，并约定风险范围以外的合同价格的调整方法。总价合同中总价也是相对固定的。技术简单、规模较小和工期较短的项目，且施工图设计已审查批准的，可采用总价合同。

（3）其他价格形式

合同当事人可在专用合同条款中约定其他合同价格形式。由于原来的成本加酬金合同形式的实践应用不具有典型性，故归入其他方式合同，其他方式合同中还包含了采用定额计价的合同。紧急抢险、救灾以及施工技术特别复杂的情形，可采用成本加酬金合同。

4. 按签约各方的承包关系分类

（1）总包合同

总包合同指建设单位（发包人）将工程项目建设全过程或其中某个阶段的全部工作，发包给一个承包单位总包，发包人与总包方签订的合同称为总包合同。总包合同签订后，总承包单位可以将若干专业性工作交给不同的专业承包单位去完成，并统一协调和监督它们的工作。一般情况下，建设单位仅与总承包单位发生法律关系，而不与各专业承包单位发生法律关系。

（2）分包合同

分包合同指总承包人与发包人签订总包合同之后，将若干专业性工作分包给不同的专业承包单位去完成，总包方分别与各分包方签订的分包合同。对于大型工程项目，有时也可由发包人直接与每个承包人签订合同，而不采取总包形式。这时每个承包人都处于同样的地位，各自独立完成本单位所承包的任务，并直接向发包人负责。

5. 与建设工程有关的其他合同

（1）建设工程委托监理合同

建设工程监理合同是指委托人（发包人）与监理人签订，为委托监理人承担监理业务而明确双方权利和义务关系的协议。

（2）建设工程物资采购合同

建设工程物资采购合同是指出卖人转移建设工程物资所有权给买受人，买受人支付价款的明确双方权利和义务关系的协议。

（3）建设工程保险合同

建设工程保险合同是指发包人或承包人为防范特定风险而与保险公司明确权利和义务关

系的协议。

（4）建设工程担保合同

建设工程担保合同是指义务人（发包人或承包人）或第三人（或保险公司）与权利人（承包人或发包人）签订为保证建设工程合同全面、正确履行而明确双方权利和义务关系的协议。建设工程委托监理合同的标的是“服务”，建设工程物资采购合同属于“买卖合同”，其合同标的是“货物”，建设工程担保合同属于从合同。

任务实战

根据要求完成下列任务实作工单。

任务实作工单

<table>
<tr><td colspan="3">1. 工作任务
（1）分组：每三人为一个小组（一人为编制人，一人为校核人，一人为审核人）。
（2）工作任务：案例分析。
① 案情介绍
某市住宅小区开发公司（简称“开发公司”）作为发包人，与一家大型建设集团（简称“总承包公司”）签订了住宅小区项目的总承包合同。总承包公司承接项目后，经开发公司同意，将部分非主体结构的施工工作分包给了一家具有相应资质的建筑工程公司（简称“分包公司”）。分包公司在施工过程中，由于管理不善和施工质量把控不严，使部分楼栋的外墙保温层出现脱落，严重影响了住宅的安全性和使用功能。开发公司在发现问题后，多次要求总承包公司和分包公司采取措施进行修复，但问题始终未能得到妥善解决。最终，开发公司将总承包公司和分包公司共同诉至法院，要求他们承担因工程质量问题导致的损失赔偿责任。
② 思考问题
请结合《中华人民共和国建筑法》第二十九条和《中华人民共和国民法典》第七百九十一条的规定，分析总承包公司和分包公司应当如何承担责任。
（3）要求：认真阅读任务内容，并进行小组讨论，解答问题。</td></tr>
<tr><td colspan="3">2. 任务解答</td></tr>
<tr><td colspan="2">校核人意见：</td><td rowspan="2">编制人意见：</td></tr>
<tr><td colspan="2">审核人意见：</td></tr>
<tr><td>编制人：</td><td>校核人：</td><td>审核人：</td></tr>
</table>

单元 8.2 建设工程施工合同

微课：建设工程施工合同类型

问题导入

问题 1：建设工程施工合同应包括哪些方面的内容？

问题 2：请查询最新的建设工程施工合同示范文本，其由哪几大部分组成？

思维导图

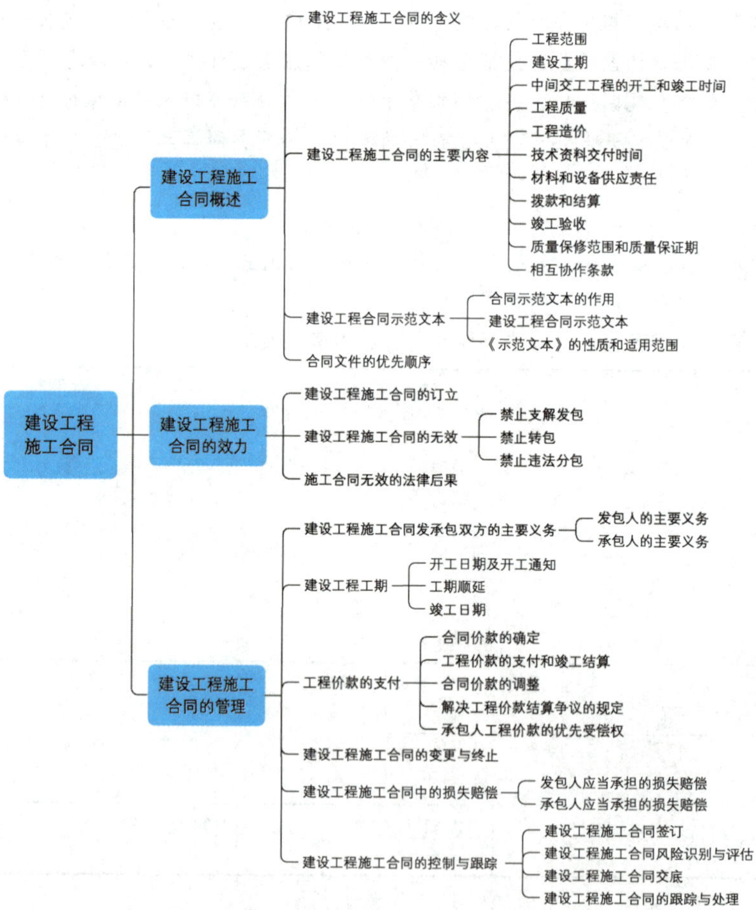

知识学习

8.2.1 建设工程施工合同概述

1. 建设工程施工合同的含义

建设工程施工合同是建设工程合同的一种类型，又称建筑安装工程承包合同，是指发包方（建设单位）和承包方（施工单位）为完成商定的施工工程，明确相互权利、义务的协议。施工合同的当事人是发包人和承包人，双方是平等的民事主体。发承包双方签订施工合同，必须具备相应资质条件和履行施工合同的能力。依照施工合同，施工单位应完成建设单位交给的施工任务，建设单位应按照规定提供必要条件并支付工程价款。

建设工程施工合同是承包人进行工程建设施工，发包人支付价款的合同，是工程建设质量控制、进度控制、投资控制的主要依据，也是发承包双方发生争议后的解决依据，是建设工程合同中最有代表性、最普遍和最复杂的合同类型。

2. 建设工程施工合同的主要内容

《中华人民共和国民法典》第四百七十条规定了一般合同包括的常见条款。而对于施工合同，其内容一般包括工程范围、建设工期、中间交工工程的开工和竣工时间、工程质量、工程造价、技术资料交付时间、材料和设备供应责任、拨款和结算、竣工验收、质量保修范围和质量保证期、相互协作等条款。

（1）工程范围

工程范围是指施工的界区，是施工人进行施工的工作范围。

（2）建设工期

建设工期是指施工人完成施工任务的期限。在实践中，有的发包人常常要求缩短工期，施工人为了赶进度，往往导致严重的工程质量问题。因此，为了保证工程质量，双方当事人应当在施工合同中确定合理的建设工期。

（3）中间交工工程的开工和竣工时间

中间交工工程是指施工过程中的阶段性工程。为了保证工程各阶段的交接，顺利完成工程建设，当事人应当明确中间交工工程的开工和竣工时间。

（4）工程质量

工程质量条款是明确施工人施工要求，确定施工人责任的依据。施工人必须按照工程设计图纸和施工技术标准施工，不得擅自修改工程设计，不得偷工减料。发包人也不得明示或者暗示施工人违反工程建设强制性标准，降低建设工程质量。

（5）工程造价

工程造价是指进行工程建设所需的全部费用，包括人工费、材料费、施工机械使用费、措施费等。在实践中，有的发包人为了获得更多的利益，往往压低工程造价，而施工人为了盈利或不亏本，不得不偷工减料、以次充好，结果导致工程质量不合格，甚至造成严重的工程质量事故。因此，为了保证工程质量，双方当事人应当合理确定工程造价。

（6）技术资料交付时间

技术资料主要是指勘察、设计文件以及其他施工人根据施工所必需的基础资料，当事人应当在施工合同中明确技术资料的交付时间。

（7）材料和设备供应责任

材料和设备供应责任，是指由哪一方当事人提供工程所需材料设备及其应承担的责任。材料和设备可以由发包人负责提供，也可以由施工人负责采购。如果按照合同约定由发包人负责采购建筑材料、构配件和设备的，发包人应当保证建筑材料、构配件和设备符合设计文件和合同要求。施工人则须按照工程设计要求、施工技术标准和合同约定，对建筑材料、构配件和设备进行检验。

（8）拨款和结算

拨款是指工程款的拨付。结算是指施工人按照合同约定和已完工程量向发包人办理工程款的清算。拨款和结算条款是施工人请求发包人支付工程款和报酬的依据。

（9）竣工验收

竣工验收条款一般应当包括验收范围与内容、验收标准与依据、验收人员组成、验收方式和日期等内容。

（10）质量保修范围和质量保证期

建设工程质量保修范围和质量保证期，按照 2019 年 4 月经修改后颁布的《建设工程质量管理条例》的规定执行。基础设施工程、房屋建筑的地基基础工程和主体结构工程，为设计文件规定的该工程的合理使用年限；屋面防水工程、有防水要求的卫生间、房间和外墙面的防渗漏，为 5 年；供热与供冷系统，为 2 个采暖期、供冷期；电气管线、给排水管道、设备安装和装修工程，为 2 年。其他项目的保修期限由发包方与承包方约定。

（11）相互协作条款

相互协作条款一般包括当事人在施工前的准备工作，施工人及时向发包人提出开工通知书、施工进度报告书、对发包人的监督检查提供必要协助等。

3. 建设工程合同示范文本

（1）合同示范文本的作用

由于建设工程一般投资较大、时间跨度长、涉及因素多，故要拟定一份较为完备的合同是比较困难的，故国家机关已经事先拟定了对当事人订立合同起示范作用的合同文本。在很大程度上解决了实践中合同不规范、条款不完备、漏洞较多，履约困难的问题，有效减少了合同纠纷的发生。

（2）建设工程合同示范文本

国务院建设行政主管部门和国务院原工商行政管理部门，陆续制定了《建设工程造价咨询合同（示范文本）》《建设工程勘察合同（示范文本）》《建设工程施工合同（示范文本）》《园林绿化工程施工合同（示范文本）》《建设项目工程总承包合同（示范文本）》等。

其中，《建设工程施工合同（示范文本）》字数接近 6 万字，内容完备，由合同协议书、通用合同条款和专用合同条款三部分组成。

① 合同协议书《示范文本》

合同协议书共计 13 条，主要包括工程概况、合同工期、质量标准、签约合同价和合同价格形式、项目经理、合同文件构成、承诺以及合同生效条件等重要内容，集中约定了合同当事人基本的合同权利义务。

② 通用合同条款

通用合同条款是合同当事人根据《中华人民共和国建筑法》《中华人民共和国合同法》(注：《中华人民共和国民法典》第三编合同自 2021 年 1 月 1 日起施行,《中华人民共和国合同法》同时废止）等法律法规的规定，就工程建设的实施及相关事项，对合同当事人的权利义务作出的原则性约定。

通用合同条款共计 20 条，具体条款分别为：一般约定、发包人、承包人、监理人，工程质量安全文明施工与环境保护、工期和进度、材料与设备、试验与检验、变更、价格调整、合同价格计量与支付、验收和工程试车、竣工结算、缺陷责任与保修、违约、不可抗力、保险、索赔和争议解决。前述条款安排既考虑了现行法律法规对工程建设的有关要求，也考虑了建设工程施工管理的特殊需要。

③ 专用合同条款

专用合同条款是对通用合同条款原则性约定的细化、完善、补充、修改或另行约定的条款。合同当事人可以根据不同建设工程的特点及具体情况，通过双方的谈判、协商对相应的专用合同条款进行修改补充。在使用专用合同条款时，应注意以下事项：Ⅰ. 专用合同条款的编号应与相应的通用合同条款的编号一致；Ⅱ. 合同当事人可以通过对专用合同条款的修改，满足具体建设工程的特殊要求，避免直接修改通用合同条款；Ⅲ. 在专用合同条款中有横道线的地方，合同当事人可针对相应的通用合同条款进行细化完善、补充，修改或另行约定；如无细化、完善、补充、修改或另行约定，则填写“无”或画“/”。

(3)《示范文本》的性质和适用范围

《示范文本》为非强制性使用文本。《示范文本》适用于房屋建筑工程、土木工程、线路管道和设备安装工程、装修工程等建设工程的施工承发包活动，合同当事人可结合建设工程具体情况，根据《示范文本》订立合同，并按照法律法规和合同约定承担相应的法律责任及合同权利义务。

4. 合同文件的优先顺序

因工程建设构成合同的组成文件种类较多，且合同文件之间有可能存在不一致甚至相互矛盾，从而影响合同理解和履行。一般来说，除合同专用合同条款另有约定外，解释合同文件的优先顺序是：① 合同协议书；② 中标通知书(如果有)；③ 投标函及其附录(如果有)；④ 专用合同条款及其附件；⑤ 通用合同条款；⑥ 技术标准和要求；⑦ 图纸；⑧ 已标价工程量清单或预算书；⑨ 其他合同文件。

8.2.2 建设工程施工合同的效力

1. 建设工程施工合同的订立

建设工程施工合同的订立应该满足《中华人民共和国民法典》第一百四十三条的规定，且应当采用书面形式。有的建设项目的施工合同应当在依法招标投标之后订立，依照《中华人民共和国民法典》规定，建设工程的招标投标活动，应当依照有关法律的规定公开、公平、公正进行。国家重大建设工程合同，应当按照国家规定的程序和国家批准的投资计划、可行性研究报告等文件订立。

2. 建设工程施工合同的无效

法律法规对建设工程合同的发包、承包、分包均有严格规定。《中华人民共和国民法典》和《最高人民法院关于审理建设工程施工合同纠纷案件适用法律问题的解释（一）》均有明确规定。其中，《中华人民共和国民法典》规定了禁止违法发包、转包、分包。

（1）禁止肢解发包。发包人不得将应当由一个承包人完成的建设工程肢解成若干部分发包给数个承包人。

（2）禁止转包。承包人不得将其承包的全部建设工程转包给第三人或者将其承包的全部建设工程肢解以后以分包的名义分别转包给第三人。

（3）禁止违法分包。禁止承包人将工程分包给不具备相应资质条件的单位，禁止分包单位将其承包的工程再分包，建设工程主体结构的施工必须由承包人自行完成。

《最高人民法院关于审理建设工程施工合同纠纷案件适用法律问题的解释（一）》第一条明确规定，建设工程施工合同具有下列情形之一的，应当依据《中华人民共和国民法典》第一百五十三条第一款的规定，认定无效：

（1）承包人未取得建筑业企业资质或者超越资质等级的。

（2）没有资质的实际施工人借用有资质的建筑施工企业名义的。

（3）建设工程必须进行招标而未招标或者中标无效的。承包人因转包、违法分包建设工程与他人签订的建设工程施工合同，应当依据《中华人民共和国民法典》第一百五十三条第一款及第七百九十一条第二款、第三款的规定，认定无效。

《最高人民法院关于审理建设工程施工合同纠纷案件适用法律问题的解释（一）》第二至五条还规定：

（1）招标人和中标人在中标合同之外就明显高于市场价格购买承建房产、无偿建设住房配套设施、让利、向建设单位捐赠财物等另行签订合同，变相降低工程价款一方当事人以该合同背离中标合同实质性内容为由请求确认无效的，人民法院应予支持。

（2）当事人以发包人未取得建设工程规划许可证等规划审批手续为由，请求确认建设工程施工合同无效的，人民法院应予支持，但发包人在起诉前取得建设工程规划许可证等规划审批手续的除外。发包人能够办理审批手续而未办理，并以未办理审批手续为由请求确认建设工程施工合同无效的，人民法院不予支持。

（3）承包人超越资质等级许可的业务范围签订建设工程施工合同，在建设工程竣工前取得相应资质等级，当事人请求按照无效合同处理的，人民法院不予支持。

（4）具有劳务作业法定资质的承包人与总承包人、分包人签订的劳务分包合同，当事人请求确认无效的，人民法院依法不予支持。

3. 施工合同无效的法律后果

施工合同无效的法律后果适用《中华人民共和国民法典》规定的民事法律行为无效的相关规定，无效的或者被撤销的民事法律行为自始没有法律约束力。民事法律行为部分无效，不影响其他部分效力的，其他部分仍然有效。合同不生效、无效、被撤销或者终止的，不影响合同中有关解决争议方法的条款的效力。民事法律行为无效、被撤销或者确定不发生效力后，行为人因该行为取得的财产，应当予以返还；不能返还或者没有必要返还的，应当折价补偿。有过错的一方应当赔偿对方由此所受到的损失；各方都有过错的，应当各自承担相应的责任。法律另有规定的，依照其规定。

关于建设工程施工合同无效后的工程款结算问题，《中华人民共和国民法典》规定，建设工程施工合同无效，但是建设工程经验收合格的，可以参照合同关于工程价款的约定折价补偿承包人。建设工程施工合同无效，且建设工程经验收不合格的，按照以下情形处理：(1) 修复后的建设工程经验收合格的，发包人可以请求承包人承担修复费用。此情形下，修复后的建设工程达到法定、约定质量标准，可以参照合同约定支付工程价款，但需由承包人承担修复费用。(2) 修复后的建设工程经验收不合格的，承包人无权请求参照合同关于工程价款的约定折价补偿。发包人对因建设工程不合格造成的损失有过错的，应当承担相应的责任。

案例呈现

1. 案情介绍

某市一家房地产公司计划开发一项大型商业综合体项目。为推进项目建设，该公司与某建筑公司签订了一份建设工程施工合同，由建筑公司负责该项目的施工建设。然而，在实际操作中，建筑公司并未亲自参与施工，而是将其资质出借给了实际施工人邓某，邓某作为自然人并无相应施工资质。

2. 思考问题

项目施工完成后，双方因工程款结算问题发生纠纷。邓某以建筑公司名义起诉房地产公司，要求支付工程款。在诉讼过程中，房地产公司发现建筑公司存在出借资质的行为，并主张该施工合同无效，从而主张不支付工程款，房地产公司的主张是否成立？

3. 案情解析

根据《最高人民法院关于审理建设工程施工合同纠纷案件适用法律问题的解释（一）》第一条，承包人未取得建筑业企业资质或者超越资质等级的施工合同无效。本案中，邓某作为实际施工人，无相应施工资质，却通过借用建筑公司资质承接工程，违反了法律强制性规定，其与置业公司签订的建设工程施工合同应认定为无效。虽然合同已实际履行且工程验收合格，但合同的效力不因履行而改变，可以参照合同关于工程价款的约定折价补偿承包人，因此，法院会根据实际施工量和市场价格确定房地产公司应支付的工程款。

8.2.3 建设工程施工合同的管理

1. 建设工程施工合同发承包双方的主要义务

《中华人民共和国民法典》和《中华人民共和国建筑法》等法律法规均规定了发承包双方的义务，主要有如下几点：

（1）发包人的主要义务

① 不得违法发包

《中华人民共和国民法典》第四百九十一条规定，发包人不得将应当由一个承包人完成的建设工程肢解成若干部分发包给数个承包人。

② 提供必要施工条件

发包人未按照约定的时间和要求提供原材料、设备、场地、资金、技术资料的，承包人可以顺延工程日期，并有权请求赔偿停工、窝工等损失。

③ 及时检查隐蔽工程

隐蔽工程在隐蔽以前，承包人应当通知发包人检查。发包人没有及时检查的，承包人可以顺延工程日期，并有权请求赔偿停工、窝工等损失。

④ 及时验收工程

建设工程竣工后，发包人应当根据施工图纸及说明书、国家颁发的施工验收规范和质量检验标准及时进行验收。

⑤ 支付工程价款

发包人应当按照合同约定的时间、地点和方式等，向承包人支付工程价款。

（2）承包人的主要义务

① 不得转包和违法分包工程

承包人不得将其承包的全部建设工程转包给第三人或者将其承包的全部建设工程肢解以后以分包的名义分别转包给第三人。禁止承包人将工程分包给不具备相应资质条件的单位。禁止分包单位将其承包的工程再分包。

② 自行完成建设工程主体结构施工

建设工程主体结构的施工必须由承包人自行完成。承包人将建设工程主体结构的施工分包给第三人的，该分包合同无效。

③ 接受发包人有关检查

发包人在不妨碍承包人正常作业的情况下，可以随时对作业进度、质量进行检查。隐蔽工程在隐蔽以前，承包人应当通知发包人检查。

④ 交付竣工验收合格的建设工程

建设工程竣工经验收合格后，方可交付使用；未经验收或者验收不合格的，不得交付使用。

⑤ 建设工程质量不符合约定的无偿修理

因施工人的原因致使建设工程质量不符合约定的，发包人有权请求施工人在合理期限内无偿修理或者返工、改建。经过修理或者返工、改建后，造成逾期交付的，施工人应当承担违约责任。

2. 建设工程工期

住房和城乡建设部、原国家工商行政管理总局《建设工程施工合同（示范文本）》（GF-2017—0201）规定，工期是指在合同协议书约定的承包人完成工程所需的期限，包括按照合同约定所作的期限变更。

（1）开工日期及开工通知

开工日期包括计划开工日期和实际开工日期。

《建设工程施工合同（示范文本）》规定，经发包人同意后，监理人发出的开工通知应符合法律规定。监理人应在计划开工日期 7 天前向承包人发出开工通知，工期自开工通知中载明的开工日期起算。

《最高人民法院关于审理建设工程施工合同纠纷案件适用法律问题的解释（一）》【法释〔2020〕25 号】规定，当事人对建设工程开工日期有争议的，人民法院应当分别按照以下情形予以认定：

① 开工日期为发包人或者监理人发出的开工通知载明的开工日期；开工通知发出后，尚不具备开工条件的，以开工条件具备的时间为开工日期；因承包人原因导致开工时间推迟的，以开工通知载明的时间为开工日期。

② 承包人经发包人同意已经实际进场施工的，以实际进场施工时间为开工日期。

③ 发包人或者监理人未发出开工通知，亦无相关证据证明实际开工日期的，应当综合考虑开工报告、合同、施工许可证、竣工验收报告或者竣工验收备案表等载明的时间，并结合是否具备开工条件的事实，认定开工日期。

（2）工期顺延

当事人约定顺延工期应当经发包人或者监理人签证等方式确认，承包人虽未取得工期顺延的确认，但能够证明在合同约定的期限内向发包人或者监理人申请过工期顺延且顺延事由符合合同约定，承包人以此为由主张工期顺延的，人民法院应予支持。

当事人约定承包人未在约定期限内提出工期顺延申请视为工期不顺延的，按照约定处理，但发包人在约定期限后同意工期顺延或者承包人提出合理抗辩的除外。

（3）竣工日期

《建设工程施工合同（示范文本）》规定，竣工日期包括计划竣工日期和实际竣工日期。

最高人民法院《关于审理建设工程施工合同纠纷案件适用法律问题的解释（一）》规定，当事人对建设工程实际竣工日期有争议的，人民法院应当分别按照以下情形予以认定：

① 建设工程经竣工验收合格的，以竣工验收合格之日为竣工日期。

② 承包人已经提交竣工验收报告，发包人拖延验收的，以承包人提交验收报告之日为竣工日期。

③ 建设工程未经竣工验收，发包人擅自使用的，以转移占有建设工程之日为竣工日期。

案例呈现

1. 案情介绍

某建设单位（简称“发包人”）与某施工单位（简称“承包人”）于 2021 年签订了一份建设工程施工合同，约定承包人负责建造一座办公楼项目。合同明确规定了项目的开工日期、预计竣工日期及相应的工程款支付条款。项目原定于 2023 年 12 月 31 日前竣工并交付使用。项目进行到后期，双方对竣工日期产生了严重争议。承包人认为项目已于 2023 年 12 月 20 日完成所有施工任务，并向发包人提交了竣工验收申请。然而，发包人认为项目存在部分质量问题，须整改后方可进行竣工验收，因此拒绝在承包人提交的竣工验收报告上签字，导致实际竣工日期无法确定。由于双方约定的部分工程款支付条件为“整体工程竣工验收合格后支付”，这一争议直接影响了工程款的结算。

2. 思考问题

应该如何认定竣工日期？

3. 案情解析

承包人已按合同约定完成了所有施工任务，并提交了竣工验收申请，这是竣工日期认定的关键依据。发包人以质量问题为由拒绝签字，根据《最高人民法院关于审理建设工程施工合同纠纷案件适用法律问题的解释（一）》第九条规定，若建设工程已竣工验收合格，竣工日期应为验收合格之日。若发包人拖延验收，则竣工日期可视为承包人提交验收报告之日，发包人应据此履行工程款支付义务。同时，双方应就质量问题进行积极协商和整改，以确保项目顺利交付使用。

3. 工程价款的支付

按照合同约定的时间、金额和支付条件支付工程价款，是发包人的主要合同义务，也是承包人的主要合同权利。

发包人应该按照合同约定支付工程款，若工程款的支付约定不明，则按照《中华人民共和国民法典》第五百一十条规定，合同生效后，当事人就质量、价款或者报酬、履行地点等内容没有约定或者约定不明确的，可以协议补充；不能达成补充协议的，按照合同相关条款或者交易习惯确定。

如果按照合同相关条款或者交易习惯仍不能确定的，《中华人民共和国民法典》规定，价款或者报酬不明确的，按照订立合同时履行地的市场价格履行；依法应当执行政府定价或者政府指导价的，依照规定履行；履行期限不明确的，债务人可以随时履行，债权人也可以随时请求履行，但是应当给对方必要的准备时间。

（1）合同价款的确定

招标工程的合同价款由发包人、承包人依据中标通知书中的中标价格在协议书内约定。非招标工程的合同价款由发包人、承包人依据工程预算书在协议书内约定。合同价款在协议书内约定后，任何一方不得擅自改变。

合同价款的确定方式有固定价格合同、可调价格合同、成本加酬金合同，双方可在专用条款内约定采用其中一种。

2013 年 12 月，住房和城乡建设部发布的《建筑工程施工发包与承包计价管理办法》第 12 条的规定，招标人与中标人应当根据中标价订立合同。不实行招标投标的工程由发承包双方协商订立合同。合同价款的有关事项由发承包双方约定，一般包括合同价款约定方式，预付工程款、工程进度款、工程竣工价款的支付和结算方式，以及合同价款的调整情形等。

发承包双方在确定合同价款时，应当考虑市场环境和生产要素价格变化对合同价款的影响。实行工程量清单计价的建筑工程，鼓励发承包双方采用单价方式确定合同价款。建设规模较小、技术难度较低、工期较短的建筑工程，发承包双方可以采用总价方式确定合同价款。紧急抢险、救灾以及施工技术特别复杂的建筑工程，发承包双方可以采用成本加酬金方式确定合同价款。

对于“黑白合同”的纠纷，《最高人民法院关于审理建设工程施工合同纠纷案件适用法律问题的解释（一）》规定，招标人和中标人另行签订的建设工程施工合同约定的工程范围、建设工期、工程质量、工程价款等实质性内容，与中标合同不一致，一方当事人请求按照中标合同确定权利义务的，人民法院应予支持。招标人和中标人在中标合同之外就明显高于市场价格购买承建房产、无偿建设住房配套设施、让利、向建设单位捐赠财物等另行签订合同，变相降低工程价款，一方当事人以该合同背离中标合同实质性内容为由请求确认无效的，人民法院应予支持。

（2）工程价款的支付和竣工结算

《中华人民共和国民法典》规定，验收合格的，发包人应当按照约定支付价款，并接收该建设工程。

国务院于2019年10月颁布的《优化营商环境条例》规定，国家机关、事业单位不得违约拖欠市场主体的货物、工程、服务等账款，大型企业不得利用优势地位拖欠中小企业账款。

国务院于2020年7月颁布的《保障中小企业款项支付条例》规定，机关、事业单位从中小企业采购货物、工程、服务，应当自货物、工程、服务交付之日起30日内支付款项；合同另有约定的，付款期限最长不得超过60日。合同约定采取履行进度结算、定期结算等结算方式的，付款期限应当自双方确认结算金额之日起算。

《建筑工程施工发包与承包计价管理办法》规定，预付工程款按照合同价款或者年度工程计划额度的一定比例确定和支付，并在工程进度款中予以抵扣。承包方应当按照合同约定向发包方提交已完成工程量报告。发包方收到工程量报告后，应当按照合同约定及时核对并确认。发承包双方应当按照合同约定，定期或者按照工程进度分段进行工程款结算和支付。

工程完工后，应当按照下列规定进行竣工结算：

① 承包方应当在工程完工后的约定期限内提交竣工结算文件。

② 国有资金投资建筑工程的发包方，应当委托具有相应资质的工程造价咨询企业对竣工结算文件进行审核，并在收到竣工结算文件后的约定期限内向承包方提出由工程造价咨询企业出具的竣工结算文件审核意见；逾期未答复的，按照合同约定处理，合同没有约定的，竣工结算文件视为已被认可。非国有资金投资的建筑工程发包方，应当在收到竣工结算文件后的约定期限内予以答复，逾期未答复的，按照合同约定处理，合同没有约定的，竣工结算文件视为已被认可；发包方对竣工结算文件有异议的，应当在答复期内向承包方提出，并可以在提出异议之日起的约定期限内与承包方协商；发包方在协商期内未与承包方协商或者经协商未能与承包方达成协议的，应当委托工程造价咨询企业进行竣工结算审核，并在协商期满后的约定期限内向承包方提出由工程造价咨询企业出具的竣工结算文件审核意见。

③ 承包方对发包方提出的工程造价咨询企业竣工结算审核意见有异议的，在接到该审核意见后1个月内，可以向有关工程造价管理机构或者有关行业组织申请调解，调解不成的，可以依法申请仲裁或者向人民法院提起诉讼。发承包双方在合同中对上述第①项、第②项的期限没有明确约定的，应当按照国家有关规定执行；国家没有规定的，可认为其约定期限均为28日。

工程竣工结算文件经发承包双方签字确认的，应当作为工程决算的依据，未经对方同意，另一方不得就已生效的竣工结算文件委托工程造价咨询企业重复审核。发包方应当按照竣工结算文件及时支付竣工结算款。

（3）合同价款的调整

《建筑工程施工发包与承包计价管理办法》规定，发承包双方应当在合同中约定，发生下列情形时合同价款的调整方法：

① 法律、法规、规章或者国家有关政策变化影响合同价款的；

② 工程造价管理机构发布价格调整信息的；

③ 经批准变更设计的；

④ 发包方更改经审定批准的施工组织设计造成费用增加的；

⑤ 双方约定的其他因素。

（4）解决工程价款结算争议的规定

① 视为发包人认可承包人的单方结算价。

最高人民法院《关于审理建设工程施工合同纠纷案件适用法律问题的解释（一）》规定，当事人约定，发包人收到竣工结算文件后，在约定期限内不予答复，视为认可竣工结算文件的，按照约定处理。承包人请求按照竣工结算文件结算工程价款的，人民法院应予支持。

② 对工程量有争议的工程款结算。

《最高人民法院关于审理建设工程施工合同纠纷案件适用法律问题的解释（一）》规定，当事人对工程量有争议的，按照施工过程中形成的签证等书面文件确认。承包人能够证明发包人同意其施工，但未能提供签证文件证明工程量发生的，可以按照当事人提供的其他证据确认实际发生的工程量。

当事人就同一建设工程订立的数份建设工程施工合同均无效，但建设工程质量合格，一方当事人请求参照实际履行的合同关于工程价款的约定折价补偿承包人的，人民法院应予支持。实际履行的合同难以确定，当事人请求参照最后签订的合同关于工程价款的约定折价补偿承包人的，人民法院应予支持。

当事人签订的建设工程施工合同与招标文件、投标文件、中标通知书载明的工程范围、建设工期、工程质量、工程价款不一致，一方当事人请求将招标文件、投标文件、中标通知书作为结算工程价款的依据的，人民法院应予支持。

③ 欠付工程款的利息支付。

《最高人民法院关于审理建设工程施工合同纠纷案件适用法律问题的解释（一）》规定，当事人对欠付工程价款利息计付标准有约定的，按照约定处理。没有约定的，按照同期同类贷款利率或者同期贷款市场报价利率计息。

利息从应付工程价款之日开始计付。当事人对付款时间没有约定或者约定不明的，下列时间视为应付款时间：

Ⅰ. 建设工程已实际交付的，为交付之日；

Ⅱ. 建设工程没有交付的，为提交竣工结算文件之日；

Ⅲ. 建设工程未交付，工程价款也未结算的，为当事人起诉之日。

④ 工程垫资的处理。

《保障中小企业款项支付条例》规定，政府投资项目所需资金应当按照国家有关规定确保落实到位，不得由施工单位垫资建设。

《最高人民法院关于审理建设工程施工合同纠纷案件适用法律问题的解释（一）》规定，当事人对垫资和垫资利息有约定，承包人请求按照约定返还垫资及其利息的，人民法院应予支持，但是约定的利息计算标准高于垫资时的同类贷款利率或者同期贷款市场报价利率的部分除外。

当事人对垫资没有约定的，按照工程欠款处理。当事人对垫资利息没有约定，承包人请求支付利息的，人民法院不予支持。

案例呈现

1. 案情介绍

2023 年 5 月，甲建筑公司（承包方）与乙建设公司（发包方）签订《建设工程施工合同》，约定工程如需垫资，承包方甲建筑公司负责，但双方并未在合同中约定发包方乙建设公司需要支付垫资利息。2023 年 11 月案涉工程施工完毕，并经乙建设公司验收合格，于 2023 年 12 月投入使用。直至起诉时甲建筑公司也没有收到工程款，甲建筑公司诉称案涉工程款的同时又要其垫资的利息，甲建筑公司称因其垫资是从银行贷款，乙建设公司应该承担该部分垫资利息。

2. 思考问题

法院是否应该判决乙建设公司承担垫资利息？

3. 案情解析

依据《最高人民法院关于审理建设工程施工合同纠纷案件适用法律问题的解释（一）》第二十五条的规定："当事人对垫资和垫资利息有约定，承包人请求按照约定返还垫资及其利息的，人民法院应予支持，但是约定的利息计算标准高于垫资时的同类贷款利率或者同期贷款市场报价利率的部分除外。当事人对于垫资没有约定的，按照工程欠款处理。当事人对垫资没有约定的，承包人请求支付利息的，人民法院不予支持"。从上述法律规定看，承包人的垫资成本包含在工程款中，在没有约定的情况下，承包人不能要求返还垫资成本，只能主张欠付工程款。

法院经审理认为，双方签订的《建设工程施工合同》明确约定由承包方甲建筑公司垫资施工，但双方并未在合同中约定发包方乙建设公司需要支付垫资利息。在此情况下，即使甲建筑公司垫资的资金来源于银行借款，也已经物化到涉案其所得的工程款中。而对于甲建筑公司来说，是投入自有资金还是选择对外借款，是自己的商业判断和自甘的商业风险，在本案中主张垫资利息无事实及法律依据，不予支持甲建筑公司要求支付利息的诉讼请求。

（5）承包人工程价款的优先受偿权

《中华人民共和国民法典》规定，发包人未按照约定支付价款的，承包人可以催告发包人在合理期限内支付价款。发包人逾期不支付的，除根据建设工程的性质不宜折价、拍卖外，承包人可以与发包人协议将该工程折价，也可以请求人民法院将该工程依法拍卖。建设工程的价款就该工程折价或者拍卖的价款优先受偿。

《最高人民法院关于审理建设工程施工合同纠纷案件适用法律问题的解释（一）》规定，承包人根据《中华人民共和国民法典》第八百零七条规定享有的建设工程价款优先受偿权优于抵押权和其他债权。

装饰装修工程具备折价或者拍卖条件，装饰装修工程的承包人请求工程价款就该装饰装修工程折价或者拍卖的价款优先受偿的，人民法院应予支持。

建设工程质量合格，承包人请求其承建工程的价款就工程折价或者拍卖的价款优先受偿的，人民法院应予支持；未竣工的建设工程质量合格，承包人请求其承建工程的价款就其承建工程部分折价或者拍卖的价款优先受偿的，人民法院应予支持。

承包人建设工程价款优先受偿的范围依照国务院有关行政主管部门关于建设工程价款范围的规定确定。承包人就逾期支付建设工程价款的利息、违约金、损害赔偿金等主张优先受偿的，人民法院不予支持。承包人应当在合理期限内行使建设工程价款优先受偿权，但最长不得超过 18 个月，自发包人应当给付建设工程价款之日起算。发包人与承包人约定放弃或者限制建设工程价款优先受偿权，损害建筑工人利益，发包人根据该约定主张承包人不享有建设工程价款优先受偿权的，人民法院不予支持。

案例呈现

1. 案情介绍

2023 年，甲公司与乙公司签订《建设工程施工总承包合同》，甲公司将位于某市某区某城都汇的工程发包给乙公司建设施工，并约定了施工内容、合同价款、支付结算标准等。随后，双方先后又签订《补充协议》《工程结算书》等，确认工程造价、拖欠工程款数额、违约金、利息标准。

工程竣工验收后，甲公司逾期未按约定向乙公司支付工程款，乙公司经多次催收未果后，遂到某区法院提起诉讼，请求甲公司支付拖欠的工程款及违约金，并确认乙公司对涉案某城都汇项目建筑工程折价或者拍卖的价款享有优先受偿权。

2. 思考问题

乙公司对涉案某城都汇项目建筑工程折价或者拍卖的价款优先受偿的诉讼请求能否得到支持?

3. 案情解析

法院经审理认为，虽然该案合同的签订时间、案涉工程施工、完成、结算等民事行为均发生在《中华人民共和国民法典》施行前，但按照《建设工程施工总承包合同》的约定，付款时间是发生在《中华人民共和国民法典》施行后，且是因乙公司认为甲公司逾期付款而引发纠纷，故该案应适用《中华人民共和国民法典》的规定。

案涉工程项目竣工验收合格后，甲公司没有按期足额支付工程款，显属违约，依法应承担向乙公司支付拖欠工程款及违约金的责任。根据《中华人民共和国民法典》第八百零七条“发包人未按照约定支付价款的，承包人可以催告发包人在合理期限内支付价款。发包人逾期不支付的，除根据建设工程的性质不宜折价、拍卖外，承包人可以与发包人协议将该工程折价，也可以请求人民法院将该工程依法拍卖。建设工程的价款就该工程折价或者拍卖的价款优先受偿。”的规定，乙公司依法对其承建的某城都汇项目建设工程折价或者拍卖所得的价款在所欠工程款范围内享有优先受偿权。

据此，某区法院依法判决甲公司向乙公司支付拖欠的工程款 4 588 万余元、违约金 600 万余元；乙公司对其承建的某城都汇项目建设工程折价或者拍卖所得的价款在所欠工程款 4 588 万余元的范围内享有优先受偿权。

注意，依据《最高人民法院关于审理建设工程施工合同纠纷案件适用法律问题的解释(一)》第四十一条，承包人行使建设工程优先受偿权的期限，自发包人应当给付建设工程价款之日起算，最长不得超过 18 个月。

4. 建设工程施工合同的变更与终止

建设工程施工合同的变更与终止适用《中华人民共和国民法典》的一般规定，但在合同解除这一终止情形下，有如下特别规定：

（1）承包人将建设工程转包、违法分包的，发包人可以解除合同。

（2）发包人提供的主要建筑材料、建筑构配件和设备不符合强制性标准或者不履行协助义务，致使承包人无法施工，经催告后在合理期限内仍未履行相应义务的，承包人可以解除合同。

（3）合同解除后，已经完成的建设工程质量合格的，发包人应当按照约定支付相应的工程价款；已经完成的建设工程质量不合格的，参照建设工程施工合同无效的规定处理。

5. 建设工程施工合同中的损失赔偿

（1）发包人应当承担的损失赔偿

① 未及时检查隐蔽工程造成的损失

《中华人民共和国民法典》规定，隐蔽工程在隐蔽以前，承包人应当通知发包人检查。发包人没有及时检查的，承包人可以顺延工程日期，并有权请求赔偿停工、窝工等损失。

② 未按照约定提供原材料、设备等造成的损失

发包人未按照约定的时间和要求提供原材料、设备场地、资金、技术资料的，承包人可以顺延工程日期，并有权请求赔偿停工、窝工等损失。

③ 因发包人原因致使工程中途停建、缓建造成的损失

因发包人的原因致使工程中途停建、缓建的，发包人应当采取措施弥补或者减少损失，赔偿承包人因此造成的停工、窝工、倒运、机械设备调迁、材料和构件积压等损失和实际费用。

④ 提供图纸或者技术要求不合理且怠于答复等造成的损失

承揽人（承包人）发现定作人（发包人）提供的图纸或者技术要求不合理的，应当及时通知定作人（发包人），因定作人（发包人）怠于答复等原因造成承揽人（承包人）损失的，应当赔偿损失。

⑤ 中途变更承揽工作要求造成的损失

定作人（发包人）中途变更承揽工作的要求，造成承揽人（承包人）损失的，应当赔偿损失。

⑥ 要求压缩合同约定工期造成的损失

2003 年 11 月公布的《建设工程安全生产管理条例》规定，建设单位要求施工单位压缩合同约定的工期的，造成损失的，依法承担赔偿责任。

⑦ 验收违法行为造成的损失

2019 年 4 月经修改后新颁布的《建设工程质量管理条例》规定，建设单位有下列行为之一的，造成损失的，依法承担赔偿责任：

Ⅰ. 未组织竣工验收，擅自交付使用的；

Ⅱ. 验收不合格，擅自交付使用的；

Ⅲ. 对不合格的建设工程按照合格工程验收的。

案例呈现

1. 案情介绍

某城市一在建商业综合体项目，甲公司作为发包人负责项目的整体管理，乙公司作为承包人负责建筑桩基工程的施工。根据双方签订的施工合同，桩基工程作为隐蔽工程，在隐蔽前需由发包人甲公司进行检查验收。合同中明确规定了检查验收的时间节点和流程，以确保工程质

量和进度。在桩基工程即将完成并准备隐蔽前，乙公司按照合同约定及时通知了甲公司进行检查。然而，甲公司因内部管理和协调问题，未能按约定时间到场检查，导致检查验收工作延误。乙公司因此无法按计划进行后续施工，整体工期受到影响，并产生了额外的停工、窝工等损失。

2. 思考问题

乙公司是否可以向甲公司主张损失？

3. 案情解析

乙公司作为承包人，已按照合同约定履行了通知义务，甲公司作为发包人，在接到乙公司的通知后，未能及时履行检查验收义务，不仅影响了工程进度，也给乙公司带来了损失。甲公司因未及时检查隐蔽工程，导致乙公司无法按计划施工，整体工期延长，并产生了额外的停工、窝工等损失。根据《中华人民共和国民法典》及双方签订的施工合同，乙公司有权向甲公司赔偿损失，承担乙公司因停工、窝工等造成的实际损失赔偿。

（2）承包人应当承担的损失赔偿

① 转让、出借资质证书等造成的损失

《建筑法》规定，建筑施工企业转让、出借资质证书或者以其他方式允许他人以本企业的名义承揽工程的，对因该项承揽工程不符合规定的质量标准造成的损失，建筑施工企业与使用本企业名义的单位或者个人承担连带赔偿责任。

② 转包、违法分包造成的损失

承包单位将承包的工程转包的，或者违反规定进行分包的，对因转包工程或者违法分包的工程不符合规定的质量标准造成的损失，与接受转包或者分包的单位承担连带赔偿责任。

③ 偷工减料等造成的损失

建筑施工企业在施工中偷工减料，使用不合格的建筑材料、建筑构配件和设备的，或者有其他不按照工程设计图纸或者施工技术标准施工的行为的，造成建筑工程质量不符合规定的质量标准的，负责返工、修理，并赔偿因此造成的损失。

④ 与监理单位串通造成的损失

工程监理单位与承包单位串通，为承包单位谋取非法利益，给建设单位造成损失的，应当与承包单位承担连带赔偿责任。

⑤ 不履行保修义务造成的损失

建筑施工企业违反规定，不履行保修义务或者拖延履行保修义务的，并对在保修期内因屋顶、墙面渗漏、开裂等质量缺陷造成的损失，承担赔偿责任。

⑥ 保管不善造成的损失

承揽人（承包人）应当妥善保管定作人（发包人）提供的材料以及完成的工作成果，因保管不善造成毁损、灭失的，应当承担赔偿责任。

⑦ 合理使用期限内造成的损失

《建筑法》规定，在建筑物的合理使用寿命内，因建筑工程质量不合格受到损害的，有权向责任方要求赔偿。

《中华人民共和国民法典》规定，因承包人的原因致使建设工程在合理使用期限内造成人身损害和财产损失的，承包人应当承担赔偿责任。

案例呈现

1. 案情介绍

某大型基础设施建设项目中，建设单位A公司委托了知名的工程监理单位B公司进行全程监理，以确保工程质量与施工合规性。同时，A公司将主体工程发包给了具有相应资质的承包单位C公司。在项目进行过程中，工程监理单位B公司的部分监理人员与承包单位C公司的项目负责人私下建立了不正当关系，双方串通一气，对部分不符合设计要求或存在质量隐患的施工环节视而不见，甚至伪造监理记录以掩盖问题。此举严重损害了工程质量，同时也为C公司谋取了非法利益，如增加不必要的工程量、提高材料单价等。

2. 思考问题

工程监理单位B公司与承包单位C公司应该对建设单位A公司承担什么法律责任？

3. 案情解析

工程监理单位与承包单位串通，为承包单位谋取非法利益，给建设单位造成损失的，应当与承包单位承担连带赔偿责任。因此，建设单位A公司如果可以要求工程监理单位B公司与承包单位C公司对其损失承担连带赔偿责任。

其次，对于工程监理单位B公司和承包单位C公司的串通行为，相关行政管理机关可依法进行查处，追究责任人的行政法律责任，B公司可能面临吊销资质、罚款等行政处罚；C公司除需承担因工程质量问题产生的民事赔偿责任外，可能受到行业禁入等行政处罚，若导致严重后果触犯刑法的，涉事人员还可能承担刑事责任。

6. 建设工程施工合同的控制与跟踪

（1）建设工程施工合同签订

建设工程施工合同的签订除遵循《中华人民共和国民法典》的一般规定外，由于很多建设项目投资大、周期长、涉及人员多，故应该注意如下问题。

① 重视合同签订程序，合同签订应当严格按照招投标程序、政府采购程序，以及相关会议纪要文件等的规定执行。

② 严格审查合同文本，招标人和中标人不得再行订立背离合同实质性内容的其他协议，最后签字盖章的文本必须是经过审核后的文本，防止合同被私自修改或掉包。

③ 谨慎保管和正确使用印章，最后用印是法律责任产生的最终端口，必须专人保管使用印章并正确使用，建立岗位责任制。

法人、非法人组织的印章，包括公章以及各种专用章。财务专用章、合同专用章、发票专用章等各种专用章，只能用于特定用途，超出特定用途就很难代表法人、非法人组织的意志。

法人、非法人组织在缔约时的盖章所使用的印章主要是指公章，当然也包括合同专用章等能够用于订立合同的各种专用章，但不包括财务专用章、发票专用章等不以缔约为目的的专用章。

建设工程施工合同签订过程中，经常出现异常的人章关系，主要有以下情形：

Ⅰ. 法定代表人、负责人或者工作人员以法人、非法人组织的名义订立合同且未超越权限，法人、非法人组织仅以合同加盖的印章不是备案印章或者系伪造的印章为由主张该合同对其不发生效力的，人民法院不予支持。

这就是所谓的“真人假章”，尽管公章是假的，但行为人是有代表权或者代理权的，主要包括法定代表人、负责人在合同书上签字，代理人以代理人身份签字，代理人尽管并未在合同书上签字，但能够证明其以代理人身份参与了缔约磋商。此时，行为人有代表权或代理权，且签订的合同也体现了法人、非法人组织的意思，法人、非法人组织本应通过盖章行为予以确认，但其为逃避未来可能面临的责任，故意加盖假章，自然不应让其得逞，故即便盖的是假章，也不影响法人、非法人组织承担责任。

案例呈现

1. 案情介绍

A公司是一家知名制造企业，其法定代表人张某代表公司与B公司签订了一份采购合同，约定A公司向B公司采购一批原材料。合同上加盖了A公司的印章，但事后查明，该印章并非A公司在工商部门备案的正式印章，而是张某私自刻制的一枚假章。尽管如此，B公司已按照合同约定交付了原材料，但A公司却以印章系伪造为由拒绝支付货款。B公司诉至法院，要求A公司按照合同约定支付货款。A公司则辩称，合同上加盖的印章并非公司备案印章，系张某私自刻制，因此该合同对公司不发生效力，公司无需支付货款。

2. 思考问题

A公司的抗辩是否合法?

3. 案情解析

根据《最高人民法院关于适用〈中华人民共和国民法典〉合同编通则若干问题的解释》第二十二条，法定代表人、负责人或者工作人员以法人、非法人组织的名义订立合同且未超越权限，法人、非法人组织仅以合同加盖的印章不是备案印章或者系伪造的印章为由主张该合同对其不发生效力的，人民法院不予支持。本案中，张某作为A公司的法定代表人，有权代表公司对外签订合同。虽然合同上加盖的印章并非备案印章，但张某的法定代表人身份是真实的，其以公司名义订立的合同行为是职务行为。B公司作为合同相对方，在签订合同时有理由相信张某有权代表A公司，因为法定代表人的身份具有公示公信力。B公司无法也无义务核实A公司内部印章管理情况。因此，即使印章系伪造，也不应影响合同的效力。

综上所述，人民法院将不支持A公司以合同加盖的印章不是备案印章或系伪造为由主张合同对其不发生效力的抗辩。A公司应按照合同约定向B公司支付货款。这一处理结果既保护了合同相对方的合法权益，也维护了市场交易的安全和稳定。

Ⅱ. 合同仅加盖法人、非法人组织的印章而无人员签名或者按指印，相对人能够证明合同系法定代表人、负责人或者工作人员在其权限范围内订立的，人民法院应当认定该合同对法人、非法人组织发生效力。

此种情形为“有章无人”，指的是合同书上仅有盖章并无行为人的签字，如果能够确定合同系法定代表人、负责人或者工作人员在其权限范围内签订，人民法院应当认定该合同对法人、非法人组织发生效力。反之，如果不能确定章系何人所盖或者系与何人进行缔约接触，当最终确定是假章时，当然不能对法人、非法人组织发生效力；即便认定盖的是真章，因为不能确定行为人，自然也谈不上适用代表或者代理制度的问题，故应当认定合同不成立。

Ⅲ. 合同系以法人、非法人组织的名义订立，但是仅有法定代表人、负责人或者工作人员签名或者按指印而未加盖法人、非法人组织的印章，相对人能够证明法定代表人、负责人或者工作人员在订立合同时未超越权限的，人民法院应当认定合同对法人、非法人组织发生效力。但是，当事人约定以加盖印章作为合同成立条件的除外。

以上情形为“有人无章”。其指的是合同书上虽然有签字，但并未加盖公章。此时要综合考虑合同内容、行为人的身份及职权等因素，来确定行为人究竟是以个人名义签订合同，还是以法定代表人、负责人或代理人的身份签订合同，不能简单地以未加盖公章为由就认定属于个人行为。在确定是以法定代表人、负责人或代理人的身份签订合同后，再根据其有无代表权或代理权、是否超越代表权或者代理权以及相对人是否善意等因素确定法人、非法人组织应否承担责任。相对人能够证明法定代表人、负责人或者工作人员在订立合同时未超越权限的，人民法院应当认定合同对法人、非法人组织发生效力。但是当事人明确约定以加盖印章作为合同成立条件的，此时合同未加盖公章表明合同尚未满足成立要件，合同不成立，自然不对法人、非法人组织发生效力。

案例呈现

1. 案情介绍

某科技公司（甲方）与一家软件开发公司（乙方）签订了一份软件开发合同。合同中，双方就某项目的软件开发工作进行了详细约定。在合同签署过程中，由于甲方公司内部流程疏忽，合同上仅有甲方法定代表人的亲笔签名，而未能及时加盖公司公章。乙方在确认法定代表人身份无误后，同意了该合同的签署并随即开始履行合同义务。随后，甲方以合同未加盖公司公章为由，质疑合同的法律效力，拒绝按照合同内容支付软件开发费用，并声称合同无效。乙方则坚持认为合同有效，要求甲方履行合同义务。

2. 思考问题

甲公司拒绝按照合同内容支付软件开发费用，并声称合同无效是否合法?

3. 案情解析

根据《中华人民共和国民法典》及《最高人民法院关于适用〈中华人民共和国民法典〉合同编通则若干问题的解释》的相关规定，合同系以法人名义订立，即便未加盖公司印章，但已有法定代表人签名且未超越其权限，该合同依然具有法律效力。在此案例中，甲方法定代表人在合同上签名，且该行为未超越其作为法定代表人的权限，因此合同成立并有效。

除前述三种情形外，异常的人章关系还包括以下两种情形。

其一，先盖章后签约。具体又包括两种情形：一是公司将加盖了公章的空白合同书交给行为人，由行为人与相对人通过磋商确定合同内容。此时应当视行为人与法人、非法人组织之间是否存在代理权来确定法律后果：行为人有代理权的，视为法人、非法人组织给予了行为人概括授权，所签订的合同对法人、非法人组织生效，行为人无代理权的，则属于无权代理。二是法人、非法人组织将加盖了公章的空白合同书直接交给相对人，由相对人确定合同内容。此时相对人既是合同当事人，又是公司的代理人，属于自己代理行为，该行为原则上无效，除非公司事后表示同意或者予以追认。

其二，“假人真章”。即公章尽管是真的，但行为人没有代表权或者代理权。即便公章是真的，也不排除他人通过偷盗甚至抢夺等方式取得的可能，不宜简单地以公章是真的为由就认定法人、非法人组织是合同当事人，进而判令其承担责任。“假人真章”在实践中主要包括以下情形：一是法定代表人、负责人的签字是他人假冒的，二是他人以法定代表人、负责人名义代表法人、非法人组织缔约，纠纷发生时可以认定该他人系何人，三是行为人没有代理权、超越代理权或者在代理权终止后仍以公司名义对外签订合同。

④ 跟进对方签订合同情况，在己方用印签署完毕后，应当随时跟踪交易对方的签署情况。

（2）建设工程施工合同风险识别与评估

① 建设工程施工合同承包人的常见风险识别

Ⅰ. 项目资金的来源和额度的可靠程度，国家经济状况。

Ⅱ. 由业主风险伴生的风险。

Ⅲ. 对工程地质和水文地质研究不够或判断失误、工程设计深度不够或设计水平低，合同条款评估不足等。

Ⅳ. 建设工程项目的施工现场调查不细，施工组织设计和工程工期研究不足，自身的技术力量、施工装备水平、工程现场作业和施工管理水平等原因，造成投标报价、成本控制、施工措施和工程实施等方面的失误。

Ⅴ. 工程师的授权、独立处理合同争端的能力和公正程度，以及争端裁决委员会的协调能力等。

Ⅵ. 对工程、材料和工程设备等照管不周。

Ⅶ. 各控制性工期和总工期的风险。

② 风险评估

Ⅰ. 对工程项目所在国和所在地的政治、社会和经济状况应进行全面和详尽的调查，并掌握其资料，以此作为风险评估和分析的基础。

Ⅱ. 了解招标文件中采用何种标准合同范本，是否采用自己熟知的。

Ⅲ. 结合工地现场勘察和施工环境考察，对工程设计水平、地质、水文和气象等情况进行详细和全面的风险分析，并研究如何防范和处理。

Ⅳ. 对工程师独立处理合同问题的权力（即发包人的授权）、争端裁决委员会的组建，以及他们的协调能力和公平程度进行风险分析，评估给合同当事人带来的风险。

Ⅴ. 对其他引起风险的各种因素进行合理分析和预测，并研究如何防范和处理。

③ 风险处理

风险处理的方法主要有风险避免、风险分散和风险转移等。

风险避免的主要措施是风险预防，一是建立风险预警系统，通过收集和分析风险信息，建立风险预警系统，及时发现和预警潜在的风险；二是制定应急预案，针对可能发生的风险事件，制定应急预案，明确应急响应程序和处置措施，确保在风险事件发生时能够迅速、有效地进行应对。

风险分散的主要举措是联合体承包，若在风险较大的建设施工项目中，招标方不禁止联合体投标，那么通过联合体投标承包并通过联合体协议约定进行损失的内部分担，可以有效分散风险。

而风险转移的主要方法是购买保险。订立建设工程施工合同的同时，对建设工程进行保险，是建设工程施工合同风险转移最行之有效的手段。工程保险是指以工程项目为主要保险标的的财产保险，是发包人和承包人转移风险的一种重要手段。工程保险除了具有保护工程承包商或分包商的利益、保护业主的利益、减少工程风险的发生这三大功能外，还具有引进保险公司作为第三方监督者，进一步促进建筑市场规范发展的社会功能。

工程保险通常有以下两种形式：

Ⅰ. 建筑工程一切险。这是对建筑工程施工期间，工程质量、施工设施、设备以及施工场地内已有建筑物等遭受损失及因施工给第三者造成的财产损失、人身伤亡给予赔偿的险种

Ⅱ. 施工设备保险、第三方责任险、人身伤亡保险等。这些都是对建筑工程施工期间涉及的某个方面进行保险的险种。承包人应当充分了解这些保险所承保的风险范围，保险金计算、赔偿方式、程序、赔偿额等详细情况，根据自己的需要采用最恰当的保险决策。

除了以上的风险避免、风险分散和风险转移等风险处理措施外，还可以通过合同约定业主工程款支付担保、承包人履约担保、预付款保证担保、保修保证担保等，有效化解和控制风险。

案例呈现

1. 案情介绍

某高层建筑施工工程，自 2021 年初开始施工，于 2024 年底完成。该项目为城市地标性建筑，高度超过 300 m，施工过程中涉及复杂的技术和庞大的资金投入。为了确保项目的顺利进行，施工单位在项目初期购买了包括建筑工程一切险在内的全面的工程保险，覆盖了施工过程中可能出现的各种风险。

在施工至第 15 层时，施工单位在浇筑混凝土过程中操作不当，导致一根主承重柱出现了明显的裂缝。这一发现立即引起了项目组和监理单位的重视，经过专家评估确认，裂缝已经严重影响了建筑物的结构安全，必须立即进行修复，否则可能导致整个建筑的稳定性和安全性受到威胁。

2. 思考问题

保险公司是否进行赔付？

3. 案情解析

施工单位迅速启动应急预案，并立即通知了保险公司。保险公司迅速介入，组织专业团队对损失进行了评估，并确认此次事故属于保险责任范围。经过专业评估，此次事故造成的直接修复费用预计达到 500 万元人民币，同时考虑到工程停工期间的损失（如人工费、设备租赁费等），总损失可能超过 800 万元。根据工程保险合同的约定，保险公司承担了大部分的修复费用（约 450 万元）以及部分工程停工期间的损失（约 200 万元），总计赔付约 650 万元。这一赔付极大地减轻了施工单位的经济压力，使其能够迅速组织力量进行修复工作，避免了项目进度的进一步延误。

通过本案例可以看出，购买工程保险对于施工单位来说具有重要意义。它不仅能够在事故发生时提供必要的资金支持，减轻施工单位的经济负担，还能够促使施工单位更加重视施工过程中的风险管理和质量控制，从而保障工程项目的顺利进行。

（3）建设工程施工合同交底

建设工程施工合同交底是建设工程项目管理中至关重要的一环，其不仅有助于团队成员全面熟悉项目情况、把握业务要求、明确管理思路和提高合同意识与执行力，还能够有效避免合同纠纷与损失的发生。

合同和合同分析的资料是工程实施管理的依据。合同分析后，应向各层次管理者做“合同交底”，即由合同管理人员在对合同的主要内容进行分析、解释和说明的基础上，组织项目管理人员和各个工程小组学习合同条款和合同总体分析结果。目的是使项目实施人员熟悉合同中的主要内容、规定、管理程序，了解合同双方的合同责任和工作范围，各种行为的法律后果等，使大家树立全局观念，确保各项工作协调一致，避免合同履行中出现违约行为。

项目经理或合同管理人员应将各种任务或事件的责任分解，落实到具体的工作小组、人员分包单位。合同交底的主要任务如下：

① 对合同的主要内容达成一致理解；

② 将各种合同事件的责任分解落实到各工程小组或分包人；

③ 将工程项目和任务分解，明确质量和技术要求以及实施的注意要点等；

④ 明确各项工作或各个工程的工期要求；

⑤ 明确成本目标和消耗标准；

⑥ 明确相关事件之间的逻辑关系；

⑦ 明确各个工程小组（分包人）之间的责任界限；

⑧ 明确完不成任务的影响和法律后果；

⑨ 明确合同有关各方（如业主、监理工程师）的责任和义务；

⑩ 明确工程变更程序。

（4）建设工程施工合同的跟踪与处理

合同签订以后，合同中各项任务的执行要落实到具体的项目经理部或具体的项目参与人员身上，承包单位作为履行合同义务的主体，必须对合同执行者（项目经理部或项目参与人）的履行情况进行跟踪、监督和控制，确保合同义务的全面与适当履行。

① 施工合同跟踪

施工合同跟踪一是体现在承包单位的合同管理职能部门对合同执行者（项目经理部或项目参与人）履行情况进行的跟踪、监督和检查，二是合同执行者（项目经理部或项目参与人）本身对合同计划的执行情况进行的跟踪、检查与对比。

合同跟踪的重要依据是合同以及依据合同而编制的各种计划文件，其次是各种实际工程文件，如原始记录、报表、验收报告等。另外，还要有管理人员对现场情况的直观了解情况记录，如现场巡视、交谈、会议、质量检查等。

建设工程合同跟踪的对象包括：

Ⅰ. 承包的任务

A. 工程施工的质量，包括材料、构件、制品和设备等的质量，以及施工或安装质量，是否符合合同要求等。

B. 工程进度，是否在预定期限内施工，工期有无延长，延长的原因是什么等。

C. 工程数量，是否按合同要求完成全部施工任务，有无合同规定以外的施工任务等。

D. 成本的增加和减少。

Ⅱ. 工程小组或分包人的工程和工作

可以将工程施工任务分解交由不同的工程小组或发包给专业分包人完成，工程承包人必须对这些工程小组或分包人及其所负责的工程进行跟踪检查和协调，提出意见、建议或警告保证工程总体质量和进度。

对专业分包人的工作和负责的工程，总承包商负有协调和管理的责任，并承担由此造成的损失，所以专业分包人的工作和负责的工程必须纳入总承包工程的计划和控制中，防止因分包人工程管理失误而影响全局。

Ⅲ. 发包人和其委托的工程师的工作

A. 发包人是否及时、完整地提供了工程施工的实施条件，如场地、图纸、资料等。

B. 发包人和工程师是否及时给予了指令、答复和确认等。

C. 发包人是否及时并足额地支付了应付的工程款项。

② 合同实施的偏差分析

通过合同跟踪，可能会发现合同实施中存在着偏差，即工程实施实际情况偏离了工程计划和工程目标，此时应及时分析原因，采取措施，纠正偏差，避免损失。合同实施偏差分析的内容包括以下几个方面：

Ⅰ. 产生偏差的原因分析

通过对合同执行实际情况与实施计划的对比分析，不仅可以发现合同实施的偏差，而且可以探索引起差异的原因。原因分析可以采用鱼刺图、因果关系分析图（表）、成本量差、价差、效率差分析等方法定性或定量地进行。

Ⅱ. 合同实施偏差的责任分析

该责任分析即分析产生合同偏差的原因是由谁引起的，应该由谁承担责任。责任分析必须以合同为依据，按合同约定落实双方的责任。

Ⅲ. 合同实施趋势分析

针对合同实施偏差情况，可以采取不同的措施，应分析在不同措施下合同执行的结果与趋势，包括：

A. 最终的工程状况，包括总工期的延误、总成本的超支、质量标准、所能达到的生产能力（或功能要求）等。

B. 承包商将承担什么样的后果，如被罚款、被清算，甚至被起诉，对承包商资信、企业形象经营战略的影响等。

C. 最终工程经济效益（利润）水平。

③ 合同实施的偏差处理

根据合同实施偏差分析的结果，承包商应该采取相应的调整措施，其调整措施可以分为以下 4 项：

Ⅰ. 组织措施

如增加人员投入，调整人员安排，调整工作流程和工作计划等。

Ⅱ. 技术措施

如变更技术方案，采用新的高效率的施工方案等。

Ⅲ. 经济措施

如增加投入，采取经济激励措施等。

Ⅵ. 合同措施

如进行合同变更，签订附加协议，采取索赔手段等。

任务实战

根据要求完成下列任务实作工单。

任务实作工单

<table>
<tr><td colspan="3">1. 工作任务
（1）分组：每三人为一个小组（一人为编制人，一人为校核人，一人为审核人）。
（2）工作任务：案例分析。
① 案情介绍
某市政道路改造项目，发包方（甲方）通过公开招标方式确定了承包方（乙方），并签署了《建设工程施工合同》。随后，甲方发布了中标通知书，明确了工程范围、建设工期为 12 个月、工程质量标准为合格，以及根据投标文件确定的工程价款总额为 5 000 万元。然而，在正式合同中，工程价款被调整为 4 800 万元，且部分工程范围描述与招标文件及投标文件略有出入。项目完工后，双方就工程价款结算产生争议。乙方主张应按照招标文件、投标文件及中标通知书载明的 5 000 万元作为结算依据，而甲方则坚持按照已签订的施工合同中的 4 800 万元进行结算。乙方遂将甲方诉至法院，请求法院支持其诉求。
② 思考问题
乙方的诉求是否成立？
（3）要求：认真阅读任务内容，并进行小组讨论，解答问题。</td></tr>
<tr><td colspan="3">2. 任务解答</td></tr>
<tr><td colspan="2">校核人意见：</td><td rowspan="2">编制人意见：</td></tr>
<tr><td colspan="2">审核人意见：</td></tr>
<tr><td>编制人：</td><td>校核人：</td><td>审核人：</td></tr>
</table>

单元 8.3 工程索赔

微课：施工索赔

问题导入

问题：您是否了解工程索赔？请谈一谈您的认识。

____

思维导图

- 工程索赔
  - 索赔的概念和特征
    - 索赔的概念
    - 索赔的特征
      - 索赔是双向的
      - 只有实际发生了经济损失或权利损害，一方才能向对方索赔
      - 索赔是一种未经对方确认的单方行为
    - 施工索赔的分类
      - 按索赔事件的性质分类
      - 按索赔的内容分类
      - 按索赔的合同依据分类
  - 索赔的原因
    - 当事人违约
    - 合同变更
    - 监理人指令
    - 合同缺陷
    - 不可抗力或不利的物质条件
    - 其他第三方原因
  - 索赔的程序
    - 《建设工程施工合同（示范文本）GF-2017-0201）》的索赔程序
      - 承包人向发包人提出索赔的程序
      - 发包人对承包人索赔的处理程序
      - 发包人向承包人提出索赔的程序
      - 承包人对发包人索赔的处理程序
    - 《建设项目工程总承包合同（示范文本）GF-2020-0216）的索赔程序
      - 提出索赔的程序
      - 发包人对承包人的索赔处理程序
      - 承包人对发包人的索赔处理程序
  - 索赔报告的内容
    - 索赔意向通知书
    - 索赔报告
    - 索赔文件的要求
      - 真实性
      - 全面性
      - 关联性
      - 有效性
  - 工期索赔和费用索赔
    - 工期索赔
      - 工期顺延
      - 工期索赔的计算
      - 停工、窝工索赔
    - 费用索赔
      - 人工费
      - 材料费
      - 机械设备使用费
      - 分包费用
      - 管理费
      - 利息
      - 利润
      - 保险费
      - 保证金
  - 反索赔
    - 反索赔的基本内容
    - 反索赔的要点

知识学习

8.3.1 索赔的概念和特征

1. 索赔的概念

《建设工程施工合同（示范文本）》（GF-2017—0201）“通用条款”第十九条是关于索赔的约定，依据其可以将索赔的定义为：根据合同约定，承包人认为有权得到追加付款和（或）延长工期的或发包人认为有权得到赔付金额和（或）延长缺陷责任期的而向对方提出的权利主张。

因此，索赔是当事人在合同履行过程中，根据法律法规、合同约定及惯例，对不应由自己承担责任的情况造成的损失，向合同的另一方当事人提出给予赔偿或补偿要求的行为。在工程建设的各个阶段都可能发生索赔，但在施工阶段发生的索赔较多。施工合同的双方都有通过索赔维护自己合法利益的权利，依据双方约定的合同责任，构成正确履行合同义务的制约关系。

2. 索赔的特征

索赔具有以下基本特征：

（1）索赔是双向的

不仅承包人可以向发包人索赔，发包人同样也可以向承包人索赔。由于实践中发包人向承包人索赔发生的频率相对较低，而且在索赔处理中，发包人始终处于主动和有利地位，对承包人的违约行为可以直接从应付工程款中扣抵、扣留保留金或通过履约保函向银行索赔来实现自己的索赔要求。因此，在工程实践中大量发生的、处理比较困难的是承包人向发包人的索赔，也是监理人进行施工合同管理的重点内容之一。

承包人的索赔范围非常广泛，一般只要因非承包人自身责任造成其工期延长或成本增加，都有可能向发包人提出索赔。有时发包人违反合同，如未及时交付施工图纸、交付合格的施工现场、决策错误等造成工程修改、停工、返工、窝工，未按合同约定支付工程款等，承包人均可以向发包人提出赔偿要求。也可能由于发包人应承担的风险原因，如恶劣气候条件影响、国家法律法规修改等造成承包人损失或损害时，承包人也可以向发包人提出补偿要求。

（2）只有实际发生了经济损失或权利损害，一方才能向对方索赔

经济损失是指因对方因素造成合同外的额外支出，如人工费、材料费、机械费、管理费等额外开支。权利损害是指虽然没有经济上的损失，但造成了一方权利上的损害，如由于恶劣气候条件对工程进度的不利影响，承包人有权要求工期延长等。因此，发生了实际的经济损失或权利损害，应是一方提出索赔的基本前提条件。有时上述两者同时存在，如发包人未及时交付合格的施工现场，既造成承包人的经济损失，又侵犯了承包人的工期权利，承包人既要求经济赔偿，又要求工期延长。有时两者则可单独存在，如恶劣气候条件影响、不可抗力事件等，承包人根据合同约定或惯例则只能要求工期延长，不应要求经济补偿。

（3）索赔是一种未经对方确认的单方行为

索赔与工程签证不同，在施工过程中签证是承发包双方就额外费用补偿或工期延长等达成一致的书面证明材料和补充协议，它可以直接作为工程款结算或最终增减工程造价的依据。

索赔则是单方面行为，对对方尚未形成约束力，这种索赔要求能否得到最终实现，必须要通过双方确认（如双方协商、谈判、调解或仲裁、诉讼）后才能实现。索赔是一种正当的权利或要求，是合情、合理、合法的行为，它是在正确履行合同的基础上争取合理的偿付。

3. 施工索赔的分类

（1）按索赔事件的性质分类

① 工程延误索赔

因发包人未按合同要求提供施工条件，如未及时交付设计图纸、施工现场、道路等，或因发包人指令工程暂停或不可抗力事件等原因造成工期拖延的，承包人对此提出索赔，这类索赔是常见的。

② 工程变更索赔

由于发包人或监理工程师指令增加或减少工程量，或增加附加工程、修改设计、变更工程顺序等，造成工期延长和费用增加，承包人对此提出的索赔。

③ 合同被迫终止的索赔

由于发包人或承包人违约以及不可抗力事件等原因造成合同非正常终止，无责任的受害方因蒙受经济损失而向对方提出索赔。

④ 工程加速索赔

由于发包人或工程师指令承包人加快施工速度、缩短工期，引起承包人在人、财、物方面的额外开支而提出的索赔。

⑤ 意外风险和不可预见因素索赔

工程实施过程中，因不可抗拒的自然灾害、特殊风险以及一个有经验的承包人通常不能合理预见的不利施工条件或外界障碍，如地下水、地质断层、溶洞、地下障碍物等引起的索赔。

⑥ 其他索赔

如因货币贬值、汇率变化、物价、工资上涨、政策法令变化等原因引起的索赔。

（2）按索赔的内容分类

① 工期索赔

由于非承包商问题引发施工进程延误，要求发包人同意延长施工时间，使原约定的工程竣工日期顺延，从而避免了违约、罚金的发生。

② 费用索赔

也即是要求经济补偿，进而调整合同价款。当施工的客观条件改变，导致承包人增加开支时，要求对超出计划成本的附加开支给予补偿，以挽回不应由其承担的经济损失。

③ 利润索赔

当承包人受到的经济损失是由发包人造成时，承包人除可提出费用赔偿外，还可以要求发包人支付合理的利润。

（3）按索赔的合同依据分类

① 合同中明示的索赔

合同中明示的索赔是指承包人提出的索赔要求在该工程项目的合同文件中有文字依据，承包人可以据此提出索赔要求，并取得经济补偿。这种在合同文件中有文字规定的合同条款称为明示条款。

② 合同中默示的索赔

合同中默示的索赔是指承包人的该项索赔要求，虽然在工程项目的合同条款中没有专门的文字叙述，但可以根据该合同的某些条款的含义推论出承包人有索赔权。这种索赔要求同样有法律效力，有权得到相应的经济补偿。这种有经济补偿含义的条款，称为默示条款或隐含条款。

8.3.2 索赔的原因

工程项目普遍具有规模大、结构复杂、专业性强、投资大和建设周期长的特点，由此导致项目在实施过程中存在诸多不确定性，导致索赔的发生，故索赔的原因多且复杂，一般大致可以分成三个方面的因素引起，一是人的因素，主要是指违约、合同变更等，二是合同缺陷，三是其他外因，如不可抗力因素。

1. 当事人违约

当事人违约常常表现为没有按照合同约定履行自己的义务。发包人违约常常表现为没有为承包人提供合同约定的施工条件、未按照合同约定的期限和数额付款等。监理人未能按照合同约定完成工作，如未能及时发出图纸、指令等，也视为发包人违约。承包人违约的情况则主要是没有按照合同约定的质量、期限完成施工，或者由于不当行为给发包人造成其他损害。

2. 合同变更

合同变更表现为设计变更、施工方法变更、追加或者取消某些工作、合同约定的其他变更等。

3. 监理人指令

监理人指令有时也会产生索赔，如监理人指令承包人加速施工、进行某项工作、更换某些材料、采取某些措施等，并且这些指令不是由于承包人的原因造成的。

4. 合同缺陷

合同缺陷表现为合同文件规定的不严谨甚至矛盾，以及合同中的遗漏或错误。在这种情况下，工程师应当给予解释，如果这种解释将导致成本增加或工期延长，发包人应当给予补偿。

5. 不可抗力或不利的物质条件

不可抗力可以分为自然事件和社会事件。自然事件主要是工程施工过程中不可避免地发生且不能克服的自然灾害，包括地震、海啸、水灾、瘟疫等。社会事件则包括国家政策、法律、法令的变更，战争，罢工等。不利的物质条件通常是指承包人在施工现场遇到的不可预见的自然物质条件、非自然的物质障碍和污染物，包括地下和水文条件。

6. 其他第三方原因

其他第三方原因常常表现为与工程有关的第三方的问题而引起的对本工程的不利影响。

以上这些问题会随着工程的逐步开展而不断暴露出来，对工程项目造成影响，导致工程项

以上这些问题会随着工程的逐步开展而不断暴露出来，对工程项目造成影响，导致工程项目成本和工期的变化，这就是索赔形成的根源。

8.3.3 索赔的程序

工程索赔程序根据主体区分，包括由承包人向发包人提出索赔的程序，以及由发包人向承包人提出索赔的程序，具体以双方当事人合同约定为准。在《建设工程施工合同（示范文本）（GF—2017—0201）》和《建设项目工程总承包合同（示范文本）GF-2020—0216》中，均有关于索赔程序的程序。

1.《建设工程施工合同（示范文本）（GF—2017—0201）》的索赔程序

《建设工程施工合同（示范文本）（GF—2017—0201）》的索赔程序如图 8-1 所示。

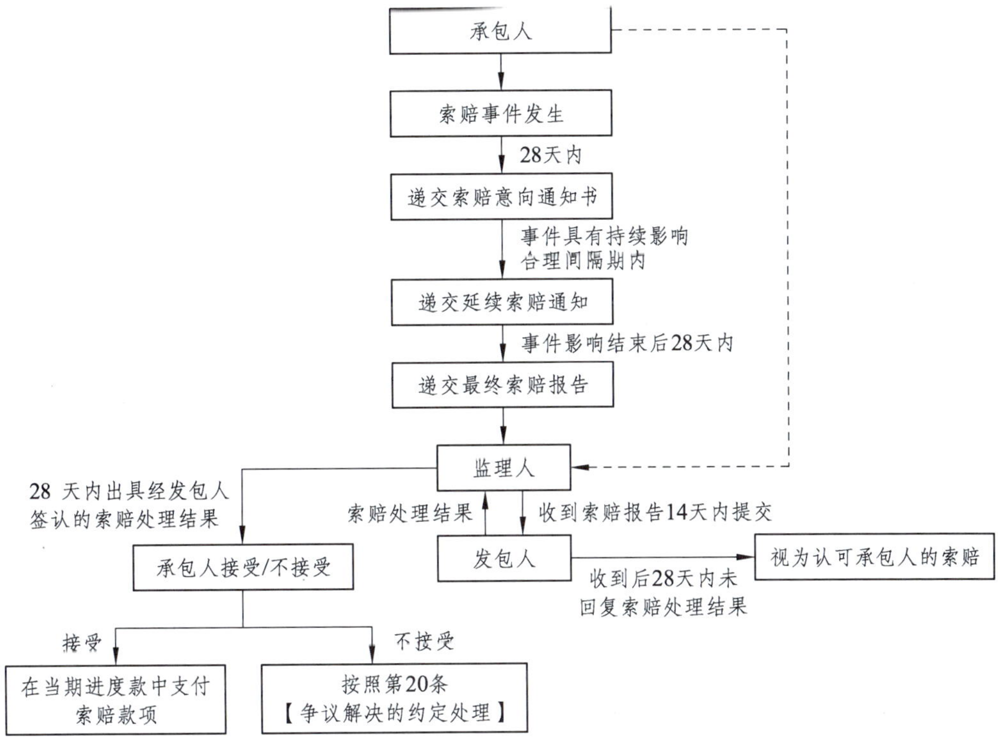

图 8-1 《建设工程施工合同（示范文本）（GF—2017—0201）》索赔程序流程图

（1）承包人向发包人提出索赔的程序

索赔事件发生后 28 天内→索赔意向通知书（说明理由），逾期未发出，丧失权利→发出索赔意向通知书后 28 天内→正式索赔通知书（详细说明理由和要求），索赔事件有连续影响的还应提交延续索赔通知→索赔事件影响结束后的 28 天内→最终索赔通知书（说明要求并附必要记录和证明材料）。

（2）发包人对承包人索赔的处理程序

监理人收到索赔报告后 14 天内→报送发包人→发包人在监理人收到索赔报告或进一步证明材料后的 28 天内→监理人向承包人出具经发包人签认的索赔处理结果→发包人逾期答复，视为认可索赔要求→承包人接受索赔处理结果→索赔款项在当期进度款中进行支付→不接受索赔处理结果→争议解决。

（3）发包人向承包人提出索赔的程序

索赔事件发生后 28 天内→索赔意向通知书，逾期未发出，丧失索赔权利→发出索赔意向通知书后 28 天内→递交索赔报告。

（4）承包人对发包人索赔的处理程序

收到发包人提交的索赔报告后→及时审查索赔报告的内容、查验发包人证明材料→承包人逾期答复，视为认可索赔要求→承包人接受索赔处理结果→应支付给承包人的合同价款中扣除赔付的金额或延长缺陷责任期→不接受索赔处理结果→争议解决。

需要注意的是，如合同双方已经办理竣工结算的，工程索赔只限于办理工程结算后发生的索赔事项提出，提出索赔的期限应自发承包双方最终结清时终止。

2.《建设项目工程总承包合同（示范文本）GF-2020—0216》的索赔程序

《建设项目工程总承包合同（示范文本）GF-2020—0216》相较于《建设工程施工合同（示范文本）（GF-2017—0201）》而言，主要变化在于提出索赔的对象和审核索赔的期限。

（1）提出索赔的程序

索赔事件发生后 28 天内→递交索赔意向通知书（说明理由），逾期未发出，丧失权利→发出索赔意向通知书后 28 天内递交索赔报告（说明理由，附必要的记录和证明材料）→索赔事件具有持续影响的，应每月递交延续索赔通知→索赔事件影响结束后 28 天内递交最终索赔报告（附必要的记录和证明材料）。

需要注意的是，承包人作为索赔方时，其索赔意向通知书、索赔报告及相关索赔文件应向工程师提出；发包人作为索赔方时，其索赔意向通知书、索赔报告及相关索赔文件可自行向承包人提出或由工程师向承包人提出。

（2）发包人对承包人的索赔处理程序

工程师收到索赔报告后→及时审查索赔报告的内容、查验承包人的记录和证明材料，必要时要求提交全部原始记录副本→书面告知发包人→工程师在 42 天内将发包人书面认可的索赔处理结果答复承包人→工程师在收到索赔报告 42 天内不予答复的，视为认可索赔→承包人接受索赔处理结果，发包人应在作出索赔处理结果答复后 28 天内完成支付→承包人不接受索赔处理结果，争议解决。

（3）承包人对发包人的索赔处理程序

收到发包人提交的索赔报告后→应及时审查索赔报告的内容、查验发包人证明材料→索赔报告或有关索赔的进一步证明材料后 42 天内→将索赔处理结果答复发包人→42 天内不予答复的，视为认可索赔→发包人接受索赔处理结果的，可从应支付给承包人的合同价款中扣除赔付的金额或延长缺陷责任期→发包人不接受索赔处理结，争议解决。

8.3.4 索赔报告的内容

1. 索赔意向通知书

发、承包双方在合同履行过程中，认为发生符合合同约定的索赔事件时，应以书面形式向对方递交索赔意向书，表达索赔的意向。索赔意向通知要简明扼要地说明索赔事由发生的时间、地点、简单事实情况描述和发展动态、索赔依据和理由、索赔事件的不利影响、索赔工期或赔偿的具体要求及其依据等，以便于对方了解诉求，并为下一步双方进行索赔谈判做好准备。

索赔意向书格式要点如下：

（1）事件发生的时间和情况的简单描述；

（2）索赔依据的合同条款和理由；

（3）有关后续资料的提供，包括及时记录和提供事件发展的动态；

（4）对工程成本和工期产生的不利影响及其严重程度的初步评估；

（5）声明/告知拟进行相关索赔的意向。

2. 索赔报告

索赔报告根据索赔事件的发展，可分为最终索赔报告和中间索赔报告。

提出索赔一方根据合同示范文本中有关索赔的程序性规定，在发出索赔意向通知后的 28 天内或经过监理工程师同意的其他合理时间内向监理工程师提交全部索赔文件。通常情况下，此类索赔报告应为最终索赔报告，但如果索赔事件工程的影响持续时间长，索赔一方则应按监理工程师要求的合理间隔（一般为 28 天），提交中间索赔报告，并在干扰事件影响结束后的 28 天内提交一份最终索赔报告。

索赔报告的撰写有包括三个主要部分和四个主要部分两种写法。

若为包括三个主要部分（证据部分另行提交），一般为：

（1）标题：报告的标题应言简意明地概括出索赔的核心内容；

（2）事实与理由：该部分陈述客观事实，合理引用合同规定，建立事实与索赔损失间的因果关系，说明索赔的合理合法性；

（3）损失与要求索赔的金额与工期：只需列举各项明细数字及汇总即可。

索赔报告的具体内容，视该索赔事件的性质和特点而有所不同，若按照四个部分撰写，则为总论部分、根据部分、计算部分、证据部分。

（1）总论部分

总论一般包括序言、索赔事项概述、具体索赔要求、索赔报告编写、审核人员名单等内容。首先应概要地论述索赔事件的发生日期与过程，施工单位为该索赔事件所付出的努力和附加开支，施工单位的具体索赔要求。总论部分最后附上索赔报告编写组主要人员及审核人员的名单，注明有关人员的职称、职务及施工经验，以表示该索赔报告的严肃性和权威性。总论部分的阐述应简明扼要，说明问题。

（2）根据部分

该部分主要是说明自己具有的索赔权利，这是索赔能否成立的关键。其内容主要来自该工程项目的合同文件，并参照有关法律规定。该部分施工单位应引用合同中的具体条款，说明自己理应获得经济补偿或工期延长。

根据部分的篇幅可能很大，其具体内容视各个索赔事件的情况而不同。一般地说，根据部分应包括索赔事件的发生情况、已递交索赔意向书的情况、索赔事件的处理过程、索赔要求的合同根据、所附的证据资料等内容。

在写法结构上，按照索赔事件的发生、发展、处理和最终解决的过程编写，并明确全文引用有关的合同条款，使建设单位和监理工程师能历史地、逻辑地了解索赔事件的始末，并充分认识该项索赔的合理性和合法性。

（3）计算部分

该部分是以具体的计算方法和计算过程，说明自己应得经济补偿的款额或工期延长时间。如果说根据部分的任务是解决索赔能否成立，则计算部分的任务就是决定应得到多少索赔款额和工期。前者是定性的，后者是定量的。

在款额计算部分，施工单位必须阐明下列问题：索赔款的要求总额；各项索赔款的计算，如额外开支的人工费、材料费、管理费和损失利润指明各项开支的计算依据及证据资料。施工单位应注意采用合适的计价方法，计价方法应根据索赔事件的特点及所掌握的证据资料等因素来确定。同时，应注意每项开支款额的合理性，并指出相应的证据资料的名称及编号，切忌采用笼统的计价方法和不真实的开支款额。

（4）证据部分

证据部分包括该索赔事件所涉及的一切证据资料，以及对这些证据的说明。证据是索赔报告的重要组成部分，没有翔实可靠的证据，索赔是不能成功的。引用证据时，要注意该证据的效力和可信程度。为此，对重要的证据资料最好附以文字证明或确认件。

索赔证据主要包括：

① 招投标文件、建设工程合同文本及附件、补充协议及其它合同性文件；

② 双方往来的信件及各种会议、会谈纪要、备忘录或任何指示、指令文件；

③ 工程图纸及技术规范、技术交底文件、施工组织设计或专项施工方案及其审批文件等；

④ 施工进度计划和实际施工进度记录、施工现场的有关文件（施工记录、备忘录、施工月报、施工日志等）；

⑤ 施工现场视像资料，如索赔事件持续的，则应采取合理方式形成持续的视像资料记录；

⑥ 工程所在地的气象资料、工程地质勘查资料或报告等；

⑦ 工程检验记录、检（试）验报告、隐蔽工程验收记录、工程交接记录、各种检查验收报告和技术鉴定报告等；

⑧ 工程中送停电、送停水、道路开通和封闭的记录和证明；

⑨ 施工现场保留的人员及各项生产要素的记录文件；

⑩ 法律、法规或政策性文件，以及政府的相关规章或规范性文件、通知或要求等；

⑪ 工程款支付申请、工程款支付凭证、工程款发票等；

⑫ 其他相关文件材料或信息，如政府工程定额站发布的材料价格信息、外汇部门发布的汇率信息、金融部门发布的利率信息等。

3. 索赔文件的要求

（1）真实性

索赔文件应确保其客观真实，不应存在伪造、变造文件或资料的行为。律师为当事人的索赔工作提供法律服务的，应当要求当事人就其所提供的索赔文件的真实性作出承诺，且对重要文件的真实性应当合理进行核实。

（2）全面性

索赔文件应全面反映索赔事件及索赔主张的事实，避免因文件遗漏等原因造成无法支撑索赔要求。

（3）关联性

索赔文件应紧扣索赔诉求，为索赔主张提供有效的支撑。

（4）有效性

索赔文件应当在其有效期内，可以作为索赔的依据。对于提供已经过期的文件材料的，应当就其参考价值作出说明。

8.3.5 工期索赔和费用索赔

工程师受发包人委托进行工程项目管理，在整个合同的形成和实施过程中，对工程索赔有重大影响。因而在发包人与承包人之间的索赔事件处理和解决过程中，工程师具有核心地位，有处理索赔问题的权力，并可在争议的仲裁和诉讼过程中作为见证人。

索赔管理是工程师进行工程项目管理的主要任务之一，其索赔管理任务包括预测和分析导致索赔的原因和可能性、通过有效的合同管理减少索赔事件发生、公平合理地处理和解决索赔问题。

1. 工期索赔

（1）工期顺延

① 划清施工进度拖延的责任。因承包人原因造成施工进度滞后，属于不可原谅的延期。只有承包人不应承担任何责任的延误，是可原谅的延期。有时工期延期的原因可能包含有双方责任，此时工程师应进行详细分析，分清责任比例，只有可原谅的延期部分才能批准顺延合同工期。

可原谅延期又可细分为可原谅并给予补偿费用的延期和可原谅但不给予补偿费用的延期。后者是指非承包人责任的影响并未导致施工成本的额外支出，大多属于发包人应承担风险责任事件的影响，如异常恶劣的气候条件造成的停工等。

② 被延误的工作应是处于施工进度计划关键线路上的施工内容。关键线路又称关键路径，是网络计划中工作持续时间最长的线路，是决定工期的路线。只有位于关键线路上的工作内容滞后，才会影响竣工日期。但有时也应注意，既要看被延误的工作是否在批准进度计划的关键路线上，又要详细分析这一延误对后续工作的可能影响。

因为若对非关键线路工作的影响时间较长，超过了该工作可用于自由支配的时间，也会导致进度计划中非关键线路转化为关键线路，其滞后将导致总工期的拖延。此时，应充分考虑该工作的自由时间，给予相应的工期顺延，并要求承包人修改施工进度计划。

③ 无权要求承包人缩短合同工期。工程师有审核、批准承包人顺延工期的权力，但不可以扣减合同工期。也就是说，工程师有权指示承包人删减掉某些合同内规定的工作内容，但不能要求他相应缩短合同工期。如果要求提前竣工，这项工作属于合同变更。

（2）工期索赔的计算

工期索赔的计算主要有网络图分析法和比例计算法两种。

① 网络分析法：是利用进度计划的网络图，分析其关键线路。在工程项目中，关键线路是工程进度计划的主要要素，非承包人原因造成的关键线路上的工期延误，承包人可向发包人提起工期索赔。对于非关键性工序，其起止时间即使发生变化，也不会对总工期造成影响，承包人此时若想提出工期索赔，则需证明非关键性线路上的延误会转化为关键线路的工期延误，

从而成为可索赔的工期延误。

因此，如果延误的工作为关键工作则总延误的时间为批准顺延的工期，如果延误的工作为非关键工作，当该工作由于延误超过时差限制而成为关键工作时，可以批准延误时间与时差的差值；若该工作延误后仍为非关键工作，则不存在工期索赔问题。

② 比例计算法：根据已知条件不同可采用不同的计算公式。

Ⅰ. 对于已知部分工程的延期时间

$$\text{工程索赔值}=\frac{\text{受干扰部分工程的合同价}}{\text{原合同总价}}\times\text{该受干扰部分拖延时间}$$

Ⅱ. 于已知额外增加工程量的价格

$$\text{工程索赔值}=\frac{\text{额外增加的工程量的价格}}{\text{原合同总价}}\times\text{原合同总工期}$$

比例计算法简单方便，但有时不太符合实际情况。该方法不适用于变更施工顺序、加速施工、删减工程量等事件的索赔。

（3）停工、窝工索赔

《中华人民共和国民法典》第八百零四条规定：“因发包人的原因致使工程中途停建、缓建的，发包人应当采取措施弥补或者减少损失，赔偿承包人因此造成的停工、窝工、倒运、机械设备调迁、材料和构件积压等损失和实际费用。”承包人按合同约定完成施工组织或进入施工现场后，因设计方或发包方原因导致无法施工或无法正常施工所产生的损失，承包人有权向发包人进行索赔。但需要注意的是，《中华人民共和国民法典》第五百九十一条第一款规定：“当事人一方违约后，对方应当采取适当措施防止损失的扩大；没有采取适当措施致使损失扩大的，不得就扩大的损失要求赔偿”。因此，对于停工、窝工损失的认定应当适用止损规则，承包人应采用适当措施阻止损失的进一步扩大，否则不得就扩大的损失要求赔偿发包人进行赔偿。

案例呈现

1. 案情介绍

某建筑公司（乙方）于 2024 年 4 月 20 日与某制造企业（甲方）签订了修建工业厂房（带地下室）的施工合同，建筑面积为 3 000 m^2。乙方编制的施工方案和进度计划已获监理工程师批准。该工程的基坑施工方案规定：土方工程采用租赁一台斗容量为 1 m^3 的反铲挖掘机施工。甲乙双方合同约定 6 月 11 日开工，6 月 20 日完工。在实际施工中发生如下几项事件：

事件 1：因租赁的挖掘机大修，晚开工 2 天，造成窝工 10 个工日。

事件 2：基坑开挖后，因遇软土层，接到监理工程师 6 月 15 日停工的指令，进行地质复查，配合用工 15 个工日。

事件 3：6 月 19 日接到监理工程师于 6 月 20 日复工的指令。6 月 20 日至 6 月 22 日，因罕见的大雨迫使基坑开挖暂停，造成窝工 10 个工日。

事件 4：6 月 23 日用 30 个工日修复冲坏的永久道路，6 月 24 日恢复正常挖掘工作，最终基坑于 6 月 30 日挖坑完毕。

2. 思考问题

根据该案例回答以下问题：

① 乙方对上述哪些事件可以向甲方要求索赔？哪些事件不可以要求索赔？并说明原因。

② 每项事件工期索赔各是多少天？总计工期索赔是多少天？

3. 案情解析

① 事件 1：索赔不成立。因为此事件发生属于乙方自身责任。因为该施工地质条件的变化是一个有经验的承包商所无法合理预见的。

事件 2：索赔成立。

事件 3：索赔成立。因为这是特殊反常的恶劣天气造成工程延误。

事件 4：索赔成立。因为恶劣的自然条件或不可抗力引起的工程损坏及修复，应由业主承担责任。

② 事件 2：索赔工期 5 天（6 月 15 日至 6 月 19 日）

事件 3：索赔工期 3 天（6 月 20 日至 6 月 22 日）。

事件 4：索赔工期 1 天（6 月 23 日）。

共计索赔工期：5+3+1=9（天）。

（4）共同延误的处理

实际施工过程中，工期拖期很少只由一方造成，往往是多种原因同时发生（或相互作用）而形成的，故称为共同延误。这种情况下，要具体分析哪一种情况延误是有效的，应依据以下原则：

① 首先判断造成拖期的哪一种原因是最先发生的，即确定初始延误者，它应对工程拖期负责。初始延误发生作用期间，其他并发的延误者不承担拖期责任。

② 如果初始延误者是发包人原因，则在发包人原因造成的延误期内，承包人既可得到工期延长，又可得到经济补偿。

③ 如果初始延误者是客观原因，则在客观因素发生影响的延误期内，承包人可以得到工期延长，但很难得到费用补偿。

④ 如果初始延误者是承包人原因，则在承包人原因造成的延误期内，承包人既不能得到工期补偿，也不能得到费用补偿。

在共同延误的情况下，合理划分责任、明确各方应承担的延误时间是解决争议的关键。这要求合同双方在签订合同时就明确延误责任划分条款，并在施工过程中及时收集、保存相关证据，以便在发生争议时能够提供有力的支持。

案例呈现

1. 案情介绍

某建筑公司（承包人）与一家开发商（发包人）签订了一份施工合同，约定在 240 天内完成一座商业楼的建造。施工过程中，发生了多次延误，包括：第 40 天：开发商指定的设计单位图纸变更，导致施工暂停一周；第 60 天：遭遇连续暴雨，施工现场积水严重，施工暂停两周；第 100 天：建筑公司因材料供应不足，施工进度放缓，导致后续工作延误一个月。项目最终在第 300 天完成，比合同约定的工期晚了 60 天。开发商因此拒绝支付部分工程款，并要求建筑公司承担延误责任。建筑公司则提出，延误是多方原因共同造成的，要求合理分担责任。

2. 思考问题

本延误是否构成共同延误？若构成沟通延误，如何合理划分责任，确定工期延误的补偿？

3. 案情解析

确定初始延误者：根据案例，第一个发生的延误是开发商指定的设计单位图纸变更，发生在第 40 天，这是初始延误者。

第 40—47 天：图纸变更导致的延误，责任在开发商，承包人在此期间不承担延误责任。

第 60—74 天：连续暴雨导致的延误，为客观原因，承包人可以得到工期延长，但难以获得费用补偿。

第 100—130 天：材料供应不足导致的延误，责任在建筑公司，承包人在此期间既不能得到工期补偿，也不能得到费用补偿。

初始延误（图纸变更）7 天，责任在开发商；客观原因（暴雨）15 天，承包人获得工期延长；承包人原因（材料供应不足）30 天，承包人承担全部责任。

总延误 60 天中，开发商应承担 7 天的责任，承包人应承担 30 天的责任，剩余 23 天（暴雨 15 天+图纸变更后剩余时间）虽由外部因素造成，但承包人仍可获得工期延长。因此，承包人应获得至少 23 天的工期延长，但费用补偿需根据合同条款及实际损失情况进一步协商。

2. 费用索赔

工程索赔费用通常可考虑如下费用项目，并根据实际情况及依据提出费用索赔：

（1）人工费

Ⅰ. 增加工作量的人工费索赔

指承包人完成建设工程合同之外的额外工作，由此导致承包人多花费了人工或延长了工作时间，承包人有权向发包人索赔增加的人工费用损失。

Ⅱ. 延误工期的人工费索赔

由于发包人对工程的无理干扰或未履行建设工程合同的配合义务打乱了承包人正常的施工计划并延误工期，造成承包人已投入的人力资源没有创造出相应的价值，承包人有权向发包人索赔由此造成的人工费损失，包括停工、窝工损失费和工作效率降低的损失费等。

（2）材料费

指索赔事件中发生材料实际用量超过计划用量或其他因素导致增加的材料费用，包括工程变更导致材料费用增加、合同约定以外的物价上涨造成的材料价格提高、非承包人责任工程延期导致的材料价格上涨和超期材料储存保管费用、发包人提出的变更材料品种和规格等因素造成的材料费增加等。

（3）机械设备使用费

指由于完成额外工作增加的机械设备使用费，包括由于完成额外工作增加的机械使用费、非因承包人责任增加的机械使用费、因发包人或监理人问题导致机械停工窝工费用等。

（4）分包费用

指分包人的索赔费，其费用项目包括人工、材料、机械使用费等，与承包人的索赔内容相同或相似；分包人的索赔也应列入总承包人的索赔总额内，通常由分包商向承包人提出索赔方案，由承包人汇总后再向发包人提出索赔。

（5）管理费

管理费包括项目现场的管理费和总部管理费，指完成额外工程、索赔事项工作以及工期延长期间的管理费。

通常，管理费的计算公式为：

现场管理费=现场管理费比率×直接费用的索赔额

总部管理费=总部管理费比率×（直接费用的索赔额+现场管理费的索赔额）

（6）利　息

指发包人迟延支付工程款、退还保证金、垫资等产生的利息费用，也可能包括因发包人原因造成工期延误所增加的利息费用。

（7）利　润

由于工程范围的变更、文件缺陷或技术性错误、发包人未能提供现场等引起的索赔，承包人可以提出利润索赔。但对于工程暂时停工的索赔，由于利润通常是包括在每项实施工程内容的价格之内，延长工期并未影响削减某些项目的实施，未导致利润减少，因此在工程暂停的情况下，利润损失一般难以得到支持。

（8）保险费

当发包人要求增加工程内容而使工期延长或因发包人的原因导致工程无法按期完工而增加工期时，承包人因延长保险期间所产生的保险费用可以向发包人提出索赔。

（9）保证金

因发包人取消工作内容导致合同金额减少的，承包人有权要求发包人降低保证金的金额，并要求发包人退还多出部分的保证金，如发包人逾期退还保证金的，则可考虑增加利息的索赔项目。

费用索赔的计算方法有实际费用法、修正总费用法等。

① 实际费用法。该方法是按照各索赔事件引起损失的费用项目，分别计算索赔值，然后将各费用项目的索赔值汇总，即可得到总索赔费用值。这种方法以承包商为某项索赔工作所支付的实际开支为依据，但仅限于由索赔事项引起的、超过原计划的费用，故也称为额外成本法，在这种计算方法中，注意不要遗漏费用项目。

② 修正总费用法。这种方法是对总费用法的改进，即在总费用计算的原则上，除掉一些不确定的可能因素，对总费用法进行相应的修改和调整，使其更加合理。

案例呈现

1. 案情介绍

某桥梁建设项目中，承包人与发包人签订了施工合同，原合同约定使用某型号钢材，单价为 5 000 元/吨，预计用量为 1 000 吨。然而，在施工过程中，由于设计变更，桥梁的承重结构需采用更高标准的钢材，新型号钢材的市场单价为 6 000 元/吨，且因供应商产能紧张，交货周期延长了一个月。新型号钢材的预计用量仍为 1 000 吨。此变更未包含在合同变更条款内，也未提前通知承包人。

2. 思考问题

承包人应如何向发包人提出具体的材料费用索赔?

3. 案情解析

费用项目计算如下:

① 材料费增加:

新型号钢材总费用= 6 000 元/吨=×=1 000 吨=6 000 000 元

原合同钢材总费用= 5 000 元/吨×=1 000 吨=5 000 000 元

材料费增加索赔=6 000 000 元-5 000 000 元=1 000 000 元

② 超期储存保管费用(假设每日储存费用为 500 元,超期 30 天):

超期储存保管费用=500 元/天×30 天=15 000 元

③ 管理费索赔(假设现场管理费比率为 5%,总部管理费比率为 3%):

现场管理费索赔=5%×1 000 000 元=50 000 元

总部管理费索赔=3%×(1 000 000 元+50 000 元)=31 500 元

管理费总索赔=50 000 元+31 500 元=81 500 元

④ 利润索赔(此处假设不涉及,因利润索赔通常较为复杂且需结合具体合同约定)

总索赔金额:

总索赔金额=材料费增加索赔+超期储存保管费用+管理费总索赔

=1 000 000 元+15 000 元+81 500 元

=1 096 500 元

3.3.6 反索赔

反索赔主要指对索赔的反驳与应对,在收到索赔方提出的索赔请求后,反索赔方应主动积极应对,不让对方索赔成功或者全部成功。索赔是双向的,业主和承包商都可以向对方提出索赔要求,任何一方也都可以对对方提出的索赔要求进行反驳和反击。

工程实践过程中,当合同一方向对方提出索赔要求,合同另一方对对方的索赔要求和索赔文件可能会有以下 3 种选择:

(1)全部认可对方的索赔,包括索赔的数额;

(2)全部否定对方的索赔;

(3)部分否定对方的索赔。

针对一方的索赔要求,反索赔的一方应以事实为依据,以合同为准绳,反驳和拒绝对方的不合理要求或索赔要求中的不合理部分。

1. 反索赔的基本内容

反索赔的工作内容包括两个方面,即合理防止对方提出索赔,反击或者反驳对方的索赔要求。要成功地防止对方提出索赔,应采取积极防御的策略。

首先,自己严格履行合同规定的各项义务,防止自己违约,并通过加强合同管理,使对方找不到索赔的理由和根据,使自己处于不能被索赔的地位。其次,如果工程实施过程中发生了干扰事件,则应立即着手研究和分析合同依据、收集证据,为提出索赔和反索赔做好两手准备。如果对方提出了索赔要求或索赔报告,则自己一方应采取各种措施来反击或反驳对方的索赔要求。常用的措施有：

（1）抓对方的失误，直接向对方提出索赔，以对抗或平衡对方的索赔要求，以求在最终解决索赔时互相让步或者互不支付。

（2）针对对方的索赔报告，进行认真、仔细地研究和分析，找出理由和证据，证明对方索赔要求或索赔报告不符合实际情况和合同规定，没有合同依据或事实证据，索赔值计算不合理或不准确等问题，反击对方的不合理索赔要求，推卸或减轻自己的责任，使自己不受或少受损失。

2. 反索赔的要点

（1）审查索赔意见或索赔报告提出的时限。应审查索赔方是否在合同约定的索赔时限内提出了索赔意向或报告，如果对方未能及时提出书面的索赔意向和报告，则将失去索赔的机会和权利，对方提出的索赔则不能成立。

（2）分析索赔事件的原因和责任。应对索赔事件进行调查，分析事件产生的原因和责任归属。如果事件责任是由于索赔方自己疏忽大意、管理不善、决策失误或因其自身应承担的风险等造成，则应由索赔方自己承担损失，索赔不能成立。如果双方都有责任，则应按各自的责任大小分担损失。

（3）审查索赔依据。应审查对方的索赔请求是否存在合同依据或法律依据，并在合同中查找对己方有利和对对方不利的合同条款或法律条款。

（4）分析索赔证据。应分析索赔方所提供的证据是否真实、有效、合法，是否能证明索赔要求成立。证据不足、不全、不当，没有法律证明效力或没有证据，索赔则无法成立。

（5）审核索赔值。应对索赔报告中的索赔值进行认真细致的审核，审核的重点是索赔值的计算方法是否合理，各种费用的计取是否合理、适度，有无重复计算，计算结果是否准确等。

值得强调的是，承包人向业主提出了索赔后，作为为业主服务的工程师除应注意以上要点外，还应当关注以下几点：索赔事项是否属于发包人或工程师的责任，是否是与承包人有关的其他第三方的责任；发包人和承包人是否共同负有责任，若有则承包人必须划分和证明双方责任的大小；承包人以前是否已经放弃（明示或暗示）索赔要求；承包人是否采取适当措施避免或减少损失。

索赔虽然不可能完全避免，但通过努力可以减少发生。作为工程师，要正确理解合同规定，做好日常监理工作，尽量把问题在进行过程中解决掉，并加强与承包人的沟通协调，减少索赔事件的发生。

案例呈现

1. 案情介绍

在某高速公路建设项目中，承包人向业主提交了详细的索赔报告，要求延长工期 90 天并赔偿额外成本共计人民币 5 000 万元。索赔的主要理由为：

（1）设计图纸变更：自项目开工以来，设计图纸共经历了 12 次重大变更，直接影响了施工进度，导致工期延误约 60 天。

（2）罕见雨季影响：项目所在地遭遇了近 50 年来最严重的雨季，连续降雨天数达 45 天，严重影响了路基施工和排水系统建设，预计造成工期延误 30 天及额外成本约 2 000 万元。

业主方在收到索赔报告后，立即组织团队进行反索赔分析，重点关注了以下几个方面：

（1）索赔时限审查：

承包人首次书面索赔意向提交日期为事件发生后第 35 天，超出合同约定的 28 天索赔时限。

（2）责任归属分析：

① 设计图纸变更：经核查，其中 7 次变更由业主方提出，预计影响工期 40 天；其余 5 次变更由承包人施工错误导致，影响工期 20 天。

② 雨季影响：雨季虽为罕见，但合同明确将其列为承包人应承担的自然风险，且承包人未充分证明其采取了有效减损措施。

（3）索赔值审核：

承包人提出的额外成本中，包含人工加班费 1 500 万元、材料损耗费 800 万元、设备租赁及闲置费 900 万元等。

2. 思考问题

承包人的索赔请求可以获得支持吗？

3. 案情解析

（1）索赔时限：

业主方以承包人未能在合同规定时限内提交索赔意向为由，部分拒绝了早期设计图纸变更的索赔请求，仅考虑业主方责任范围内的 40 天工期延误。

（2）责任划分：

① 设计图纸变更：业主方承认对 7 次由自身提出的设计图纸变更负责，同意就这部分变更造成的工期延误和合理成本进行赔偿。对于承包人施工错误导致的变更，业主方坚持应由承包人自行承担责任。

② 雨季影响：鉴于雨季为自然风险且承包人未采取足够措施减少损失，业主方决定对雨季影响部分的索赔要求予以驳回。

（3）索赔值审核：

经过详细审核，业主方发现承包人的索赔值中存在以下问题：

① 人工加班费计算过高，实际应为 1 000 万元（剔除不合理加班及效率损失部分）。

② 材料损耗费中包含了部分正常损耗，实际额外损耗应为 500 万元。

③ 设备租赁及闲置费因承包人未能合理安排施工计划导致，仅部分认可 300 万元作为合理损失。

结论：经过反索赔分析，业主方提出最终解决方案，即同意延长工期 40 天（仅针对业主方责任范围内的设计变更），并赔偿额外成本共计人民币 1 800 万元（包括合理的人工加班费、材料额外损耗费及设备租赁闲置费）。承包人在接受该方案后，双方达成了和解协议，项目得以继续顺利推进。

任务实战

根据要求完成下列任务实作工单。

任务实作工单

<table>
<tr><td colspan="3">1. 工作任务
（1）分组：每三人为一个小组（一人为编制人，一人为校核人，一人为审核人）。
（2）工作任务：案例分析。
① 案情介绍
某饭店装修改造工程项目的建设单位与某施工单位按照《建设工程施工合同（示范文本）》（GF-2017—0201）签订了装修施工合同。合同价款为 2 600 万元，合同工期为 200 天。合同中，建设单位与施工单位约定，每提前或推后工期 1 天，按合同价的 0.2‰进行奖励或扣罚。
该工程施工进行到 100 天时，经过材料复试发现，甲方所供应的木地板质量不合格，造成乙方停工待料 19 天。此后在工程施工进行到第 150 天时，由于甲方临时变更首层大堂工程设计，又造成部分工程停工 16 天。工程最终工期为 220 天。
② 思考问题
根据该案例回答以下问题：
Ⅰ. 第一次停工后 10 天，施工单位向建设单位提出了索赔要求，索赔停工损失人工费和机械闲置费等共 6.8 万元；第二次停工后 15 天，施工单位向建设单位提出停工损失索赔 7 万元。在两次索赔中，施工单位均提交了有关文件作为证据，情况属实。此项索赔是否成立？
Ⅱ. 工程竣工结算时，施工单位提出工期索赔 35 天。同时，施工单位认为工期实际提前了 15 天，要求建设单位奖励 7.8 万元。建设单位认为，施工单位当时未要求工期索赔，仅进行停工损失索赔，说明施工单位已默认停工不会引起工期延长。因此，实际工期延长 20 天，应扣罚施工单位 10.4 万元。此项索赔是否成立？（提示：施工单位提出工期索赔时间已超过合同约定的时间。）
（3）要求：认真阅读任务内容，并进行小组讨论，解答问题。</td></tr>
<tr><td colspan="3">2. 任务解答</td></tr>
<tr><td colspan="2">校核人意见：</td><td rowspan="2">编制人意见：</td></tr>
<tr><td colspan="2">审核人意见：</td></tr>
<tr><td>编制人：</td><td>校核人：</td><td>审核人：</td></tr>
</table>

学习评价

本模块各单元的学习情况可按下表进行评价。

学习评价表

<table>
<tr><td colspan="2">姓名：</td><td colspan="2">组别：</td><td>任务：</td></tr>
<tr><td>评价内容</td><td>评价标准</td><td>自评</td><td>组员互评</td><td>老师评价</td></tr>
<tr><td>职业素养
（20分）</td><td>（1）学习态度积极，能主动思考，能有计划地组织小组成员完成工作任务，有良好的团队合作意识，遵章守纪：计20分；
（2）学习态度较积极，能主动思考，能配合小组成员完成工作任务，遵章守纪：计15分；
（3）学习态度端正，主动思考能力欠缺，能配合小组成员完成工作任务，遵章守纪：计10分；
（4）学习态度不端正，不参与团队任务：计0分。</td><td></td><td></td><td></td></tr>
<tr><td>职业技能
（80分）</td><td>问题回答正确，字迹工整：计80分，如有错误按以下标准扣分，扣完为止：
（1）回答（校核、审核）有错误，每返工一次扣20分；
（2）举例不规范，每处扣5分；
（3）字迹不工整、酌情扣分，最多扣10分。</td><td></td><td></td><td></td></tr>
<tr><td colspan="5">综合得分：</td></tr>
<tr><td colspan="5">备注：综合得分＝自评分×30%+小组互评分×30%+老师评价分×40%</td></tr>
</table>

模块 9

建设工程纠纷解决法律制度

情境描述

本模块以法学基础知识认知规律为主线，由浅入深介绍建设工程合同法律法规的基础知识。其主要内容为：建设工程纠纷种类及法律解决途径，民事诉讼制度，仲裁制度，调解与和解制度。学生根据要求完成“任务实作工单”的工作任务。

学习目标

1. 知识目标

（1）了解建设工程纠纷的主要种类；熟悉民事纠纷、行政纠纷的法律解决途径；
（2）熟悉民事诉讼的法律管辖、民事诉讼的当事人和代理人的概念；
（3）熟悉民事诉讼的诉讼时效；
（4）掌握仲裁协议和仲裁受理、审理的法定程序以及熟悉调解与和解的相关制度。

2. 能力目标

（1）能够初步判断采用何种方式解决建设工程纠纷；
（2）能够参与民事诉讼和仲裁，并熟悉自己的权利义务；
（3）能够正确参与各类和解。

3. 素质目标

（1）引导学生树立正确的世界观、人生观、价值观及团队合作意识；
（2）引导学生养成乐学、善思的良好习惯，具备勤奋好学、学以致用的能力；
（3）培养学生吃苦耐劳、勇于开拓、积极进取的精神；
（4）通过学习建设领域工程纠纷法律法规的基础知识，紧密结合实际，增强学生遵纪守法的意识，爱岗敬业的职业道德，团结协作的职业素养和独立思考、自主学习的创新精神。

单元 9.1 建设工程纠纷主要种类及法律解决途径

问题导入

问题 1：建设工程纠纷的法律解决途径有哪些？谈一谈您的认识。

____

____

____

问题 2：民事纠纷解决可仲裁，也可诉讼，请上网查询相关知识，并谈一谈这两种途径有什么不同。

____

____

____

思维导图

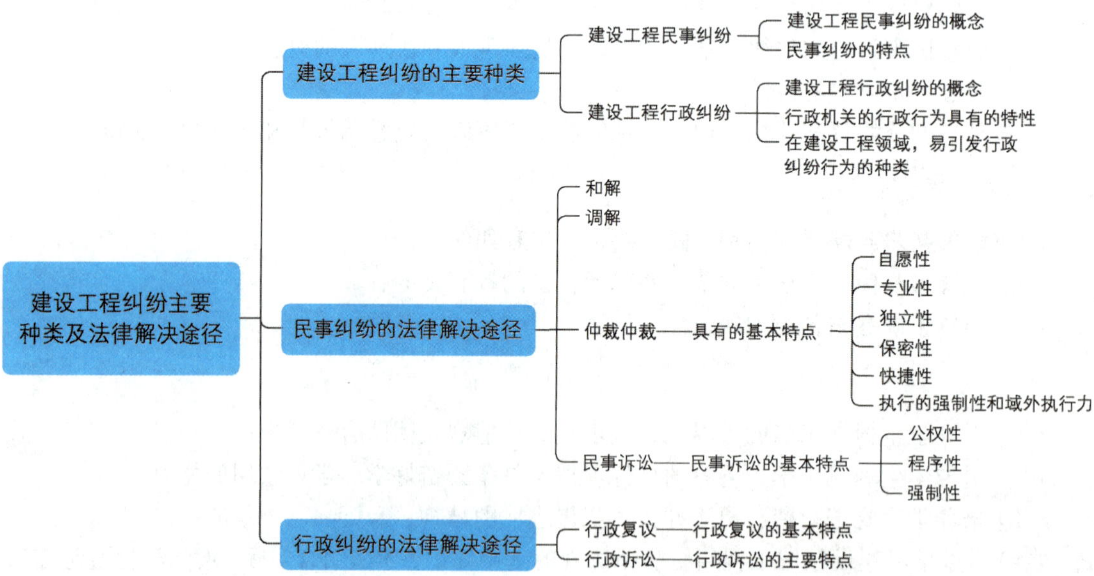

知识学习

9.1.1 建设工程纠纷的主要种类

建设工程项目通常具有投资规模大、建造周期长、技术要求高、合同关系复杂和政府监管严格等特点，因而在建设工程领域里常见的是民事纠纷和行政纠纷。

1. 建设工程民事纠纷

（1）建设工程民事纠纷的概念

建设工程民事纠纷，是在建设工程活动中平等主体之间发生的以民事权利义务法律关系为内容的争议。民事纠纷主要是因为违反了民事法律规范或者合同约定而引起的。民事纠纷可分为两大类：一类是财产关系方面的民事纠纷，如合同纠纷、损害赔偿纠纷等；另一类是人身关系方面的民事纠纷，如名誉权纠纷、继承权纠纷等。

① 合同纠纷：是指因合同的生效、解释、履行、变更、终止等行为而引起的合同当事人之间的所有争议。合同纠纷的内容，主要表现在争议主体对于导致民事法律关系设立、变更与终止的法律事实以及法律关系的内容有着不同的观点与看法。合同纠纷的范围涵盖了一项合同从成立到终止的整个过程。

② 侵权纠纷：是指因侵害民事权益产生的纠纷。建设工程领域常见的侵权纠纷，如施工中造成对他人财产或者人身损害而产生的侵权纠纷，未经许可使用他人的专利、工法等造成的知识产权侵权纠纷等。

（2）民事纠纷的特点

① 民事纠纷主体之间的法律地位平等；

② 民事纠纷的内容是对民事权利义务的争议；

③ 民事纠纷的可处分性（针对有关财产关系的民事纠纷具有可处分性，而有关人身关系的民事纠纷多具有不可处分性）。

在建设工程领域，较为普遍和重要的民事纠纷主要是合同纠纷、侵权纠纷。

2. 建设工程行政纠纷

（1）建设工程行政纠纷的概念

建设工程行政纠纷，是在建设工程活动中行政机关之间或行政机关同公民、法人和其他组织之间由于行政行为而引起的纠纷。机关对公民、法人和其他组织行使行政管理职权，应当依法行政；另一方面公民、法人和其他组织也应当依法约束自己的行为，做到自觉守法。此外，行政机关为了实现行政管理或者公共服务目标，与公民、法人或者其他组织协商订立的具有行政法上权利义务内容的协议，既具有行政管理活动“行政性”的一般属性，也具有“协议性”的特别属性。

（2）行政机关的行政行为具有的特性

① 行政行为属于执行法律的行为。任何行政行为均须有法律依据，没有法律的明确规定

或授权，行政机关不得作出任何行政行为。

② 行政行为具有一定的裁量性。这是由立法技术本身的局限性和行政管理的广泛性、复杂性等所决定的。

③ 行政机关在实施行政行为时具有单方意志性，不必与行政相对人协商或征得其同意，便可依法自主作出。

④ 行政行为是以国家强制力保障实施的，带有强制性。行政相对人必须服从并配合行政行为，否则行政机关将予以制裁或强制执行。

⑤ 行政行为以无偿为原则，以有偿为例外。只有当特定行政相对人承担了特别公共负担，或者分享了特殊公共利益时，方可为有偿的。

（3）在建设工程领域，易引发行政纠纷行为的种类

① 行政许可，即行政机关根据公民、法人或者其他组织的申请，经依法审查，准予其从事特定活动的行政管理行为，如施工许可、专业人员执业资格注册、企业资质等级核准、安全生产许可等。行政许可易引发的行政纠纷通常是行政机关的行政不作为、违反法定程序等。

② 行政处罚，是指行政机关依法对违反行政管理秩序的公民、法人或者其他组织，以减损权益或者增加义务的方式予以惩戒的行为。常见的行政处罚为警告、通报批评；罚款、没收违法所得、没收非法财物；暂扣许可证件、降低资质等级、吊销许可证件；限制开展生产经营活动、责令停产停业、责令关闭、限制从业等。行政处罚易导致的行政纠纷，通常是行政处罚超越职权、滥用职权、违反法定程序、事实认定错误、适用法律错误等。

③ 行政强制，包括行政强制措施和行政强制执行。行政强制措施是指行政机关在行政管理过程中，为制止违法行为、防止证据损毁、避免危害发生、控制危险扩大等情形，依法对公民的人身自由实施暂时性限制，或者对公民、法人或者其他组织的财物实施暂时性控制的行政行为。行政强制执行是指行政机关或者行政机关申请人民法院，对不履行行政决定的公民、法人或者其他组织，依法强制履行义务的行政行为。行政强制易导致的行政纠纷，通常是行政强制超越职权、滥用职权、违反法定程序、事实认定错误、适用法律错误等。

④ 行政裁决，即行政机关或法定授权的组织，依照法律授权，对平等主体之间发生的与行政管理活动密切相关的、特定的民事纠纷（争议）进行审查，并作出裁决的行政行为，如对特定的侵权纠纷、损害赔偿纠纷、权属纠纷、国有资产产权纠纷以及劳动工资、经济补偿纠纷等的裁决。行政裁决易引发的行政纠纷，通常是行政裁决违反法定程序、事实认定错误、适用法律错误等。

9.1.2 民事纠纷的法律解决途径

人民法院受理公民之间、法人之间、其他组织之间以及他们相互之间因财产关系和人身关系提起的民事诉讼；人民法院审理民事案件，双方当事人可以自行和解；也可以根据当事人自愿的原则，在事实清楚的基础上，分清是非，进行调解；双方当事人达成有效书面仲裁协议的，应当根据仲裁协议向仲裁机构申请仲裁。当事人应当履行发生法律效力的判决、仲裁裁决、调解书；拒不履行的，对方可以请求人民法院执行。

由此可见，民事纠纷的法律解决途径主要有四种，即和解、调解、仲裁、诉讼。

1. 和　解

和解是民事纠纷的当事人在自愿互谅的基础上，就已经发生的争议进行协商、妥协与让步并达成协议，无须第三方介入，完全自行解决争议的一种方式。

和解可以在民事纠纷的任何阶段进行，无论是否已经进入诉讼或仲裁程序，只要终审裁判未生效或者仲裁裁决未作出，当事人均可自行和解。和解也可与仲裁、诉讼程序相结合：当事人达成和解协议，已提请仲裁的，可以请求仲裁庭根据和解协议作出裁决书或仲裁调解书；已提起诉讼的，可以请求法庭在和解协议基础上制作调解书。仲裁机构作出的仲裁调解书和法院的调解书，具有强制执行的效力。

需要注意的是，当事人自行达成的和解协议不具有强制执行力，在性质上仍属于当事人之间的约定。如果一方当事人不按照和解协议执行，另一方当事人不能直接申请法院强制执行，但可要求对方承担不履行和解协议的违约责任。

2. 调　解

调解是指双方当事人以外的第三方应纠纷当事人的请求，以法律、法规、政策或合同约定以及社会公德为依据，居中调停，对纠纷双方进行疏导、劝说，促使其互谅互让，自愿协商达成协议，从而解决纠纷的一种方式。

在我国，调解的主要方式有人民调解、行政调解、仲裁调解、司法调解、行业调解以及专业机构调解。

3. 仲　裁

仲裁是当事人根据在纠纷发生前或发生后达成的书面协议，自愿将纠纷提交中立第三方作出裁决，纠纷各方都有义务执行该裁决的一种争议解决方式。仲裁与诉讼不同。诉讼是法院行使国家所赋予的审判权，向法院起诉不需要双方当事人在诉讼前达成协议，只要一方当事人向有管辖权的法院起诉，经法院受理后，另一方应当应诉。仲裁具有民间性质，其受理案件的管辖权来自当事人的授权。有效的仲裁协议可以排除法院的管辖权；纠纷发生后，一方当事人提起仲裁的，另一方必须仲裁。但是，没有仲裁协议，就不能启动仲裁程序。

仲裁具有的基本特点如下：

（1）自愿性

当事人的自愿性是仲裁最突出的特点。仲裁的基石是当事人的意思自治。仲裁以当事人的自愿为前提，即是否将纠纷提交仲裁，向何仲裁机构申请仲裁，仲裁适用的法律和语言，仲裁庭的组成，仲裁员的选择，以及仲裁程序如何进行等，在不违反法律强制性规定和仲裁规则允许的情况下，都是在当事人自愿的基础上，由当事人协商确定。

（2）专业性

专家裁案是仲裁的重要特点之一。仲裁往往涉及不同行业的专业知识，如建设工程纠纷的处理不仅涉及与工程建设有关的法律法规，还常常需要运用大量的工程造价、工程质量方面的专业知识以及建筑业自身特有的交易习惯和行业惯例。基于仲裁解决商事纠纷专业性的需要，仲裁员中除法律专家之外，还有大量各行业具有一定专业水平的专家，他们精通专业知识、熟悉行业规则，以确保仲裁结果的专业性。

（3）独立性

《仲裁法》规定，仲裁委员会独立于行政机关，与行政机关没有隶属关系。仲裁委员会之间也没有隶属关系。在仲裁过程中，仲裁庭独立进行仲裁，不受任何行政机关、社会团体和个人的干涉，也不受仲裁机构的干涉，具有独立性。

（4）保密性

仲裁以不公开审理为原则。同时，当事人及其代理人、证人、翻译、仲裁员、专家证人和指定的鉴定人、仲裁委员会有关工作人员也要遵守保密义务，不得对外界透露案件实体和程序的有关情况。因此，仲裁可以有效地保护当事人的商业秘密和商业信誉。

（5）快捷性

仲裁实行一裁终局制度，仲裁裁决一经作出即发生法律效力。仲裁裁决不能上诉，这使得当事人之间的纠纷能够迅速得以解决。

（6）执行的强制性和域外执行力

对于生效的仲裁裁决书和调解书，一方不履行的，另外一方当事人有权向人民法院申请强制执行。

4. 民事诉讼

在我国，《民事诉讼法》是调整和规范法院及诉讼参与人的各种民事诉讼活动的基本法律。

民事诉讼的基本特点如下：

（1）公权性

民事诉讼由人民法院代表国家意志行使司法审判权，通过司法手段解决平等民事主体之间的纠纷。在法院主导下，诉讼参与人围绕民事纠纷的解决，进行着产生法律后果的活动。它既不同于群众自治组织性质的人民调解委员会、行业协会或者专业机构等以调解方式解决纠纷，也不同于基于私法自治原则的仲裁委员会以仲裁方式解决纠纷。

（2）程序性

民事诉讼分为一审程序、二审程序和执行程序三大诉讼阶段。并非每个案件都要经过这三个阶段，有的案件一审就终结，有的经过二审终结，有的不需要启动执行程序。但如果案件要经历诉讼全过程，就要按照上述顺序依次进行。

（3）强制性

强制性是公权力的重要属性。民事诉讼的强制性既表现在案件的受理上，又反映在裁判的执行上。调解、仲裁均建立在当事人自愿的基础上，只要有一方当事人不愿意进行调解、仲裁，则调解和仲裁将不会发生。但民事诉讼不同，只要原告的起诉符合法定条件，无论被告是否愿意，诉讼都会发生。此外，和解、调解协议的履行依靠当事人的自觉，不具有强制执行的效力，但法院的裁判则具有强制执行的效力，一方当事人不履行生效判决或裁定，另一方当事人可以申请法院强制执行。

除上述四种民事纠纷解决方式外，由于建设工程活动及其纠纷的专业性、复杂性，在建设工程法律实践中还可以采用建设工程争议评审机制。

建设工程争议评审，是指当事人根据事前签订的合同或者争议发生后达成的协议，选择独立于任何一方当事人的争议评审专家（通常是 3 人，小型工程可以是 1 人）组成评审小组，就当事人发生的争议及时提出解决问题的建议或者作出决定的争议解决方式。当事人通过协议，授权评审组调查、听证、建议或者裁决。评审组在工程进程中可能会持续解决多项争议。如果当事人不接受评审组的建议或者裁决，仍可通过仲裁或者诉讼的方式解决争议。采用争议评审的方式，有利于及时化解工程建设过程中的争议，防止因争议拖延与扩大而造成不必要的损失或浪费，保障建设工程的顺利进行。

9.1.3 行政纠纷的法律解决途径

1. 行政复议

行政复议是公民、法人或其他组织认为行政机关的具体行政行为侵犯其合法权益，依法请求法定的行政复议机关审查该具体行政行为的合法性、适当性，该复议机关依照法定程序对该具体行政行为进行审查，并作出行政复议决定的法律制度。这是公民、法人或其他组织解决行政争议的一种行政救济途径。

行政复议的基本特点如下：

（1）提出行政复议的，必须是认为行政机关的具体行政行为侵犯其合法权益的公民、法人和其他组织；

（2）公民、法人和其他组织提出行政复议，必须是在行政机关已经作出具体行政行为之后，如果行政机关尚未作出具体行政行为，则不存在复议问题；

（3）当事人对行政机关的具体行政行为不服，应当按照法律规定向有行政复议权的行政机关申请复议；

（4）行政复议原则上采用书面审查办法。公民、法人或其他组织对行政复议决定不服的，可以依照《行政诉讼法》的规定向人民法院提起行政诉讼，但是法律规定行政复议决定为最终裁决的除外。

2. 行政诉讼

行政诉讼是公民、法人或其他组织依法请求法院对行政机关和行政机关工作人员的行政行为侵犯其合法权益进行审查并依法裁判的法律制度。

行政诉讼的主要特点如下：

（1）行政诉讼是法院解决行政机关实施行政行为时与公民、法人或其他组织发生的争议；

（2）行政诉讼在为公民、法人或其他组织提供法律救济的同时，同时具有监督行政机关依法行政的功能；

（3）行政诉讼的被告与原告是恒定的，即被告只能是行政机关，原告则是作为行政行为相对人的公民、法人或其他组织，原告和被告之间不可能互易诉讼身份。

对行政行为除法律、法规规定必须先申请行政复议的以外，公民、法人或者其他组织可以自主选择申请行政复议还是提起行政诉讼。公民、法人或其他组织对行政复议决定不服的，除法律规定行政复议决定为最终裁决的以外，可以依照《行政诉讼法》的规定向人民法院提起行政诉讼。

任务实战

根据要求完成下列任务实作工单。

任务实作工单

<table>
<tr><td colspan="6">1. 工作任务
（1）分组：每三人为一个小组（一人为编制人，一人为校核人，一人为审核人）。
（2）工作任务：案例分析。
① 案情介绍
在某市一大型公共设施建设项目的招投标过程中，投标人 A 公司因在多个投标项目中被发现存在严重的串通投标行为，严重扰乱了当地招投标市场秩序。经市建设行政主管部门调查取证后，将案件移送至本市市场监督管理机关。市场监督管理机关依据《中华人民共和国招标投标法》《中华人民共和国行政处罚法》等相关法律法规，对 A 公司的违法行为进行了全面审查，并最终决定对 A 公司处以吊销营业执照的严厉处罚。A 公司在收到吊销营业执照的行政处罚决定书后，认为处罚过重，且部分事实认定存在争议。
② 思考问题
请结合《中华人民共和国行政复议法》和《中华人民共和国行政诉讼法》的相关规定，为 A 公司提出救济建议。
（3）要求：认真阅读任务内容，并进行小组讨论，解答问题。</td></tr>
<tr><td colspan="6">2. 任务解答</td></tr>
<tr><td colspan="3">校核人意见：</td><td colspan="3" rowspan="2">编制人意见：</td></tr>
<tr><td colspan="3">审核人意见：</td></tr>
<tr><td colspan="2">编制人：</td><td colspan="2">校核人：</td><td colspan="2">审核人：</td></tr>
</table>

单元 9.2 民事诉讼制度

问题导入

问题 1：甲发包人和乙施工单位在履行合同过程中发生争议，通过协商解决未果，甲拟起诉乙，那么甲是否可以根据自己的意愿任意选择一个法院起诉？若不可以，谈一谈您的认识。

____

____

____

____

问题 2：诉讼时效制度是哪些？上网查询资料，谈一谈您的认识。

____

____

____

____

思维导图

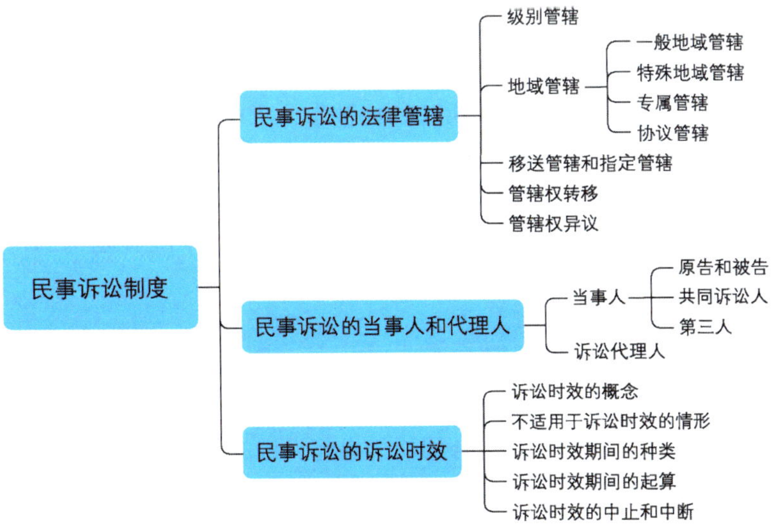

知识学习

9.2.1 民事诉讼的法律管辖

民事诉讼中的管辖是指各级法院之间和同级法院之间受理第一审民事案件的分工和权限。人民法院受理案件后，被告有权针对人民法院对案件是否有管辖权提出管辖权异议，这是当事人的一项诉讼权利。

1. 级别管辖

级别管辖，是指按照一定的标准，划分上下级法院之间受理第一审民事案件的分工和权限。我国法院有四级，分别是：基层人民法院、中级人民法院、高级人民法院和最高人民法院，每一级均受理一审民事案件。我国《民事诉讼法》主要根据案件的性质、影响和诉讼标的金额等来确定级别管辖。在实践中，争议标的金额的大小，往往是确定级别管辖的重要依据，但各地人民法院确定的级别管辖争议标的数额标准不尽相同。

2. 地域管辖

地域管辖，就是按照各人民法院的辖区范围和民事案件的隶属关系，划分同级人民法院之间审理第一审民事案件的权限。级别管辖则是确定民事案件由哪一级人民法院管辖。也就是说，级别管辖是确定纵向的审判分工，地域管辖是确定横向的审判分工。地域管辖主要包括如下几种情况：

（1）一般地域管辖

一般地域管辖，是以当事人与法院的隶属关系来确定诉讼管辖，通常实行“原告就被告”原则，即以被告住所地作为确定管辖的标准。

① 对公民提起的民事诉讼，由被告住所地人民法院管辖；被告住所地与经常居住地不一致的，由经常居住地人民法院管辖。其中，公民的住所地是指该公民的户籍所在地。经常居住地是指公民离开住所至起诉时已连续居住满 1 年的地方，但公民住院就医的地方除外。

② 对法人或者其他组织提起的民事诉讼，由被告住所地人民法院管辖。被告住所地是指法人或者其他组织的主要办事机构所在地；主要办事机构所在地不能确定的，其注册地或者登记地为住所地。

③ 同一诉讼的几个被告住所地、经常居住地在两个以上人民法院辖区的，原告可以向任何一个被告住所地或经常居住地人民法院起诉。

（2）特殊地域管辖

特殊地域管辖，是指以诉讼标的所在地或引起民事法律关系发生、变更、消灭的法律事实所在地为标准确定的管辖。我国《民事诉讼法》第二十四条开始规定了多种特殊地域管辖，其中与工程建设领域关系最为密切的是因合同纠纷提起诉讼的管辖，由被告住所地或者合同履行地人民法院管辖。

（3）专属管辖

专属管辖，是指法律规定某些特殊类型的案件专门由特定的法院管辖。专属管辖是排他性管辖，排除了诉讼当事人协议选择管辖法院的权利。专属管辖与一般地域管辖和特殊地域管辖的关系是：凡法律规定为专属管辖的诉讼，均适用专属管辖。

因不动产纠纷提起的诉讼，由不动产所在地人民法院管辖，如房屋买卖纠纷、土地使用权转让纠纷等。最高人民法院《关于适用<中华人民共和国民事诉讼法〉的解释》中规定，建设工程施工合同纠纷按照不动产纠纷确定管辖。不动产已登记的，以不动产登记簿记载的所在地为不动产所在地；不动产未登记的，以不动产实际所在地为不动产所在地。

案例呈现

1. 案情介绍

甲建设公司与乙开发公司分别位于 A 市和 B 市。双方于 2024 年 3 月签订了一份《某商业广场建设工程施工合同》，约定甲公司负责 B 市某商业广场项目的施工建设。合同履行过程中，双方因工程质量、工期及工程款支付等问题产生争议。甲公司遂向 A 市某区人民法院提起诉讼，要求乙公司支付拖欠的工程款及违约金，并承担相应损失。乙公司在提交答辩状期间提出管辖权异议，认为本案系建设工程施工合同纠纷，依法应由不动产所在地即工程所在地的 B 市法院专属管辖，因此申请将本案移送至 B 市有管辖权的法院审理。

2. 思考问题

乙公司的管辖权异议是否能够获得支持？

3. 案情解析

A 市某区人民法院经审查认为，本案系建设工程施工合同纠纷，根据法律规定应由不动产所在地人民法院专属管辖。虽然原告甲公司选择在 A 市法院起诉，但鉴于本案涉及的不动产位于 B 市，且专属管辖具有排他性，故 A 市法院对本案无管辖权，故 A 市某区人民法院裁定将本案移送至 B 市有管辖权的人民法院审理。

（4）协议管辖

协议管辖，是指合同当事人在纠纷发生前后，在法律允许的范围内，以书面形式约定案件的管辖法院。协议管辖适用于合同纠纷或者其他财产权益纠纷，其他财产权益纠纷包括因物权、知识产权中的财产权而产生的民事纠纷管辖。

《民事诉讼法》规定，合同或者其他财产权益纠纷的当事人可以书面协议选择被告住所地、合同履行地、合同签订地、原告住所地、标的物所在地等与争议有实际联系地点的人民法院管辖，但不得违反本法对级别管辖和专属管辖的规定。

经人民调解委员会、特邀调解组织或者特邀调解员调解达成民事调解协议的，双方当事人可以自调解协议生效之日起 30 日内共同向人民法院申请司法确认，试点法院司法确认案件按照以下规定依次确定地域管辖：

① 委派调解的，由作出委派的人民法院管辖；

② 当事人选择由人民调解委员会或者特邀调解组织调解的，由调解组织所在地基层人民法院管辖；当事人选择由特邀调解员调解的，由调解协议签订地基层人民法院管辖。

3. 移送管辖和指定管辖

（1）移送管辖

人民法院发现受理的案件不属于本院管辖的，应当移送有管辖权的人民法院，受移送的人民法院应当受理。受移送的人民法院认为受移送的案件依照规定不属于本院管辖的，应当报请上级人民法院指定管辖，不得再自行移送。

（2）指定管辖

有管辖权的人民法院由于特殊原因不能行使管辖权的，由上级人民法院指定管辖。人民法院之间因管辖权发生争议，由争议双方协商解决；协商解决不了的，报请其共同上级人民法院指定管辖。

4. 管辖权转移

管辖权转移，是指上级人民法院有权审理下级人民法院管辖的第一审民事案件。确有必要将本院管辖的第一审民事案件交下级人民法院审理的，应当报请其上级人民法院批准。

下级人民法院对它所管辖的第一审民事案件，认为需要由上级人民法院审理的，可以报请上级人民法院审理。

5. 管辖权异议

管辖权异议是指当事人向受诉人民法院提出的该法院对案件无管辖权的主张。《民事诉讼法》规定，人民法院受理案件后，当事人对管辖权有异议的，应当在提交答辩状期间提出。人民法院对当事人提出的异议，应当审查。异议成立的，裁定将案件移交有管辖权的人民法院；异议不成立的，裁定驳回。

9.2.2 民事诉讼的当事人和代理人

1. 当事人

民事诉讼中的当事人，是指因民事权利和义务发生争议，以自己的名义进行诉讼，请求人民法院进行裁判的公民、法人或其他组织。狭义的民事诉讼当事人包括原告和被告。广义的民事诉讼当事人包括原告、被告、共同诉讼人和第三人。外国人、无国籍人、外国企业和组织在人民法院起诉、应诉，同中华人民共和国公民、法人和其他组织有同等的诉讼权利义务。

（1）原告和被告

原告，是指维护自己的权益或自己所管理的他人权益，以自己名义起诉，从而引起民事诉讼程序的当事人。被告，是指原告诉称侵犯原告民事权益而由法院通知其应诉的当事人。

《民事诉讼法》规定，公民、法人和其他组织可以作为民事诉讼的当事人。法人由其法定代表人进行诉讼，其他组织由其主要负责人进行诉讼。

随着我国经济社会的快速发展和变化，出现了一些环境污染、侵害众多消费者权益等严重损害社会公共利益的行为。为保护社会公共利益，除了加强行政监管外，《民事诉讼法》还确立了我国的民事公益诉讼制度。根据《民事诉讼法》规定，对污染环境、侵害众多消费者合法权益等损害社会公共利益的行为，法律规定的机关和有关组织可以向人民法院提起诉讼。

（2）共同诉讼人

共同诉讼人，是指当事人一方或双方为二人以上（含二人），其诉讼标的是共同的，或者诉讼标的是同一种类、人民法院认为可以合并审理并经当事人同意，共同在人民法院进行诉讼的人。

（3）第三人

第三人，是指对他人争议的诉讼标的有独立的请求权，或者虽无独立的请求权，但案件的处理结果与其有法律上的利害关系，而参加到原告、被告已经开始的诉讼中进行诉讼的人。

《民事诉讼法》规定，对当事人双方的诉讼标的，第三人认为有独立请求权的，有权提起诉讼。对当事人双方的诉讼标的，第三人虽然没有独立请求权，但案件处理结果同其有法律上的利害关系的，可以申请参加诉讼，或者由人民法院通知其参加诉讼。人民法院判决承担民事责任的第三人，有当事人的诉讼权利和义务。

以上规定的第三人，因不能归责于本人的事由未参加诉讼，但有证据证明发生法律效力的判决、裁定、调解书的部分或者全部内容错误，损害其民事权益的，可以自知道或者应当知道其民事权益受到损害之日起6个月内，向作出该判决、裁定、调解书的人民法院提起诉讼。人民法院经审理，诉讼请求成立的，应当改变或者撤销原判决、裁定、调解书；诉讼请求不成立的，驳回诉讼请求。

2. 诉讼代理人

诉讼代理人，是指根据法律规定或当事人的委托，代理当事人进行民事诉讼活动的人。民事诉讼代理人可分为法定诉讼代理人、委托诉讼代理人和指定诉讼代理人。在建设工程领域的民事诉讼代理中，最常见的是委托诉讼代理人。

《民事诉讼法》规定，下列人员可以被委托为诉讼代理人：

（1）律师、基层法律服务工作者；

（2）当事人的近亲属或工作人员；

（3）当事人所在社区、单位以及有关社会团体推荐的公民。

委托他人代为诉讼的，须向人民法院提交由委托人签名或盖章的授权委托书，授权委托书必须记明委托事项和权限。

9.2.3 民事诉讼的诉讼时效

1. 诉讼时效的概念

诉讼时效，是指权利人在法定期间内不行使权利，诉讼时效期间届满后，义务人可以提出不履行义务抗辩的法律制度。

超过诉讼时效期间，在法律上发生的效力是权利人的胜诉权消灭。超过诉讼时效期间权利人起诉，如果符合《民事诉讼法》规定的起诉条件，法院仍然应当受理。如果法院经受理后查明无中止、中断、延长事由的，判决驳回诉讼请求。但是，《中华人民共和国民法典》规定，人民法院不得主动适用诉讼时效的规定。当事人对诉讼时效利益的预先放弃无效。诉讼时效期间届满后，义务人同意履行的，不得以诉讼时效期间届满为由抗辩；义务人已经自愿履行的，不得请求返还。

2. 不适用于诉讼时效的情形

当事人可以对债权请求权提出诉讼时效抗辩，但对下列债权请求权提出诉讼时效抗辩的，法院不予支持：

（1）支付存款本金及利息请求权。

（2）兑付国债、金融债券以及向不特定对象发行的企业债券本息请求权。

（3）基于投资关系产生的缴付出资请求权。

（4）其他依法不适用诉讼时效规定的债权请求权。

3. 诉讼时效期间的种类

根据我国《中华人民共和国民法典》及有关法律的规定，诉讼时效期间通常可划分为 3 类：

（1）普通诉讼时效，即向人民法院请求保护民事权利的期间。普通诉讼时效期间通常为 3 年。

（2）特殊诉讼时效，因国际货物买卖合同和技术进出口合同争议的时效期间为 4 年。

（3）权利的最长保护期限。诉讼时效期间自权利人知道或应当知道权利受到损害以及义务人之日起计算。但是，从权利被侵害之日起超过 20 年的，法院不予保护；有特殊情况的，人民法院可以根据权利人的申请决定延长。

4. 诉讼时效期间的起算

《中华人民共和国民法典》规定，诉讼时效期间自权利人知道或者应当知道权利受到损害以及义务人之日起计算。

当事人约定同一债务分期履行的，诉讼时效期间自最后一期履行期限届满之日起计算。

5. 诉讼时效中止和中断

（1）诉讼时效中止

《中华人民共和国民法典》规定，在诉讼时效期间的最后 6 个月内，因下列障碍，不能行使请求权的，诉讼时效中止：

① 不可抗力；

② 无民事行为能力人或者限制民事行为能力人没有法定代理人，或者法定代理人死亡、丧失民事行为能力、丧失代理权；

③ 继承开始后未确定继承人或者遗产管理人；

④ 权利人被义务人或者其他人控制；

⑤ 其他导致权利人不能行使请求权的障碍。自中止时效的原因消除之日起满 6 个月，诉讼时效期间届满。

根据上述规定，诉讼时效中止，应当同时满足两个条件：

① 权利人由于不可抗力或者其他障碍，不能行使请求权；

② 导致权利人不能行使请求权的事由发生在诉讼时效期间的最后 6 个月内。

诉讼时效中止，即诉讼时效期间暂时停止计算。在导致诉讼时效中止的原因消除后，也就是权利人开始可以行使请求权时起，诉讼时效期间继续计算。

案例呈现

1. 案情介绍

2020 年 5 月，A 建筑公司与 B 开发商签订合同，负责一项价值 5 000 万元的商业大楼建设工程。双方约定工程竣工并验收合格后 3 个月内，即 2021 年 11 月底，B 开发商应支付 A 建筑公司工程款 5 000 万元。2021 年 8 月工程竣工，经结算开发商应支付 A 建筑公司工程款 5 000 万元，但开发商以资金周转困难为由拖延支付。A 建筑公司多次催告无果，准备于 2024 年 10 月起诉。然而，在 2024 年 8 月，A 建筑公司所在地突发强烈地震，交通、通信全部中断，持续了 2 个月。

地震这一不可抗力事件导致 A 建筑公司在诉讼时效期间内无法及时行使诉讼权利。

2. 思考问题

A 建筑公司在诉讼时效期间最迟何时届满？

3. 案情解析

分析：根据法律规定，向人民法院请求保护民事权利的诉讼时效期间为三年。此次地震属于不可抗力，且发生时间在诉讼时效期间的最后六个月内，致使 A 建筑公司无法正常主张权利，因此诉讼时效中止。待地震影响消除，交通和通信恢复后，诉讼时效继续计算。由于 2024 年 8 月，A 建筑公司所在地突发强烈地震，交通、通信全部中断，持续了 2 个月，也即是到 10 月，故原本 8 月到 11 月 3 个月的诉讼时效，从 10 月地震影响消除后重新起算，诉讼时效将延续到 2025 年 1 月。

（2）诉讼时效中断

《中华人民共和国民法典》规定，有下列情形之一的，诉讼时效中断，从中断、有关程序终结时起，诉讼时效期间重新计算：

① 权利人向义务人提出履行请求；

② 义务人同意履行义务；

③ 权利人提起诉讼或者申请仲裁；

④ 与提起诉讼或者申请仲裁具有同等效力的其他情形。

任务实战

根据要求完成下列任务实作工单。

任务实作工单

1. 工作任务 （1）分组：每三人为一个小组（一人为编制人，一人为校核人，一人为审核人）。 （2）工作任务：案例分析。 ① 案情介绍 2024 年 3 月，甲建筑公司完成了为乙企业建设工厂的工程，工程款总计 800 万元，约定在工程交付后 6 个月内结清，即 2024 年 9 月底前支付。但到期后乙企业未支付，甲公司于 2025 年 5 月向乙企业发送了催款函。乙企业未回应催款函，甲公司担心诉讼时效问题。

续表

<table>
<tr><td colspan="3">② 思考问题
请结合《中华人民共和国民法典》的规定帮助甲公司分析诉讼时效是否中断？诉讼时效持续到什么时候？
（3）要求：认真阅读任务内容，并进行小组讨论，解答问题。</td></tr>
<tr><td colspan="3">2. 任务解答</td></tr>
<tr><td colspan="2">校核人意见：</td><td rowspan="2">编制人意见：</td></tr>
<tr><td colspan="2">审核人意见：</td></tr>
<tr><td>编制人：</td><td>校核人：</td><td>审核人：</td></tr>
</table>

单元 9.3 仲裁制度

问题导入

问题 1：建设工程纠纷发生以后，要通过仲裁解决的前提条件是什么？

问题 2：请通过上网查询资料，谈一谈工程纠纷仲裁与劳动争议仲裁有何不同之处。

思维导图

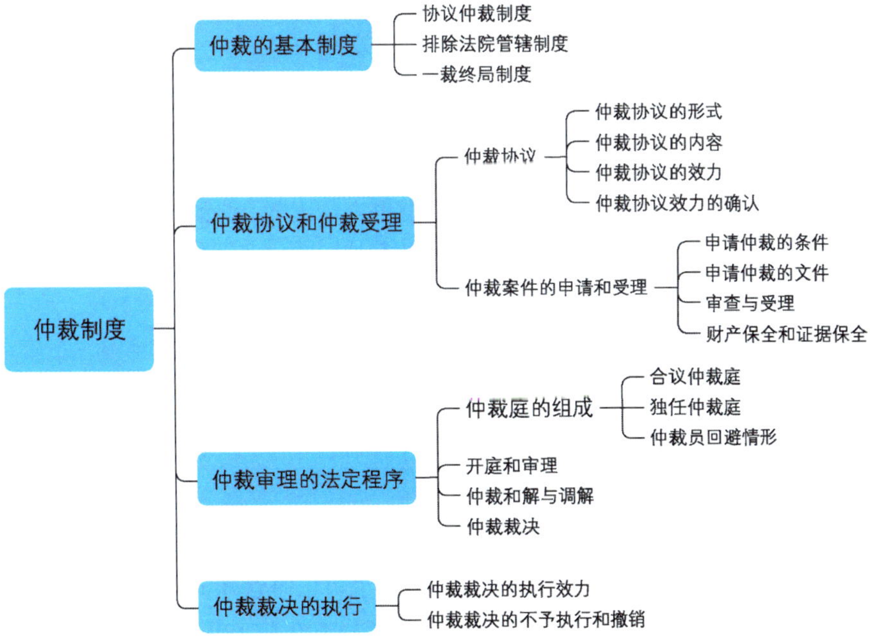

知识学习

仲裁是解决民商事纠纷的重要方法之一。仲裁有下列三项基本制度：

1. 协议仲裁制度

仲裁协议是当事人自愿原则的体现，当事人申请仲裁、仲裁委员会受理仲裁以及仲裁庭对仲裁案件的审理和裁决，都必须以当事人依法订立的仲裁协议为前提。《仲裁法》规定，没有仲裁协议，一方申请仲裁的，仲裁委员会不予受理。

2. 排除法院管辖制度

仲裁和诉讼是两种并行的争议解决方式，当事人只能选择其中的一种。有效的仲裁协议可以排除法院对案件的司法管辖权，只有在没有仲裁协议或者仲裁协议无效的情况下，法院才可以对当事人的纠纷予以受理。

3. 一裁终局制度

仲裁实行一裁终局的制度。裁决作出后，当事人就同一纠纷再申请仲裁或者向人民法院起诉的，仲裁委员会或者人民法院不予受理。但是，裁决被人民法院依法撤销或者不予执行的，当事人就该纠纷可以根据双方重新达成的仲裁协议申请仲裁，或者向人民法院起诉。

9.3.1 仲裁协议和仲裁受理

1. 仲裁协议

（1）仲裁协议的形式

仲裁协议是指当事人自愿将已经发生或者可能发生的争议提交仲裁解决的书面协议。仲裁协议应当采用书面形式，口头方式达成的仲裁意思表示无效。仲裁协议既可以表现为合同中的仲裁条款，也可以表现为独立于合同而存在的仲裁协议书。实践中，在合同中约定仲裁成条款的形式最为常见。

（2）仲裁协议的内容

① 请求仲裁的意思表示

请求仲裁的意思表示，是指书面条款中应该有“仲裁”两字，表明当事人的仲裁意愿。该意愿应当是确定的，而不是模棱两可的。

② 仲裁事项

仲裁事项，可以是当事人之间合同履行过程中的或与合同有关的一切争议，也可以是合同中某一特定问题的争议；既可以是事实问题的争议，也可以是法律问题的争议。其范围取决于当事人在仲裁协议中的约定。

③ 选定的仲裁委员会

选定的仲裁委员会，是指仲裁协议中约定的仲裁委员会的名称应该准确。仲裁协议约定的仲裁机构名称不准确，但能够确定具体的仲裁机构的，应当认定选定了仲裁机构。仲裁协议约定两个以上仲裁机构的，当事人可以协议选择其中的一个仲裁机构申请仲裁；当事人不能就仲裁机构选择达成一致的，仲裁协议无效。仲裁协议约定由某地的仲裁机构仲裁且该地仅有一个仲裁机构的，该仲裁机构视为约定的仲裁机构。该地有两个以上仲裁机构的，当事人可以协议选择其中的一个仲裁机构申请仲裁；当事人不能就仲裁机构选择达成一致的，仲裁协议无效。

上述三项内容必须同时具备，仲裁协议才能有效。

（3）仲裁协议的效力

① 对当事人的法律效力

仲裁协议合法有效，即对当事人产生法律约束力。发生纠纷后，当事人只能向仲裁协议约定的仲裁机构申请仲裁，而不能就该纠纷向人民法院提起诉讼。

② 对法院的约束力

有效的仲裁协议排除了人民法院对仲裁协议约定争议事项的司法管辖权。《仲裁法》规定，当事人达成仲裁协议，一方向人民法院起诉未声明有仲裁协议，人民法院受理后，另一方在首次开庭前提交仲裁协议的，人民法院应当驳回起诉，但仲裁协议无效的除外。

③ 对仲裁机构的法律效力

仲裁协议是仲裁委员会受理仲裁案件的前提，是仲裁庭审理和裁决案件的依据。没有有效的仲裁协议，仲裁委员会就不能获得对争议案件的管辖权。同时，仲裁委员会只能对当事人在仲裁协议中约定的争议事项进行仲裁，对超出仲裁协议约定范围的其他争议事项无权仲裁。

④ 仲裁协议的独立性

仲裁协议独立存在，合同的变更、解除、终止或者无效，以及合同成立后未生效、被撤销等，均不影响仲裁协议的效力。当事人在订立合同时就争议达成仲裁协议的，合同未成立也不影响仲裁协议的效力。

（4）仲裁协议效力的确认

当事人对仲裁协议效力有异议的，应当在仲裁庭首次开庭前提出。当事人既可以请求仲裁委员会作出决定，也可以请求人民法院裁定。一方请求仲裁委员会作出决定，另一方请求人民法院作出裁定的，由人民法院裁定。

当事人在仲裁庭首次开庭前没有对仲裁协议的效力提出异议，而后向人民法院申请确认仲裁协议无效的，人民法院不予受理。仲裁机构对仲裁协议的效力作出决定后，当事人向人民法院申请确认仲裁协议效力或者申请撤销仲裁机构的决定的，人民法院不予受理。

当事人向人民法院申请确认仲裁协议效力的案件，由仲裁协议约定的仲裁机构所在地、仲裁协议签订地、申请人住所地、被申请人住所地的中级人民法院或者专门人民法院管辖。

案例呈现

1. 案情介绍

甲建筑公司与乙开发商签订了一份大型商业楼盘的建设工程合同。合同中详细规定了工程的范围、工期、质量标准以及价款支付方式等重要条款。同时，合同中还明确包含了仲裁条款，约定若双方在合同履行过程中发生争议，应提交至某特定仲裁机构进行仲裁解决。

在工程竣工后，甲建筑公司经过核算，认为乙开发商未按照合同约定支付足额的工程款项，存在违约行为。于是，甲建筑公司向当地法院提起诉讼，要求乙开发商支付所欠款项及相应的违约金。法院在收到甲建筑公司的起诉状及相关证据材料后，对案件进行了初步审查。审查过程中，法院发现了合同中存在的仲裁条款，明确约定了双方的争议解决方式为仲裁。

2. 思考问题

法院应该如何处理本案？

3. 案情解析

法院应该决定不予受理甲建筑公司的起诉。根据“或裁或审”原则，当合同当事人在合同中明确约定了将争议提交仲裁解决时，就排除了法院对该争议的管辖权。在这个案例中，甲建筑公司与乙开发商签订的工程合同中已经明确约定了仲裁条款，包括指定的仲裁机构和仲裁事项，这意味着双方在签订合同时已经自愿选择了通过仲裁的方式来解决可能产生的纠纷，故法院应该作出不予受理起诉的决定。

2. 仲裁案件的申请和受理

（1）申请仲裁的条件

当事人申请仲裁，应当符合下列条件：

① 有效的仲裁协议；

② 有具体的仲裁请求和事实、理由；

③ 属于仲裁委员会的受理范围。

（2）申请仲裁的文件

当事人申请仲裁，应当向仲裁委员会递交仲裁协议或者合同仲裁条款、仲裁申请书及副本。

其中，仲裁申请书应当载明的事项包括：

① 当事人的身份信息、工作单位和住所，法人或者其他组织的名称、住所和法定代表人或者主要负责人的姓名、职务；

② 仲裁请求和所依据的事实、理由；

③ 证据和证据来源、证人姓名和住所。

（3）审查与受理

仲裁委员会收到仲裁申请书之日起 5 日内经审查认为符合受理条件的，应当受理，并通知当事人；认为不符合受理条件的，应当书面通知当事人不予受理，并说明理由。

仲裁委员会受理仲裁申请后，应当在仲裁规则规定的期限内将仲裁规则和仲裁员名册送达申请人，并将仲裁申请书副本和仲裁规则、仲裁员名册送达被申请人。

被申请人收到仲裁申请书副本后，应当在仲裁规则规定的期限内向仲裁委员会提交答辩书。仲裁委员会收到答辩书后，应当在仲裁规则规定的期限内将答辩书副本送达申请人。被申请人未提交答辩书的，不影响仲裁程序的进行。被申请人有权在答辩期内提出反请求。

（4）财产保全和证据保全

为保证仲裁程序顺利进行、仲裁案件公正审理以及仲裁裁决有效执行，当事人有权申请财产保全和证据保全。当事人提起财产保全及/或证据保全的申请，可以在仲裁程序开始前，也可以在仲裁程序进行中。当事人要求采取保全措施的，应向仲裁委员会提出书面申请，由仲裁委员会将保全申请转交被申请人住所地或其财产所在地或证据所在地有管辖权的人民法院作出裁定；当事人也可以直接向有管辖权的人民法院提出保全申请。

申请人在人民法院采取保全措施后 30 日内不依法申请仲裁的，人民法院应当解除保全。

9.3.2 仲裁审理的法定程序

1. 仲裁庭的组成

仲裁案件采用普通程序或者简易程序来审理。采用普通程序审理仲裁案件，由 3 名仲裁员组成合议仲裁庭；采用简易程序审理仲裁案件，由 1 名仲裁员组成独任仲裁庭。当事人另有约定的除外。

（1）合议仲裁庭

当事人约定由 3 名仲裁员组成仲裁庭的，应当各自选定 1 名或者各自委托仲裁委员会主任指定 1 名仲裁员，第三名仲裁员由当事人共同选定或者共同委托仲裁委员会主任指定。第三名仲裁员是首席仲裁员。

（2）独任仲裁庭

当事人约定 1 名仲裁员组成仲裁庭的，应当由当事人共同选定或者共同委托仲裁委员会主任指定仲裁员。

当事人没有在仲裁规则规定的期限内约定仲裁庭的组成方式或者选定仲裁员的，由仲裁委员会主任指定。

（3）仲裁员回避情形

仲裁员有下列情形之一的，必须回避，当事人也有权提出回避申请：

① 是本案当事人或者当事人、代理人的近亲属；

② 与本案有利害关系；

③ 与本案当事人、代理人有其他关系，可能影响公正仲裁的；

④ 私自会见当事人、代理人，或者接受当事人、代理人的请客送礼的。

当事人提出回避申请，应当说明理由，在首次开庭前提出。回避事由在首次开庭后知道的，可以在最后一次开庭结束前提出。

2. 开庭和审理

仲裁审理的方式分为开庭审理和书面审理两种。仲裁应当开庭审理作出裁决，这是仲裁审理的主要方式。但是，当事人协议不开庭的，仲裁庭可以根据仲裁申请书、答辩书以及其他材料作出裁决，即书面审理方式。为了保护当事人的商业秘密和商业信誉，仲裁不公开进行；当事人协议公开的，可以公开进行，但涉及国家秘密的除外。

当事人应当对自己的主张提供证据。仲裁庭认为有必要收集的证据，可以自行收集。证据应当在开庭时出示，当事人可以质证。当事人在仲裁过程中有权进行辩论。

仲裁庭可以作出缺席裁决。申请人经书面通知，无正当理由开庭时不到庭或者未经仲裁庭许可中途退庭的，可以视为撤回仲裁申请；如果被申请人提出了反请求，不影响仲裁庭就反请求进行审理，并作出裁决。被申请人经书面通知，无正当理由不到庭或者未经仲裁庭许可中途退庭的，仲裁庭可以进行缺席审理并作出裁决；如果被申请人提出了反请求的，可以视为撤回仲裁反请求。

3. 仲裁和解与调解

当事人申请仲裁后，可以自行和解。当事人自行达成和解协议的，可以请求仲裁庭根据和解协议制作裁决书，也可以撤回仲裁申请。当事人撤回仲裁申请后反悔的，可以根据原仲裁协议另行申请仲裁。

仲裁庭在作出裁决前，可以根据当事人的请求或者在征得当事人同意的情况下按照其认为适当的方式主持调解。调解达成协议的，当事人可以撤回仲裁申请，也可以请求仲裁庭根据调解协议的内容制作调解书或者裁决书。调解书经双方当事人签收后即与裁决书具有同等法律效力。调解不成的，或在调解书签收前当事人反悔的，仲裁庭应当及时作出裁决。

4. 仲裁裁决

仲裁裁决是由仲裁庭作出的具有强制执行效力的法律文书。独任仲裁庭审理的案件由独任仲裁员作出仲裁裁决，合议仲裁庭审理的案件由 3 名仲裁员集体作出仲裁裁决。合议庭审理的案件，裁决也可以按照多数仲裁员的意见作出，少数仲裁员的不同意见可以记入笔录或者附在裁决书后，但该少数意见不构成裁决书的组成部分。仲裁庭无法形成多数意见时，裁决按照首席仲裁员的意见作出。

仲裁裁决书由仲裁员签名，加盖仲裁委员会的印章。对裁决持不同意见的仲裁员可以签名，也可以不签名。裁决书自作出之日起发生法律效力。

仲裁实行一裁终局制度，当事人不得就已经裁决的事项再行申请仲裁，也不得就此提起诉讼；当事人申请人民法院撤销裁决的，应当依法进行。

9.3.3 仲裁裁决的执行

1. 仲裁裁决的执行效力

仲裁裁决作出后，当事人应当履行裁决。一方当事人不履行的，另一方当事人可以依照《民事诉讼法》的规定，向人民法院申请执行，受申请的人民法院应当执行。根据最高人民法院的相关司法解释，当事人申请执行仲裁裁决案件，由被执行人所在地或者被执行财产所在地的中级人民法院管辖；执行案件符合基层人民法院一审民商事案件级别管辖受理范围的，经上级人民法院批准后，可以由被执行人住所地或被执行财产所在地的基层人民法院管辖。

申请仲裁裁决强制执行必须在法律规定的期限内提出。按照《民事诉讼法》的规定，申请执行的期间为 2 年。申请执行时效的中止、中断，适用法律有关诉讼时效中止、中断的规定。申请仲裁裁决强制执行的 2 年期间，自仲裁裁决书规定履行期限或仲裁机构的仲裁规则规定履行期间的最后 1 日起计算。仲裁裁决书规定分期履行的，依规定的每次履行期间的最后 1 日起计算。

2. 仲裁裁决的不予执行和撤销

根据《民事诉讼法》的规定，被申请人提出证据证明裁决有下列情形之一的，经人民法院组成合议庭审查核实，裁定不予执行：

（1）当事人在合同中没有仲裁条款或者事后没有达成书面仲裁协议的；

（2）裁决的事项不属于仲裁协议的范围或者仲裁机构无权仲裁的；

（3）仲裁庭的组成或者仲裁的程序违反法定程序的；

（4）裁决所根据的证据是伪造的；

（5）对方当事人向仲裁机构隐瞒了足以影响公正裁决的证据的；

（6）仲裁员在仲裁该案时有索贿受贿、徇私舞弊、枉法裁决行为的。

仲裁裁决被法院依法裁定不予执行的，当事人就该纠纷可以重新达成仲裁协议，并依据该仲裁协议申请仲裁，也可以向法院提起诉讼。

根据《仲裁法》的规定，当事人提出证据证明裁决有上述情形之一的，可以向仲裁委员会所在地的中级人民法院申请撤销裁决。此外，人民法院认定该裁决违背社会公共利益的，应当裁定撤销。当事人申请撤销裁决的，应当在收到裁决书之日起 6 个月内提出。

仲裁裁决被人民法院依法撤销后，当事人之间的纠纷并未解决。根据《仲裁法》的规定，当事人就该纠纷可以根据双方重新达成的仲裁协议申请仲裁，也可以向人民法院起诉。

当事人向人民法院申请撤销仲裁裁决被驳回后，又在执行程序中以相同事由申请不予执行的，人民法院不予支持；当事人向人民法院申请不予执行被驳回后，又以相同事由申请撤销仲裁裁决的，人民法院不予支持。

案例呈现

1. 案情介绍

A 建筑工程公司与 B 房地产开发公司签订了一份关于某高层住宅小区的建设工程合同。合同约定，A 公司负责小区的主体建筑施工，B 公司按照工程进度支付相应款项。在施工过程中，双方就工程质量、工期延误以及款项支付等问题产生了诸多争议。由于合同中明确约定了仲裁条款，双方将争议提交给了当地的仲裁委员会进行仲裁。仲裁庭最终裁决 B 房地产开发公司向 A 建筑工程公司支付额外的工程费用 500 万元，并承担部分违约责任。然而，B 公司对这一仲裁结果不服，向法院申请撤销仲裁裁决。B 公司主张仲裁程序存在严重瑕疵，例如部分关键证据未经充分质证，仲裁员有偏袒 A 公司的嫌疑，并且认为 A 公司隐瞒了重要的施工日志等证据，这些因素严重影响了仲裁的公正性和合法性。法院在受理 B 公司的撤销申请后，进行了深入细致的审查。首先，对于仲裁程序的合法性，法院审查了仲裁过程中的各项记录和程序环节，发现虽然存在一些程序上的不规范，但并未达到严重违反法定程序的程度。其次，关于 B 公司提出的仲裁员偏袒和证据隐瞒问题，法院要求 B 公司提供充分的证据予以证明。但 B 公司所提供的证据不足以支持其主张，无法确凿地证明仲裁员存在不公正行为，也无法证明 A 公司故意隐瞒了足以影响公正裁决的关键证据。

2. 思考问题

法院应该作出怎样的处理？

3. 案情解析

工程纠纷中，一方声称对方隐瞒证据，但无法确切指出所隐瞒证据的具体内容和其对裁决结果的决定性影响，法院通常不会轻易认定其主张成立。而仅仅是对仲裁程序中的一些细微瑕疵提出异议，而这些瑕疵并未实质性地影响当事人的权利和仲裁结果的公正性，法院也会维持仲裁裁决的效力。

因此，法院在综合考虑各种因素后，认定 B 公司的申请理由不成立，驳回了其撤销仲裁裁决的申请，仲裁裁决得以维持。

任务实战

根据要求完成下列任务实作工单。

任务实作工单

1. 工作任务 （1）分组：每三人为一个小组（一人为编制人，一人为校核人，一人为审核人）。 （2）工作任务：案例分析。 ① 案情介绍 在一项城市基础设施建设工程纠纷的仲裁案件中，涉及的工程款项结算存在较大争议。仲裁员乙与申请方的法定代表人是大学同学，且两人在毕业后一直保持着密切的私人往来。然而，在仲裁程序启动时，仲裁员乙并未主动披露这一关系。整个仲裁过程中，被申请方多次对仲裁员乙的公正性表示担忧，但仲裁员乙坚持参与案件的审理和裁决。最终，仲裁结果作出了对申请方有利的裁决，要求被申请方支付高额的工程款项及利息。被申请方在得知仲裁员乙与申请方法定代表人的关系后，认为仲裁员乙应当回避而未回避，严重影响了仲裁的公正性，遂向法院提起申请，要求撤销该仲裁裁决。 ② 思考问题 请结合《中华人民共和国仲裁法》的相关规定，分析法院应该如何处理该撤销仲裁裁决申请。 （3）要求：认真阅读任务内容，并进行小组讨论，解答问题。

续表

<table>
<tr><td colspan="3">2. 任务解答</td></tr>
<tr><td colspan="2">校核人意见：</td><td rowspan="2">编制人意见：</td></tr>
<tr><td colspan="2">审核人意见：</td></tr>
<tr><td>编制人：</td><td>校核人：</td><td>审核人：</td></tr>
</table>

单元 9.4 调解与和解制度

问题导入

问题：民事纠纷解决途径中的调解与和解有何不同？

____

____

____

思维导图

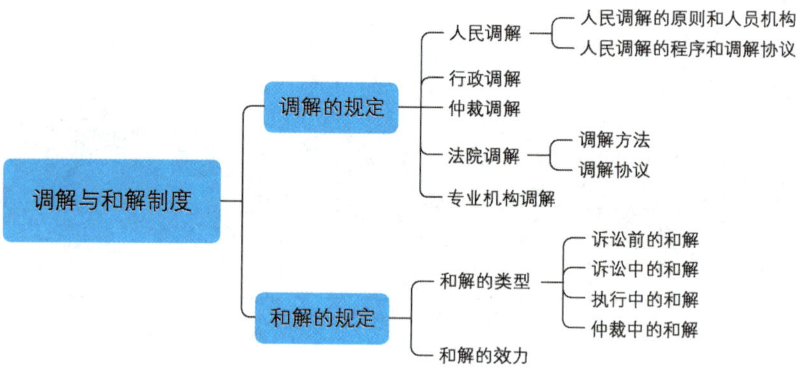

知识学习

9.4.1 调解的规定

根据调解机构的不同，我国调解的形式主要有人民调解、行政调解、仲裁调解、法院调解和专业机构调解等。

1. 人民调解

根据《中华人民共和国人民调解法》规定，人民调解是指人民调解委员会通过说服、疏导等方式，促使当事人在平等协商基础上自愿达成调解协议，解决民间纠纷的活动。人民调解制度作为一种司法辅助制度，是人民群众自己解决纠纷的法律制度，也是一种具有中国特色的司法制度。

（1）人民调解的原则和人员条件

人民调解的基本原则是：

① 当事人自愿原则；

② 当事人平等原则；

③ 合法原则；

④ 尊重当事人权利原则。

人民调解的组织形式是人民调解委员会。人民调解员由人民调解委员会委员和人民调解委员会聘任的人员担任。人民调解员应当具备的基本条件是：

① 公道正派；

② 热心人民调解工作；

③ 具有一定文化水平；

④ 有一定的法律知识和政策水平；

⑤ 成年公民。

（2）人民调解的程序和调解协议

人民调解应当遵循的程序主要是；

① 当事人申请调解；

② 人民调解委员会主动调解；

③ 指定调解员或由当事人选定调解员进行调解；

④ 达成协议；

⑤ 调解结束。

经人民调解委员会调解达成调解协议的，可以制作调解协议书。当事人认为无须制作调解协议的，可以采取口头协议的方式，人民调解员应当记录协议内容。经人民调解委员会调解达成的调解协议对当事人双方具有法律约束力，当事人应当履行。当事人就调解协议的履行或者调解协议的内容发生争议的，一方当事人可以向法院提起诉讼。

经人民调解委员会调解达成调解协议后，双方当事人认为有必要的，可以按照《中华人民共和国民事诉讼法》的规定，自调解协议生效之日起 30 日内共同向调解组织所在地基层人民法院申请司法确认调解协议。人民法院受理申请后，经审查，符合法律规定的，裁定调解协议有效，一方当事人拒绝履行或者未全部履行的，对方当事人可以向人民法院申请强制执行；不符合法律规定的，裁定驳回申请，当事人可以通过调解方式变更原调解协议或者达成新的调解协议，也可以向人民法院起诉。

2. 行政调解

行政调解是指有关国家行政机关应纠纷当事人的请求，依据法律、法规、规章和政策，对属于其职权管辖范围内的纠纷，通过耐心的说服教育，使纠纷的双方互相谅解，在平等协商的基础上达成一致协议，促成当事人解决纠纷。

行政调解可分为：基层人民政府，即乡、镇人民政府对一般民间纠纷的调解；国家行政机关依照法律规定对某些特定民事纠纷、经济纠纷或劳动纠纷等进行的调解。

应当注意的是，行政调解达成的协议不具有强制执行力。

3. 仲裁调解

仲裁调解是仲裁机构对受理的仲裁案件进行的调解。

仲裁庭在作出裁决前，可以先行调解。当事人自愿调解的，仲裁庭应当调解。调解不成的，应当及时作出裁决。调解达成协议的，仲裁庭应当制作调解书或者根据协议的结果制作裁决书。调解书与裁决书具有同等法律效力。调解书经双方当事人签收后，即发生法律效力。在调解书签收前当事人反悔的，仲裁庭应当及时作出裁决。

4. 法院调解

《中华人民共和国民事诉讼法》规定，人民法院审理民事案件，根据当事人自愿的原则，在事实清楚的基础上，分清是非，进行调解。法院调解是人民法院对受理的民事案件、经济纠纷案件和轻微刑事案件在双方当事人自愿的基础上进行的调解，是诉讼内调解。法院调解书经双方当事人签收后，即具有法律效力，效力与判决书相同。在民事诉讼中，除适用特别程序的案件和当事人有严重违法行为需给予行政处罚的经济纠纷案件的情形外，其他案件均可适用调解。

（1）调解方法

人民法院进行调解，可以由审判员一人主持，也可以由合议庭主持，并尽可能就地进行。人民法院进行调解，可以邀请有关单位和个人协助。被邀请的单位和个人，应当协助人民法院进行调解。

（2）调解协议

调解达成协议，必须双方自愿，不得强迫。调解协议的内容不得违反法律规定。

调解达成协议，人民法院应当制作调解书。调解书应当写明诉讼请求、案件的事实和调解结果。调解书由审判员、书记员署名，加盖人民法院印章，送达双方当事人。调解书经双方当事人签收后，即具有法律效力。

下列案件调解达成协议，人民法院可以不制作调解书：

① 调解和好的离婚案件；

② 调解维持收养关系的案件；

③ 能够即时履行的案件；

④ 其他不需要制作调解书的案件。对不需要制作调解书的协议，应当记入笔录，由双方当事人、审判人员、书记员签名或者盖章后，即具有法律效力。

调解未达成协议或者调解书送达前一方反悔的，人民法院应当及时判决。

5. 专业机构调解

专业机构调解是当事人在发生争议前或争议后，协议约定由依法成立的具有独立调解规则的机构按照其调解规则进行调解。所谓调解规则，是指调解机构、调解员以及调解当事人之间在调解过程中所应遵守的程序性规范。

专业调解机构备有调解员名单，供当事人在个案中选定。调解员由专业调解机构聘请各行业领域里具有专门知识及实际经验、公道正派的人士担任。专业调解机构进行调解达成的调解协议对当事人双方具有约束力。

9.4.2 和解的规定

1. 和解的类型

和解达成协议，在形式上既可以是口头的，也可以是书面的。和解的应用也很灵活，可以在各个阶段达成和解协议。

（1）诉讼前的和解

诉讼前的和解是指发生诉讼以前，双方当事人互相协商达成协议，自行解决争端，这是当事人依法处分自己民事实体权利的民事法律行为。

和解成立后，当事人所争执的权利即归确定，所抛弃的权利随即消失，当事人不得任意反悔要求撤销。但是，如果事后发现和解所依据的文件是伪造或涂改的，或者当事人在和解时不知道该和解事件已为法院判决所确定，或者当事人对重要的争执有重大误解而达成和解协议的，当事人都可以要求撤销和解协议。

（2）诉讼中的和解

诉讼中的和解是当事人在诉讼进行中互相协商，达成协议，从而解决双方的争端。在法院作出判决前，当事人都可以进行和解。当事人可以就全部诉讼请求达成和解协议，也可以就个别诉讼请求达成和解协议。

当事人达成和解协议后，原告既可以撤诉，双方也可以请求人民法院对和解事项制作调解书，经当事人签名盖章产生法律效力。

（3）执行中的和解

执行中的和解，是人民法院在执行已发生法律效力的民事判决、裁定过程中，当事人自行达成协议，自动履行生效和解协议的行为。

在执行中，双方当事人自行和解达成协议的，执行员应当将协议内容记入笔录，由双方当事人签名或者盖章。一方当事人不履行和解协议或者反悔的，对方当事人可以申请人民法院按照原生效法律文书强制执行。

（4）仲裁中的和解

《中华人民共和国仲裁法》规定，当事人申请仲裁后，可以自行和解。

和解是双方当事人的自愿行为，不需要仲裁庭的参与。达成和解协议的，可以请求仲裁庭根据和解协议作出裁决书，也可以撤回仲裁申请。当事人达成和解协议，撤回仲裁申请后又反悔的，可以根据原仲裁协议申请仲裁。

2. 和解的效力

和解协议不具有强制执行效力，如果一方当事人不按照和解协议履行，另一方当事人不可以请求人民法院强制执行，但可以向法院提起诉讼，也可以根据约定申请仲裁。

法院或仲裁机构通过对和解协议的审查，对于意思真实而又不违反法律强制性或禁止性规定的和解协议予以支持，也可以支持遵守协议方要求违反协议方就不执行该和解协议承担违约责任的请求。但是，对于一方非自愿作出的或者违反法律强制性或禁止性规定的和解协议，应当不予支持。

任务实战

根据要求完成下列任务实作工单。

任务实作工单

<table>
<tr><td colspan="3">1. 工作任务
（1）分组：每三人为一个小组（一人为编制人，一人为校核人，一人为审核人）。
（2）工作任务一：案例分析 1。
① 案情介绍
在某建筑工程欠款纠纷执行案件中，被执行人甲公司拖欠申请执行人乙公司工程款 500 万元。在执行过程中，双方达成和解协议，甲公司承诺分三期支付欠款。然而，在支付了第一期款项后，甲公司未按照协议履行后续两期的付款义务。
② 思考问题
乙公司应该如何处理？
（3）工作任务二：案例分析 2。
① 案情介绍
在某繁华城市的核心区域，一项规模较大的商业写字楼建设工程正在进行。承包方按照合同约定积极推进工程进度，但发包方在支付工程进度款时出现了拖延和争议。为了尽快解决纠纷，双方共同向当地建设行政主管部门申请行政调解。经过行政部门的多次协调和沟通，双方最终达成了调解协议。协议明确规定，发包方应在接下来的三个月内，分两次向承包方支付共计 300 万元的工程进度款。然而，三个月期限届满后，发包方仅支付了 50 万元，剩余的 250 万元迟迟未付。
② 思考问题
承包方拟就该调解协议向当地法院申请强制执行，你认为是否可行？若不可行，请为其提出建议。
（4）要求：认真阅读任务内容，并进行小组讨论，解答问题。</td></tr>
<tr><td colspan="3">2. 任务解答
（1）工作任务一

（2）工作任务二

</td></tr>
<tr><td colspan="2">校核人意见：</td><td rowspan="2">编制人意见：</td></tr>
<tr><td colspan="2">审核人意见：</td></tr>
<tr><td>编制人：</td><td>校核人：</td><td>审核人：</td></tr>
</table>

学习评价

本模块各单元的学习情况可按下表进行评价。

学习评价表

姓名：		组别：	任务：	
评价内容	评价标准	自评	组员互评	老师评价
职业素养（20分）	（1）学习态度积极，能主动思考，能有计划地组织小组成员完成工作任务，有良好的团队合作意识，遵章守纪：计20分； （2）学习态度较积极，能主动思考，能配合小组成员完成工作任务，遵章守纪：计15分； （3）学习态度端正，主动思考能力欠缺，能配合小组成员完成工作任务，遵章守纪：计10分； （4）学习态度不端正，不参与团队任务：计0分。			
职业技能（80分）	问题回答正确，字迹工整：计80分，如有错误按以下标准扣分，扣完为止： （1）回答（校核、审核）有错误，每返工一次扣20分； （2）举例不规范，每处扣5分； （3）字迹不工整、酌情扣分，最多扣10分。			
综合得分：				
备注：综合得分＝自评分×30%+小组互评分×30%+老师评价分×40%				

参考文献

[1] 祝和意，张皓，蔡倩. 建设工程招投标与合同管理[M]. 西安：西北工业大学出版社，2020.

[2] 武育秦. 工程招投标与合同管理[M]. 6版. 重庆：重庆大学出版社，2022.

[3] 严波，刘文娟. 建设工程招投标与合同管理[M]. 重庆：重庆大学出版社，2023.

[4] 陈勇强，张水波，吕文学. FIDIC2017版系列合同条件主要修订分析[J]. 国际经济合作，2018（5）.

[5] 陈勇强，朱星宇，石慧、谢爽. FIDIC2017版与1999版施工合同条件比较分析[J]. 国际经济合作，2018（4）.

[6] 张玲，吕文学，杨志东，吴昊. FIDIC2017版与1999版生产设备与设计-建造合同条件比较分析[J]. 国际经济合作，2018（4）.

[7] 赵珊珊，张水波，阿加克布，张启航. FIDIC2017版与1999版设计-采购-施工与交钥匙工程合同条件比较分析[J]. 国际经济合作，2018（5）.

[8] 张水波，吕文学，陈勇强. FIDIC合同体系发展60年：1957—2017[J]. 全球工程经营服务号，2017.

[9] 彭麟，蒋叶. 工程招投标与合同管理[M]. 武汉：华中科技大学出版社，2018.

[10] 王俊安. 工程招标投标与合同管理[M]. 北京：机械工业出版社，2018.

[11] 杨锐，王兆. 建设工程招投标与合同管理[M]. 北京：人民邮电出版社，2018.

[12] 武永峰，魏静. 建设工程招投标与合同管理[M]. 南京：南京大学出版社，2020.

[13] 刘钦. 工程招投标与合同管理[M]. 4版. 北京：高等教育出版社，2021.

[14] 蓝兴洲. 工程招投标与合同管理[M]. 重庆：重庆大学出版社，2021.

[15] 钱闪光，姚激，杨中. 工程招投标与合同管理[M]. 北京：北京邮电大学出版社，2021.

[16] 刘旭灵，陈博. 建设工程招投标与合同管理[M]. 3版. 长沙：中南大学出版社，2022.

[17] 杜常华，张志强. 建筑工程招投标与合同管理[M]. 北京：航空工业出版社，2022.

[18] 徐晓毅，蒋宇楠，景铎. 建设工程招投标与合同管理[M]. 哈尔滨：哈尔滨工程大学出版社，2023.

[19] 王平. 工程招投标与合同管理[M]. 2版. 北京：清华大学出版社，2023.